Methodology for High-quality Development for Chinese Cities

何又华　方华刚　林焕辉　赵　越　主编

超级城市 2

SUPER CITY

中国城市高质量发展方法论

南方日报出版社
NANFANG DAILY PRESS
中国·广州

图书在版编目（CIP）数据

超级城市. 2， 中国城市高质量发展方法论 / 何又华等主编. — 广州 : 南方日报出版社, 2020.6

ISBN 978-7-5491-2194-6

Ⅰ. ①超… Ⅱ. ①何… Ⅲ. ①城市建设－研究－中国 Ⅳ. ①F299.2

中国版本图书馆 CIP 数据核字(2020)第 085997 号

CHAOJI CHENGSHI 2

超级城市 2 ：中国城市高质量发展方法论

主　　编：何又华　方华刚　林焕辉　赵　越
出版发行：南方日报出版社
地　　址：广州市广州大道中 289 号
出 版 人：周山丹
出版统筹：阮清钰
责任编辑：蔡　芹　范先鋆
责任技编：王　兰
责任校对：裴晓倩
装帧设计：易　界
经　　销：全国新华书店
印　　刷：广州市岭美文化科技有限公司
开　　本：787mm×1092mm　1/16
印　　张：20
字　　数：309 千字
版　　次：2020 年 6 月第 1 版
印　　次：2020 年 6 月第 1 次印刷
定　　价：88.00 元

投稿热线：（020）87360640　　读者热线：（020）87363865

SUPER CITY

超级城市

2

创作人员名单

张培发	刘嘉麟	王芃琹	孙景锋
吴欣宁	蒋晓敏	蓝志凌	袁纪琦
罗　琼	王雅铄	黄逸豪	李周秦
王蓓蓓	羊建溶	曾艳春	汤晓微
汪精华	雷郎才		

出品

中共佛山市委宣传部

南方日报社

前言 PREFACE

走读十城，探寻高质量发展方法论

党的十九大报告指出，中国经济已由高速增长阶段转向高质量发展阶段，正处在转变发展方式、优化经济结构、转换增长动力的攻关期。建设现代化经济体系，必须把发展经济的着力点放在实体经济上，把提高供给体系质量作为主攻方向，显著增强中国经济质量优势。

佛山，全国重要的制造业基地、珠江三角洲地区西翼经贸中心和综合交通枢纽。近年来，佛山坚持以习近平新时代中国特色社会主义思想为指导，攻坚克难，砥砺奋进，经济社会发展迈上新台阶。2019年，佛山地区生产总值突破万亿元大关，成为广东第3座、中国内地第17座万亿级城市。

在广东高质量发展的蓝图中，佛山被寄予厚望。2019年4月28日，广东省委书记李希到佛山调研时指出，佛山要深入学习贯彻习近平总书记对广东重要讲话和重要指示批示精神，抓住粤港澳大湾区建设重大历史机遇，对标国际国内最高最好最优，沉下心发展以先进制造业为主体的实体经济，争当地级市高质量发展的领头羊，为广东实现“四个走在全国前列”、当好“两个重要窗口”作出应有贡献。

同年5月，佛山市委提出，佛山要对标国际国内最高最好最优，以世界一流的先进制造业城市为标杆，瞄准城市发展中的佼佼者奋发有为、比学赶超，强弱项、补短板、求突破。

为深入贯彻落实党中央决策、省委部署和市委工作要求，佛山市委宣传部按照“不忘初心、牢记使命”主题教育的部署要求，立足佛山经济社会发展迈向地区生产总值万亿俱乐部的具体实际，坚持问题导向，着眼解决实际问题，与南方日报社联合成立专题调研组。

调研组聚焦“争当地级市高质量发展领头羊”主题，于2019年10—11月深入走访上海、苏州、杭州、合肥、武汉、泉州、南通、无锡、成都、长沙10个在高质量发展各领域走在全国前列的城市。该调研行程超过15000公里，走访调研点超过100个，采访、座谈近200人，是国内一次规模罕见的政媒调研活动。

走过万里路程，从佛山走向全国10座各具特色的城市，我们不仅为佛山探路，更期待为广东乃至中国城市的高质量发展提供参考借鉴。

一

第一站，上海。我们观察上海如何打造世界一流营商环境。

营商环境是衡量区域综合竞争力的重要指标，也是投资者考察的关键因素。优化营商环境是推动高质量发展的内在要求。

放眼全国，在近年来各种有关营商环境的榜单中，上海稳居全国前列。根据世界银行发布的《2020年营商环境报告》，中国总体排名位列全球第31名，是世界银行营商环境报告发布以来中国的最好名次。该报告相关调查就是以北京和上海为样板，由此可见上海的营商环境在国内的标杆地位。

在上海全市制造业占比靠前的嘉定区，当地以对标一流营商环境、深化改革为抓手，以优化深化“互联网+政务服务”为重点，着力解决企业遇到的实际问题，推进营商环境改革取得实实在在的新成效。

当前，广东正举全省之力建设粤港澳大湾区，其中《粤港澳大湾区发展规划纲要》也提出，粤港澳大湾区要打造具有全球竞争力的营商环境。学习上海，对标国际，善用信息化技术，营造稳定公平透明、可预期的营商环境，正是广东乃至全国地级市高质量发展的题中应有之义。

二

第二站，苏州。我们深入观察如何打造开放型经济。

对外开放是中国的基本国策。近年来，中国加快构建开放型经济新体制，进一步破除体制机制障碍，使对内对外开放相互促进，以开放促改革、促发展、促创新，建设开放型经济强国。

苏州是开放型经济的样板城市。早在2018年，苏州出口已突破2000亿美元大关。太仓是苏州县级市发展对欧对德合作的典型代表。自1993年起，太仓引进德资企业300多家，项目总投资超30亿美元，年产值300多亿元，是中国集聚德资企业最多的县级市。

广东是中国改革开放的前线，广州、深圳、佛山、东莞等珠江三角洲城市的经济发展均极大受益于对外开放。其中，在对德合作方面，佛山走在前列。由佛山发起的中德工业城市联盟是中德两国重要工业城市参与、服务产业及中小企业合作的双向对话交流平台。从珠江三角洲到长江三角洲，对外开放的不同探索正在呈现不同的精彩。

三

第三站，杭州。我们探寻如何做好产业发展的“高”“新”两篇文章。

作为互联网时代的新兴城市，杭州是孕育“高”“新”产业的典范。2018年，杭州规模以上战略性新兴产业实现增加值1167.9亿元，同比增长13.3%，占规模以上工业增加值的30.6%，践行了制造业高质量发展。

杭州高新区是杭州高新技术产业的重镇。2018年底，科技部火炬中心评定结果显示，在100多个国家高新区中，杭州高新区综合评价排名全国第三。杭州高新区努力抢占全球制高点，坚持走以人才带项目、以项目引人才的招商引智良性循环之路，鼓励支持企业加大研发创新投入。近年来，R&D经费（研究与试验发展经费）占地区生产总值比例始终保持12%左右的高位。

发展高新技术产业，是推动高质量发展的必然需求。在广东乃至全国各地，国家高新区都是所在城市重要的高新技术产业平台。佛山同样如此。2019年，佛山高新区确立“一区五园”发展新格局，以建设全国一流高新区为目标加速前行。在这条路上，一场追逐已经开始。

四

第四站，合肥。我们寻找以智能制造推动高质量发展的秘诀。

当前，智能制造在全球范围内快速发展，给产业发展和分工格局带来深刻影响。加快发展智能制造，是抢占未来经济和科技发展制高点的战略选择，对于推动中国制造业供给侧结构性改革、打造中国制造业竞争新优势、实现制造强国具有重要战略意义。

发展智能制造，合肥背景独特。一方面，合肥拥有家电等多个传统支柱产业，转型升级需求迫切。另一方面，合肥创新优势明显，战略性新产业、先进制造业发展迅速。仅2018年，合肥就建成57家智能工厂、495个数字化车间。同时，京东方10.5代线、晶合12英寸晶圆、通威2.3GW高效晶硅电池、江汽蔚来等一批大项目在合肥投产量产。

合肥发展智能制造的动力归根结底来自科技创新。近年来，当地强力推进数字经济发展，培育壮大以中国声谷为核心的人工智能产业，打造数字化车间、智能园区，推动家电、装备制造等传统优势产业智能化改造。聚焦智能制造领域，合肥的历程值得广东乃至全国各地借鉴。

五

第五站，武汉。我们试图发现万亿级产业集群的发展奥秘。

城市与产业集群共生共荣。随着城市综合实力的发展，不少经济强市纷纷提出打造万亿级产业集群的目标。万亿级产业意味着更高质量的科技创新实力、更完善的要素链条、更强劲的产业带动能力，以及更强大的区域竞争力。

光电子信息产业是武汉打造万亿级产业的最主要抓手。推动产业链集聚发展，实现从量变到质变，武汉已经摸索出一条成熟的路径。以光电子信息产业为例，武汉光纤光缆生产规模全球第一，占国内市场的2/3、国际市场的1/4；光电器件、光传输设备国内市场占有率分别为60%、10%。在这样的规模效应基础上，武汉获得了充足的条件加速制造业质量变革、效率变革、动力变革，从而打造万亿级产业。

围绕装备制造、泛家居，打造万亿级产业集群，是佛山推动制造业高质量发展的重要行动之一。从规模的竞争力到效益的竞争力，从生产的集聚到创新的集聚，在武汉打造万亿级产业集群的进程中，还有不少经验等待挖掘。

六

第六站，泉州。我们希望寻找民营经济转型升级的新趋势。

泉州一向有着“民营经济大市”的称号。2014年，国家发改委批复同意将泉州列为国家发展改革委民营经济综合改革试点地区。此后，泉州不断引导和促进民营企业加快“二次创业”步伐，为促进全国民营经济改革发展发挥引领和示范作用。至2018年，泉州民营经济增加值已高达6951.27亿元，占全市经济总量的82.1%。

2018年广东民营经济增加值为5.26万亿元，增长7.3%，占地区生产总值比重达54.1%，民营经济增加值继续保持全国第一。平稳健康发展的民营经济，成为推动广东经济社会发展的重要力量。我们的出发地佛山，正是广东民营经济的代表。从佛山到泉州，两座中国民营经济大市正在展开各具特色的探索。

七

第七站，南通。我们走进这座制造业大市，寻觅制造业品质革命的故事。

2018年，国务院政府工作报告明确提出，“全面开展质量提升行动，推进与国际先进水平对标达标，弘扬工匠精神，来一场中国制造的品质革命”。

提升制造业品质，南通早有传统。2011年，南通在全国率先提出实施质量强市战略，此后成为全国首批质量强市示范城市之一。

在南通，建设质量强市的范围不仅限于产品质量，而且是将工程质量、服务质量、环境质量和经济发展质量均囊括在内。在建设质量强市、推进品质革命的进程中，南通“一张蓝图绘到底”，不断提高产品质量，满足社会消费供给，提高产品国际竞争力，经济总量持续攀升，并形成了浓厚的社会氛围。

从南通回看广东，珠江三角洲城市的探索也各有特色。同样是制造业大市，近年来，佛山扎实推进佛山制造的品质革命，深入实施“以质取胜、技术标准、品牌带动”三大战略，推动佛山制造向佛山“质”造转变。佛山、南通都是中国制造实现品质革命的极致探索者，它们的故事值得关注。

八

第八站，无锡。我们探寻制造业大市如何走好生态文明之路。

加快推进生态文明建设是加快转变经济发展方式、提高发展质量和效益的内在要求。对于制造业体量较大的城市而言，做好生态文明建设，更是重中之重。

作为地区生产总值过万亿的经济强市，无锡不仅拥有发达的制造业，其生态文明建设也极具特色。其中最有代表性的做法，就是河长制。多年前，无锡就已成为河长制的发源地之一，经验获全国推广。近年来，无锡深化河长制，把河长的履职任务从单一的水质断面达标，升级转化为水资源管理、水污染防治等8个方面。在提升水环境的同时，无锡倒逼“散乱污”企业关停整治，推动产业转型升级。

珠江三角洲各地以制造业立市，均经历过一系列环保战役，也取得了可观成绩。在佛山，制造业发展始终伴随着生态文明建设的脚步。一手抓制造业高质量发展，一手建设生态文明，无锡、佛山将为中国城市探索经验。

九

第九站，成都。我们聚焦如何建设高质量文化导向型城市。

文化是城市竞争力的内核。纵观国内万亿级城市，无不把文化事业、文化产业作为城市发展的重要议题。

2018年，成都提出努力建设成为独具人文魅力的世界文化名城。次年，成都启动了成都市建设世界文创名城、旅游名城、赛事名城和国际美食之都、音乐之都、会展之都的六个三年行动计划。这“三城三都”正是成都建设世界文化名城的具体抓手。

此后，“三城三都”迅速成为成都各级各部门的重要工作，建成了一批重大文化艺术地标项目，聚集了一批文化名家和文创人才，越来越多文化企业和文创品牌脱颖而出。

近年来，广东扎实推进建设文化强省行动，推升文化软实力。佛山也提出建设现代化、国际化的高质量文化导向型名城。从巴蜀大地到珠江西岸，两座历史文化名城的步伐正在产生共振。

十

第十站，长沙。我们打量一座民生幸福城市的各种细节。

增进民生福祉是发展的根本目的。党的十九大报告指出，必须始终把人民利益摆在至高无上的地位，让改革发展成果更多更公平地惠及全体人民，朝着实现全体人民共同富裕不断迈进。

至2019年，长沙已连续11年获评“中国最具幸福感城市”。近年来，为了全力改善民生福祉，长沙不断完善公共基础建设，补齐各类民生短板，让城市更有温度、生活更有温情、市民更有温暖。作为一个让人民群众获得感日益提升的民生幸福城市，长沙对人口、资金、技术等要素的吸引力不断提升。民生事业成为长沙推动高质量发展的底气。

在争当高质量发展领头羊的过程中，佛山正在大力保障和改善民生，把注意力更多集中到解决各种不平衡不充分的问题上，加快建立区域城乡统筹发展机制，构建中心突出、区域城乡协调发展新格局。从长沙、佛山到全国各个城市，围绕民生幸福感作出的种种努力，正在指向共同的目标。

目录 CONTENTS

前言 走读十城，探寻高质量发展方法论

上篇 十城演义

上海 城市名片 / 002

上海行记1 上海嘉定“跑”出审批新速度 / 003

上海行记2 嘉定新开企业两天可营业 / 007

深度解读 服务比拼：如何打造世界一流营商环境 / 012

样本聚焦 用“辛苦指数”换“发展指数” / 017

佛山对标 捍卫“拼出来”的金字招牌 / 020

苏州 城市名片 / 022

苏州行记1 “德企之乡”26年聚集322家德企 / 023

苏州行记2 “双元制”教育：投入10万培育一名工人 / 028

深度解读 开放共赢：工业大市对德的合作守望 / 033

样本聚焦 以职教改革敲开产业变革之门 / 039

佛山对标 成为“德企之乡”，太仓做对了什么？ / 042

杭州 城市名片 / 044

杭州行记1 “藏”在小镇里的行业创新中心 / 045
杭州行记2 栽下梧桐树，引来六院士 / 050
深度解读 奋力“高”“新”：创新引擎的双城故事 / 054
样本聚焦 校地搭建创新平台，资源磁吸效应凸显 / 060
佛山对标 创新的佛山呼唤一条创新街 / 064

合肥 城市名片 / 066

合肥行记1 1秒下线1台电脑里的联想秘密 / 067
合肥行记2 一个研发机构背后的产业故事 / 072
深度解读 对标合肥：佛山智造“新三招”何在? / 077
样本聚焦 “芯”自主带来全球竞争话语权 / 083
佛山对标 抓住技术红利，赢得区域竞争 / 086

武汉 城市名片 / 088

武汉行记1 一条“孵化大道”跑出万亿大产业 / 089
武汉行记2 最有“面”子的武汉这样造就 / 095
深度解读 武汉跨越：从万亿级城市到万亿级产业 / 101
样本聚焦 准90后华科博导的光谷创业路 / 106
佛山对标 万亿产业风口，追逐不如坚守 / 110

泉州 城市名片 / 112

泉州行记1 泉州民企崛起下的新制造密码 / 113
泉州行记2 国潮爆款究竟是如何炼成的? / 119
深度解读 “草根”蝶变：两座民营经济大市的共振 / 123
样本聚焦 让传统产业变得不传统 / 130
佛山对标 找到佛山民营经济转型升级的钥匙 / 134

南通 城市名片 / 136

南通行记1 小小家纺用品带来千亿级产业集群 / 137
南通行记2 首创质量合作社搭建品质联盟 / 142
深度解读 品质革命：两座制造业大市的匠心坚守 / 147
样本聚焦 双城不约而同的“上云”战略 / 153
佛山对标 用品质赢得全新市场 / 156

无锡 城市名片 / 158

无锡行记1 无锡如何抓准治水的“关键少数”？ / 160
无锡行记2 无锡“造梦”：从轧钢厂到“梦工厂” / 167
深度解读 河长领治：“关键少数”推动生态建设 / 172
样本聚焦 母亲河边的治水发展题：制造业是走还是留? / 177
佛山对标 制度护航，一张蓝图绘到底 / 180

成都 城市名片 / 182

成都行记1 一口火锅煮出文化竞争力 / 183
成都行记2 一个成都文创园区的流量攻略 / 188
深度解读 全新竞赛：文化名城如何提升“显示度” / 193
样本聚焦 两个美食之都的共同步调 / 199
佛山对标 打造文化强市，要让市场“看见” / 202

长沙 城市名片 / 204

长沙行记1 一个长沙社区的“幸福生意经” / 205
长沙行记2 长沙老旧街区成网红新地标 / 210
深度解读 幸福城市：如何集中力量办“小事” / 214
样本聚焦 发挥“银发力量”让社区更有温度 / 220
佛山对标 两个“一号工程”背后的幸福密码 / 224

中篇 十论佛山

新加坡国立大学东亚研究所教授郑永年：
深化营商环境改革须刀刃向内自我革命 / 228

神舟飞船首任总设计师、工程院院士戚发轫：
佛山须找准高技术转化的“小切口” / 232

中国工程院院士卢秉恒：
佛山制造要抢占个性化、定制化需求高地 / 237

商务部研究院国际市场研究所副所长白明：
打好“湾区牌”，提升对外合作话语权 / 241

如是金融研究院院长管清友：
佛山民企重在“升级”而非“转型” / 246

浙江大学区域与城市发展研究中心执行主任陈建军：
佛山可依托城市群打造超级产业集群 / 251

中共中央党校社会和生态文明教研部教授张孝德：
以生态文明为导航标推动佛山产业转型 / 256

中共中央党校科社部社会制度比较教研室副主任向春玲：
以“渐进式共享”打造幸福佛山 / 261

中国人民大学文化创意产业研究所所长金元浦：
在新一轮发展中打响城市文化品牌 / 266

美国机械工程师学会会士鲍益新：
佛山制造要拒绝“差不多先生” / 271

下篇 十城报告

找寻万亿时代的佛山高质量发展之道 / 278
对标发现：先进城市高质量发展的十大启示 / 281
经验总结：处理好高质量发展的四对关系 / 294
行动建议：推动高质量发展的七大举措 / 297

「上篇」

十城演义

SHANGHAI

上海 城市名片

上海，中国最大的经济中心，中国改革开放的排头兵、创新发展的先行者。2019年，上海实现地区生产总值38155.32亿元，比上年增长6.0%。第三产业增加值占全市生产总值的比重为72.7%，第三产业增加值27752.28亿元，同比增长8.2%。2019年上半年，上海地区生产总值超越北京跃居全国第一，并连续6年获评“外籍人才眼中最具吸引力的中国城市”。

自2010年主办世博会起，上海一直致力于实现“城市，让生活更美好”的理想，全力打响上海服务、上海制造、上海购物、上海文化“四大品牌”。上海是最早设立多层次资本市场，成为全球金融资本商品要素最聚集的城市之一，也是率先设立自贸试验区进而扩容的城市，拥有开拓创新的“时代基因”与“改革基因”。

在世界银行最新发布的《2020年营商环境报告》中，中国排名大幅上升15位，位列第31位。上海作为中国重要的样本城市，通过世行营商环境评价对标改革，在办理建筑许可、保护中小投资者、办理破产、跨境贸易、纳税等指标的全球排名上均有显著提升。执行合同、获得电力、开办企业、财产登记、保护中小投资者5个指标均进入全球前30名。

上海行记 1

上海嘉定“跑”出审批新速度

2018年，根据国务院部署，北京、天津、上海等16个省市作为试点地区开展工程建设项目审批制度改革。

在此背景下，上海着力推动工程建设项目审批制度改革，改革内容覆盖工程建设项目审批全过程。其间，上海市建立了以工程建设项目联审平台为核心的线上一体化办事系统，线下设立社会投资建设项目审批审查中心，实行“一口受理”，项目审批效率大幅提升。

以嘉定为例，2018年该区上汽大众MEB（模块化电动套件）项目“跑”出审批新速度:从签订土地出让合同到取得施工许可证不到48小时，而过去这一流程需要15个工作日。

“现在施工许可全程可网上办理，加上我们开设了代办服务，以紧密配合企业。只要企业有需求，48小时的审批速度完全可复制。”上海市嘉定区行政服务中心综合协调科科长程崇加说。

嘉定的案例是上海营商环境提升的缩影。2019年10月24日，世界银行发布了《2020年营商环境报告》，上海一系列指标排名提升显著。其中，办理施工许可指数较2018年大幅上升88位，至全球第33位。

前台咨询后台办公　“一窗”囊括 75 项审批

一直以来，工程建设项目审批时间长、流程复杂且“政出多门”，让不少企业感到头疼。自2019年9月嘉定区新行政服务中心启用后，这一难题得到了解决。

有了建设项目审批服务中心专区，涉及工程建设项目的审批，企业办事人员将不用多头跑，“一个窗口”即可解决。这正是嘉定“让数据多跑路，让群众少跑腿”的又一生动实践。

投资建设项目审批是企业落户的第一道“关口”，也是考量营商环境的重要标尺。2018年3月1日起，上海正式施行《进一步深化本市社会投资项目审批改革实施办法》及实施细则，并推出一网通办——上海市工程建设项目审批管理系统（联审平台）。

依托市联审平台，嘉定区社会投资项目审批审查中心于2019年4月26日成立。该中心将全区工程建设项目审批部门和市政公用单位分散设立的服务窗口整合成“一个窗口”，承担工程项目从设计方案审查、建设工程规划许可证、施工许可证、竣工验收到供排水等市政基础设施接入的全流程审批服务，按照“一表申请、一口受理、一网通办、一次发证、限时完成”的要求，重点加快社会投资项目审批改革。

根据国务院办公厅印发的《关于全面开展工程建设项目审批制度改革的实施意见》，工程建设项目审批流程主要划分为立项用地规划许可、工程建设许可、施工许可、竣工验收4个阶段。

“区社会投资项目审批审查中心建设是由上海市住房和城乡建设管理委员会牵头的，因此用地规划许可并没有纳入该中心。”程崇加介绍，与区社会投资项目审批审查中心相比，新设立的建设项目审批服务中心专区覆盖政府投资、社会投资两类项目，涵盖立项用地规划许可、工程建设许可、施工许可、竣工验收4个阶段，服务内容更为完善。“专区前台提供咨询服务，后台办公室便汇聚了11个相关职能委办局在此办公，进一步为企业办事提供便利。”

项目审批政府“代办”　企业省心又暖心

工程建设项目审批制度改革是推进政府职能转变、优化营商环境的重要内容。

2018年7月31日，《上海市工程建设项目审批制度改革试点实施方案》印发，目标到2019年，通过全面深化本市工程建设项目“放管服”改革和电子政务平台建设，努力打造“审批事项最少、办事效率最高、投资环境最优”的工程建设项目审批管理体系，使市场主体获得感持续增加，实现本市工程建设领域“营商环境全国最优、国际领先”的改革目标。

作为上海制造重镇，嘉定区在推进改革过程中也有积极探索。2018年10月，位于嘉定安亭的上汽大众新能源汽车工厂项目，用48小时完成了从拿地到获准施工的所有审批，创下了全市审批新纪录。

谈及这一项目的审批全流程，程崇加记忆犹新。原来，项目前期因一些不可控因素，整体进度已稍显落后。“对于一些新兴领域，项目晚一天动工，企业就有可能错失市场机遇。”他说。

按全市统一要求，施工许可的审批可在建设工程项目联审平台办理。企业只须将申报材料上传至平台，各部门通过平台实现网上并联审批。“如果仅仅按部就班操作，审批速度就无法满足企业所需。”他介绍，为进一步缩短审批时间，嘉定区各个部门在初期阶段就积极介入，反复模拟，共同梳理出审批环节中的上百个细节问题，将审批时间节点精确至小时。一番争分夺秒后，不到48小时，该项目就顺利取得施工许可证，如期开工建设。

在他看来，上汽大众新能源汽车工厂项目的审批速度是可复制的，“只要企业有这个意愿，我们绝对可以帮它做到”。

基于上汽项目的成功推进，嘉定总结推出了“代办小锦囊”。当中按顺序介绍了项目审批事项流程，以及每一项审批流程所需相关材料。此外，封里还清晰罗列着代办员的姓名、职务、联系地址。

“代办小锦囊”是嘉定产业项目代办服务的重要组成部分。2018年，嘉定建立了产业项目代办服务制度。此次新设立的建设项目审批服务中心专区将该项服务融入，设立代办专窗“专家门诊”，明确专人预审，并与后台审批部门建立快速有效的响应机制，由代办员为企业提供提前预约、部门引导、自助咨询及免费代办服务。

同时，依托区、镇两级代办服务力量，政府部门主动服务项目企业，以“一项目一作战图”形式为企业量身定做“流程作战图”和“代办小锦囊”，力争做到项目建设阶段信息先对称、流程全知晓、节点有掌控、难点早提醒。

以上海威派格智慧水务有限公司项目为例。该项目位于嘉定区外冈镇1703号地块，总投资3.2亿元。项目准入后，分站代办员第一时间介入，根据企业需求编制了该项目，明确审批事项和评估评审内容清单，使其一目了然。

此外，通过代办员的专业服务，办理过程中项目各环节衔接更加紧密，项目审批的衔接时间被压缩到了最短。如在办理项目用地预审环节，根据法规，办理时限为20个工作日，而通过代办服务，时间被压缩至5个工作日。

手记：改革不仅要有“速度”，也要有“温度”

各地优化营商环境，大多聚焦办事效率提升。此次笔者走访嘉定时发现，当地政务服务改革不仅让群众办事有“速度”，也有“温度”。

从细节来看，新的行政服务中心设置了自助打印服务专区、等候区，办事人员可在现场边办公边等待，不必多次往返。此外，行政服务中心还设置了服务咨询前台，还开辟了咖啡吧，从细节体现出改革的人性化。

从创新服务来看，嘉定区2018年起推出了产业项目代办服务。由代办员为企业提供提前预约、部门引导、自助咨询及免费代办服务。只要企业有意愿，从项目准入、土地储备、出让准备，到入市交易、工程报建、竣工验收，所有事项均可由政府部门的代办员无偿代办。

笔者认为，各地在推动政务服务改革时，不仅要提升办事效率，也应增强服务意识，从细节出发，提升用户获得感。

上海行记2

嘉定新开企业两天可营业

2019年10月14日上午9时，新启用的上海市嘉定区行政服务中心（简称“新中心”）人流络绎不绝。历时两年建设，新中心于2019年9月26日正式启用。集齐27家职能部门、355多项政府服务事项，开设101个“分领域综合窗口”和21个“单一部门综合窗口”……新中心开启“一口受理、一口发证”的政务服务新模式。

企业开办效率是营商环境考量的重要指标。新中心在开办企业服务区首次实施“单部门综窗”，初步实现“前台综合受理、后台分类审批、统一窗口出件”。结合开办企业“一网通办”，申请人只须在网上填写一张表格，当天即可拿到营业执照，两个工作日内可领取企业发票、刻制公章、激活“法人一证通”数字证书等“企业大礼包”，开始正常营业。这正是嘉定“让数据多跑路，让群众少跑腿”的生动实践。

上海市嘉定区行政服务中心人流络绎不绝（受访者供图）

群众从“找部门”转向“找政府”

2019年10月14日，新启用的嘉定区行政服务中心迎来“公众开放日”。由嘉定区人大代表、区政协委员和优秀企业代表组成的公众代表团走进新中心，体验一系列新设备和创新服务。

从功能分区上，新中心1楼至3楼政务大厅基本涵盖了涉企事项和个人事项。其中，一楼为综合服务区、开办企业服务区；二楼为公安专区、不动产登记专区；三楼为就业人才专区、建设项目审批服务中心。2.3万平方米的建筑大楼以中庭为枢纽中心，东西两侧设立服务台，接待市民咨询、取号等。

新的功能分区，也开启了新的政务服务模式。新中心一共设立101个“分领域综合窗口”和21个“单一部门综合窗口”，实现“一口受理、一口发证”。市民只须进一个政务窗口就能办好事，从过去“找部门”变为现在“找政府”，办事便利度大大提升。

“‘让数据多跑路，让群众少跑腿’这句话很打动我。新模式将大大降低企业办事的时间成本、人力成本与运营成本。”公众开放日上，欣锐电控负责人王坤为新中心点赞，“过去，企业办事需要接触太多政务部门，比如人力、工商、

新启动的上海市嘉定区行政服务中心一共设立101个“分领域综合窗口”和21个“单一部门综合窗口”，实现“一口受理、一口发证”（受访者供图）

上海市嘉定区行政服务中心设置24小时“不打烊”自助服务区（曾艳春摄）

税务。现在新增单部门综窗，提供一站式服务，我去一个窗口就能办好事，对我们来说是福音。”

王坤提及的单部门综合窗口，正是新中心为提速增效探索的新尝试。在单部门综窗前服务群众的一线工作人员，不再是各职能部门的干部，而是行政服务中心公开招聘的“多面手”。他们对27家职能部门和355项政务服务事项了如指掌，真正实现为百姓解决“疑难杂症”。而27家职能部门120名工作人员则退居“二线”，被集中安排在后方的综合办公区域。整体实现“后台围绕前台转”的审批服务新模式，提高了审批效率。

以公安综窗为例，嘉定公安分局将原出入境大厅整体搬进新中心，现场设立了以个人事项为主的10个出入境综合窗口，以及以治安、交通、刑侦、人口等38项服务事项为主的4个单部门综窗。试运行期间专区实现高效办件日均200多件。

工作人员徐叶凤介绍道，新中心试运行期间日均接待1.24万人次，是老中心的4倍；日均办件量2900多件，是老中心的3倍。其中，新中心还内设24小时自助服务区，实现全年不打烊服务。针对白天工作繁忙的上班族，领证件都能像取快递一般方便。

一张表完成企业开办全流程

开办企业是否便利，是衡量一个地区营商环境的重要指标。2019年，基于“一网通办”平台，嘉定推出“来嘉办”政务套餐大礼包服务。申请人只需要到一个窗口或通过“一网通办”网站平台填写申请表，选择“企业大礼包”服务内容，一个步骤就完成了营业执照以及申领发票、刻制公章、激活“法人一证通”数字证书等多个事项的申请。一天发照，两天营业，成为嘉定企业开办的新速度。

“企业大礼包”的实现，是“数据跑腿”的又一成果。嘉定区行政服务中心业务管理科科长金惠兰介绍，企业开办申请所需的行政审批涉及多个部门。过去，各部门都有自用的数据系统，部门数据之间相互隔离，形成“信息孤岛”，导致“数据不流通，群众到处跑”。

“以前企业开办需要10—20个工作日。申请人办好营业执照后还要经历刻公章、申请发票等多个事项，涉及多个部门。当中每项审批都是串联的。”她表示，现在备案环节已融入开办企业窗口。

同时，刻制公章、激活“法人一证通”数字证书等多个事项实现“并联审批”。“从串联到并联，政务审批发生了真正意义上的化学反应，不只是物理空

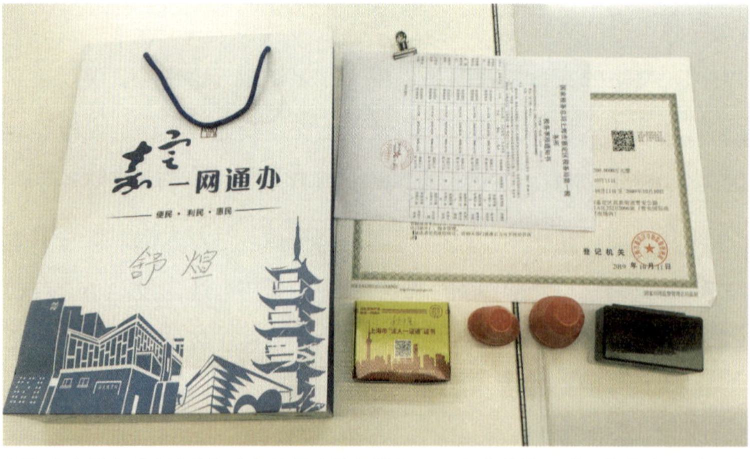

上海嘉定推出“来嘉办”政务套餐大礼包服务，一个步骤就完成了营业执照以及申领发票、刻制公章、激活“法人一证通”数字证书等多个事项的申请（曾艳春摄）

间的整合了。”她说。

从串联审批到并联审批，改变的秘密在于“一网通办”数据平台这一中枢。这一平台打通各部门壁垒，链接信息孤岛，助推各部门合力、高效办事。开办企业虽涉及5个部门，但通过“一网通办”，只需要“一表整合”“一次认证”。五个部门把所需的基本信息融合在同一张申请表中，供办事人一次性填写，信息一次性分发到五个审批部门系统，随即进入“并联”的审批环节。公安、市场监管局等部门刻章备案所需的认证比对，已整合为一次认证。

审批环节的各部门还实现了数据实时推送。“市场监管局营业执照办好了，电子数据就能传到委办局，委办局继续开展税务方面的工作，这中间不再是百姓跑，而是数据在跑。”金惠兰说。

“一网通办”依靠上海市政府统筹搭建的系统平台，将所得数据直接导入各个部门，无须二次录入，实现市场监管局、公安局、税务局与行政服务中心的办事融通。

金惠兰感慨：“二次录入是很多审批事项遇到的痛点和堵点。随着‘一网通办’持续推进，我们开办企业的各项数据可推送至各部门系统，工作人员无须二次录入，效率大幅提升。自新中心启动以来，‘企业大礼包’已发放447件。”

手记：畅通数据共享　渠道是关键

上海自2018年启动“一网通办”以来，围绕“让数据多跑路，让群众少跑腿”这一目标，着力打通部门间“数据壁垒”，重塑政府部门的业务流程，倒逼政府职能转变，让群众更有获得感。以嘉定为例，基于“一网通办”，企业开办、建设项目审批等事项的改革取得显著成效，真正实现“并联审批”。

在营商环境优化方面，嘉定乃至整个上海的探索经验有三方面值得学习借鉴。首先，强化顶层设计，一体化统筹推进，擦亮营商环境服务品牌；其次，完善基础设施，打破部门数据壁垒，提升政务服务智能化水平；最后，增强服务意识，提升市民与企业的获得感。

深度解读

服务比拼：如何打造世界一流营商环境

企业开办全流程办理压缩至1个工作日，社会投资类工业项目审批时间压缩至30个工作日……2019年11月27日，佛山召开全市优化营商环境大会，主动“晒”出营商环境便利化目标，接受社会监督。

距佛山1500公里的嘉定正结合上海市优化营商环境2.0的任务，围绕打响“一网通办”政务品牌、打造“便捷化改革”窗口品牌、擦亮“店小二”服务品牌三个方面下功夫，打造嘉定特色品牌。

种下梧桐树，引来金凤凰。近年来，无论是佛山还是上海，均将优化营商环境作为解放和发展生产力、推动高质量发展的必由之路。

2020年4月10日，上海市第十五届人民代表大会常务委员会第二十次会议通过《上海市优化营商环境条例》。该条例以市场化、法治化、国际化为原则，以市场主体获得感为评价标准，以政府职能转变为核心，从各方面、多维度作出规定。其中，“免罚清单”“法治保障共同体”等多个上海首创的优化、法治化营商环境的具体举措正式入法。

与此同时，与国际先进、全球最佳相比，佛山营商环境仍须进一步改进优化。打造法治化、国际化、便利化营商环境，上海有何做法可借鉴？对标先进，佛山营商环境又将如何提升优化？

把“特例”变为“常规”

“一进大厅就有引导员上前询问办事事项，帮我在自助设备上使用智能办理程序。我只要刷刷身份证，输入手机号，拍个照，上传一下盖章的资料，就可以拿到回执了，非常方便。”上海市民高俊笑着说。

2019年9月，新启用的嘉定区行政服务中心受到办事群众与企业的好评。新行政服务中心完善了功能分区。中心1楼至3楼分设综合服务区、开办企业服务区、公安专区、不动产登记专区、就业人才专区以及建设项目审批服务中心。

新的功能分区也开启了新的政务服务形式。新中心一共设立101个“分领域综合窗口”和21个“单一部门综合窗口”，实现“一口受理、一口发证”。企业与市民从过去“找部门”变为现在“找政府”，进一个政务窗口就能办好事，办事便利度大大提升。

从“找部门”到“找政府”，企业收获的便利源于政府的一场自我变革。其中一大表现是，在单部门综窗前服务群众的一线人员，不再是各职能部门的干部，而是行政服务中心公开招聘的“多面手”。而原有的27家职能部门120名工作人员则退居“二线”，被集中安排在后方的综合办公区域。新中心整体实现“后台围绕前台转”的审批服务新形式，审批效率大大提升。试运行期间，公安综窗专区实现高效办件日均200多件。

改革带来的转变还反映在审批效率上。2019年末，在开办企业方面，嘉定区行政服务中心基本实现“前台综合受理、后台分类审批、统一窗口出件”。这意味着，开办企业申请人只须上网填一张表格，申请当天即可拿到营业执照，两个工作日内可领取企业发票、刻制公章、激活“法人一证通”数字证书等“企业大礼包”，开始正常营业。

在备受关注的工程建设项目审批领域，嘉定更是跑出了新速度。2019年初，占地面积为9.2万平方米，计划总投资30亿元的国轩高科全球总部在嘉定外冈破土动工，项目计划于同年底建设完成，次年投入使用。

整个项目落户过程中，最令这家企业惊叹的是“嘉定速度”，国轩高科负责人介绍，“从1月3日16:30完成土地出让，到1月7日16:10完成施工许可证办理，刨去周末，用了不到两个工作日。”

在程崇加看来，工程项目快速审批在嘉定并非特例，而是常规。“只要企业有这个意愿，我们绝对可以帮它做到。”他说。

2019年初，嘉定推出《深入推进审批服务便民化工作方案》，以“更高效率办成一件事”为目标，制定8方面32项举措，系统重构部门内部办事流程和跨部门、跨层级办事流程，做到“让数据多跑路，让群众少跑腿”。

拉开“刀刃向内”的变革

良好的营商环境，离不开顶层设计的优化。嘉定区在营造便利化环境、提升改革协同性等方面取得的成果，折射出上海打造法治化、国际化、便利化营商环境的探索创新。

2019年10月24日，世界银行发布了《2020年营商环境报告》，中国排名大幅提升15位，名列第31位。作为中国两大样本城市之一的上海，贡献了中国在全球评比中55%的权重。因此，上海营商环境如何，很大程度上决定了中国的整体排名。

近年来，上海市通过对标全球最高标准，围绕优化营商环境，进行了一系列“刀刃向内”的改革，实现流程再造。“一网通办”便是其中之一。

2018年10月，上海市“一网通办”总门户正式上线运行。这是上海市政府推出的实现数据中心化、服务智能化的政务服务系统，是优化营商环境的重要举措。

很快，上海市政府各部门共有1274个事项接入了“一网通办”全流程一体化在线服务平台。这意味着，个人与企业90%的事项可以“只跑一次，一次办成”，99%的民生服务事项实现全市通办。

“一网通办”关键在通。为打破部门间数据壁垒，上海于2018年成立市大数据中心，搭建了全市数据资源共享体系，真正实现“让数据跑路”。

以市民办事提交照片为例。2019年起，政府部门可在平台直接调取办事市民照片数据，并按需得到多种尺寸、背景的标准照片。只要曾在政府部门拍过照片的上海市民，未来办理需要提供个人照片的283个事项时，均无须再次提供照片。

以数字化让政务服务更智慧、让企业市民办事更方便，包括上海在内，各地都在积极探索。在此方面，佛山起步较早。

早在2014年5月30日，南海区数据统筹局挂牌成立，成为全国首个数据统筹局。同年，禅城区开展“一门式”政务服务改革，并多次获得国字号荣誉，为全国提供了可复制推广的经验。

然而，与国际先进、全球最佳相比，佛山仍有较大提升空间。根据省市场监管局与省社科院联合发布的《2017年度广东各市开办企业便利度评估报告》，佛山在企业开办便利度方面位居全省各市第20位，2018年度佛山排名仍在前十开外。显然，这与佛山现有经济规模并不相符。

2019年11月27日，佛山市优化营商环境大会便明确指出，与国际先进、全球最佳相比，佛山营商环境还存在不足，需要进一步改进优化。其中，全市营商环境改革的协同性不够，具体表现为各项改革进度差异大、部门之间的协同配合不足等。

经济社会发展的动力，源于市场主体活力和社会创造力，这在很大程度上取决于营商环境。哪里的营商环境优、服务质量好、办事效率高、投资成本低，资金、人才、技术等要素就会往哪里聚集。

对标国际国内最优最好，加快建设服务效率更高、管理更规范、综合成本更低的营商环境高地，佛山势在必行。

举全市之力打好攻坚战

“优化营商环境，很大程度上是用制度保障资本、人才等创新资源的流动。”新加坡国立大学东亚研究所所长郑永年认为，以中国如今的经济体量而言，“找项目”对经济的牵引力不够用了，更需要各级政府的“造环境”能力来一个大提升。

如今，各地纷纷出台政策打造法治化、国际化、便利化营商环境，将其作为塑造地区经济发展硬环境和软环境的重要一招。

放眼全国，成都提出要将“国际化营商环境建设”作为2019年全市经济工作的主题，要千方百计以开放倒逼“放管服”改革；西安则提出要打造“五星级店小二”的服务品牌，推动干部的观念、作风转变，更好地为企业、民众服务。聚焦省内，深圳推出营商环境改革20条，广州深入实施营商环境2.0改革，等等。

显然，城市之间的竞争已经迈向打造营商高地的竞争，各地都将“营商环境就是生产力”的理念贯彻在政府工作的方方面面。

作为制造业大市，同时也是民营经济大市，佛山深知优化营商环境的重要性和紧迫性。2019年初召开的佛山市委十二届七次全会提出，佛山要坚持全球视野，对接国际高标准营商规则体系，让营商环境更规范、更透明、更便利。

“要举全市之力打好优化营商环境这场攻坚战。”2019年11月27日，佛山召开全市优化营商环境大会，将优化营商环境作为解放和发展生产力、推动佛山高质量发展的必由之路。同日，佛山还推出了以《佛山市深化营商环境综合改革实施方案》（简称《实施方案》）为核心，以深化商事制度改革、推进工程建设项目审批制度改革、推进不动产登记制度改革、推进政务服务“一网、一门、一次”改革、优化纳税营商环境、推进跨境贸易便利化、加强信用监管为重点改革举措的“1+7+N”工作体系。

强化统筹力度，成为该方案的一大焦点。根据《实施方案》，佛山将成立专项小组，由市政府主要领导任组长。同时，佛山还将全面深化营商环境综合改革工作纳入重点督查，把优化营商环境纳入绩效考核。

此次大会还明确了30个事项的办理流程图与时间，并公之于众，例如社会类工业项目审批时间控制在30个工作日以内，不动产抵押登记流程办理时间控制在1个工作日内等。以公众监督倒逼改革成效，这也凸显了佛山优化营商环境的决心与魄力。

水深则鱼悦，城强则贾兴。“审批事项该砍的砍，办事时限该缩的缩。”佛山市市长朱伟曾强调，要真正把佛山打造成为投资热土和创业高地，推动佛山争当全省地级市高质量发展的领头羊。

样本聚焦

用“辛苦指数”换“发展指数”

“我是本项目代办员陆斌（化名），我的联系方式是……”在堀场仪器（上海）有限公司的“代办锦囊”上，代办员的名字、职务、电话号码清晰可见。这本“代办锦囊”按顺序列明了堀场仪器项目所有审批流程及所需材料。企业经营人员若有疑问，可随时联系代办员。

以汽车产业为支柱产业的上海市嘉定区是制造强区。为加速重大项目落地，嘉定从企业需求出发，推出代办服务。2018年3月，12名首席代办员正式上岗，带领全区约100名代办员，免费为企业跑腿办证，打出服务“温情牌”。

营商环境好不好，企业说了算。为解决企业“政策不易找、申报靠腿跑、进度看不到”等难题，包括嘉定区在内，多地纷纷推出创新举措。同为制造重镇，早在2017年，佛山便探索建设佛山“扶持通”，将数百项政府扶持政策汇集在一个平台，方便企业查询、申报。截至2019年9月，佛山“扶持通”企业注册量超11000家，平台已发放扶持资金累计超7亿元。

政府代办提效率

“以往即使是不涉及土建的项目审批，我们光在递交审核材料阶段就要花上2至3周。现在，我们在网上完成备案只需要2至3天。”北特科技战略规划部相关负责人表示。

该公司是一家从事汽车转向及减振系统安全件研发、生产与销售的高新技术企业，客户涵盖国内外汽车行业龙头企业。“对我们来说，若因审批导致项目拖延2至3周，将影响到产品更新换代的速率，对企业经营发展不利。”上述负责人感慨道。

北特科技仅是嘉定区众多制造业企业中的一家。在嘉定，制造业产值占地区生产总值的55%左右。截至2018年底，该区共有企业18.8万户，其中制造业企业有1.15万多户。此外，民营企业在全区制造业企业的占比超八成。

在寸土寸金的嘉定，以更快速度吸引更多高端制造业项目落地，成为推动经济高质量发展的必然需求。

为实现这一目标，2018年3月起，嘉定区充分发挥“店小二”精神服务企业发展。区行政服务中心建立了区、镇两级产业项目代办服务体系，共11个代办点。“只要企业有需求，就可以申请代办服务。”嘉定区行政服务中心综合协调科科长程崇加说。

为提升项目落地审批速率，嘉定专门制定了“五个一”代办工作方案，即对准入的项目编制一张项目进度计划表、一份审批事项目录、一份评估评审内容选择清单，明确一名项目代办员等，做到提前介入、分级指导、动态跟踪。过去，一个项目从拿地到获准施工最少要6个月时间。有了代办服务后，审批时间平均节省一半以上。

让企业享受更多改革红利

2018年2月28日，嘉定区发布《优化营商环境，深化“放管服”改革三年行动方案》等“1+X”系列文件，围绕“放得彻底”“管得科学”“服务精准”三个方面推出24条改革措施，逐渐在嘉定营造开放便利的产业发展环境、公平竞争的市场秩序环境和优质高效的创新创业环境。

“嘉定发展要赢得主动，不能简单依靠优惠政策的比拼，更不能依靠低要素成本，唯有优化营商环境才是最持久的制胜之道。”嘉定区主要领导曾这样描述营商环境的重要性。

事实上，这一观点同样适用于佛山。作为民营经济大市，目前佛山各类市场主体已突破80万户。2019年以来，佛山平均每天诞生企业260家。以优化营商环境促使市场主体活力持续迸发，是佛山高质量发展的必然要求。

为助力民营经济发展，近年来，佛

上海北特科技股份有限公司外景（曾艳春摄）

山市、区、镇三级出台了一揽子扶持政策，每年投入约60亿元扶持资金。然而，不同部门政策不同、申请流程纷繁复杂等一系列因素，致使部分企业获得感不强，难以享受到应有的政策红利。

为破解这一难题，佛山从2017年开始探索建设佛山“扶持通”，并于2018年5月上线平台。这一平台将全市扶持政策集中管理，统一项目申报入口，从政策发布到资金拨付全流程“搬”上网，大大降低了企业申报政策的门槛，真正为企业带去了实惠。

“由于政策出台部门不同，过去我们申请各类津贴与政策，要分别跑到各个部门咨询申请。”招商局仁和人寿保险股份有限公司相关负责人点赞道。佛山“扶持通”的上线解决了这一难题，让政策申报更透明，服务更有“温度”。

佛山实践

“扶持通”让企业享受更多红利

作为民营经济大市，为解决企业“政策不易找、申报靠腿跑、进度看不到”等难题，佛山于2018年5月正式上线“扶持通”平台。

为支持民营经济发展，近年来佛山各级各部门相继出台政策，每年投入约60亿元扶持资金。然而，由于不同部门政策不同、申请流程纷繁复杂等一系列因素，致使部分企业获得感不强，难以享受到应有的政策红利。

而“扶持通”平台将全市扶持政策集中管理，统一项目申报入口，从政策发布到资金拨付全流程“搬”上网，大大降低了企业申报政策的门槛。

企业可第一时间获知政府扶持资金项目信息和申报指南，进行项目申报并实时获取项目申报进度。此外，“扶持通”平台还能记录企业浏览痕迹，主动推送适合企业的扶持政策。截至2019年9月，佛山“扶持通”企业注册量超11000家，平台已发放扶持资金累计超7亿元。

“过去，我们申请各类扶持补贴，要跑多个部门咨询，耗费较多人力与时间。有了‘扶持通’，企业了解政策更容易，申报流程繁冗这一难题得到了有效解决。”招商局仁和人寿保险股份有限公司相关负责人说。

佛山对标

捍卫“拼出来”的金字招牌

所谓营商环境，指的是与经济社会发展相关联的政务、市场、法治、人文等环境的总和。营商环境的优劣，反映了城市的综合竞争力，也直接决定了企业、项目和人才落地发展的信心。从国际国内实践来看，城市和区域的经济社会发达程度，与其营商环境法治化、便利化、国际化程度基本呈正比。

放眼国内，以佛山为代表的一系列城市，对于营商环境建设的重要性有着准确而深刻的理解。佛山生于工贸，兴于市场，打造营商环境、厚植产业热土成为佛山突围的一大路径。

长期以来，佛山一直将优化营商环境作为增强市场活力、推动经济发展的重要抓手。从改革初期开始，佛山通过“放水养鱼”大胆放权，充分发挥市场主体作用。同时，深入实施一系列有利于市场竞争、有利于实体经济、有利于民营企业发展壮大的政策措施。近年来，佛山持续深挖营商环境红利，出台了“一门式一网式”政务服务改革等一系列创新举措，深化“放管服”改革，进一步释放企业和市场发展的活力与动力。

从时间维度上，对标上海等一线城市营商环境的建设实践，佛山先行一步；而在深度和广度上，国内一些城市的表现也值得佛山学习。如2014年，佛山市南海区在全国率先设立区级数据统筹部门，比上海、杭州等城市领先3至4年。此外，上海、杭州等地相关部门依托强有力的统筹和更为统一的标准，在化解数据壁垒、释放数据价值方面都各有精彩表现。

更为紧迫的是，随着改革创新力度的提升，包括上海在内，各一线城市与省会城市越发认识到营商环境的重要性，活用资源禀赋开展更有力的改革探索，并取得了有效成果。与之相比，佛山作为普通地级市，未必能全盘照搬上述城市的改革探索。佛山应该以强烈的危机意识补上资源禀赋的短板。

营商环境，是佛山人筚路蓝缕、先行先试“拼出来”的金字招牌。为此，佛山要巩固先发优势，应继续发挥敢为人先的改革创新精神，向改革要活力，向创新要动力。佛山要持续优化营商环境，应进一步科学发挥行政力量，以大手笔的统筹力度和切实有效的执行强度，推动各项改革创新工作落到实处等。这是佛山深化营商环境建设的方向，更是佛山应对日益激烈的区域竞争态势的方向。我们有理由相信，佛山将以行之有效的措施，向市场、向历史、向未来交出一份满意的答卷。

SUZHOU

苏州 城市名片

苏州，古称姑苏、平江，是江苏省地级市，国务院批复确定的长江三角洲重要的中心城市之一。苏州位于江苏省南部，东临上海，南接浙江，西抱太湖，北依长江，地理位置优越，外资企业众多，外向型经济发达。

太仓市位于苏州东北部、长江口南岸，因春秋时期吴王在此设立粮仓而得名。太仓地理位置优越，毗邻上海，经济发展水平位居全国前列。

近年来，太仓市大力推动产城人文融合发展，“城乡一体、产城融合，城在田中、园在城中”的田园城市特色逐步呈现，城市综合实力稳步提升。2019年，太仓入选全国综合实力百强县市、全国绿色发展百强县市、全国营商环境百强县、全国工业百强县（市）、全国综合经济竞争力十强县，并第8次获评“中国最具幸福感城市”。

自1993年第一家德企落户到2019年，短短26年间，太仓聚集了322家德资企业，年工业产值超500亿元，成为中国德企集聚度最高、发展质效最好、中德企业合作发展最佳的地区之一，被中国商务部和德国经济部共同授予中国首个，也是唯一一个“中德企业合作基地”称号。

如今，太仓的对德合作已经从经济层面延伸到城市交往、文化交流、创新创业等方面，地方政府通过努力营造良好的营商生态，不断擦亮“德企之乡”的城市名片。

苏州行记 1

“德企之乡”26年聚集322家德企

2019年11月，第二届中国国际进口博览会在上海举行，当来自全球181个国家、地区、国际组织的数千家企业代表乘坐飞机抵达上海虹桥机场，一条长400米的艺术长廊让他们眼前一亮。长廊以“油画+摄影”等多种艺术形式，把江南古典风与德国风情融合在一起，集中展现了有“德企之乡”美誉的太仓的前世今生。

如今，太仓对德合作已从产业合作，向城市合作、文化交流、技术创新全面深化。26年聚集322家德企，太仓对德合作有何成功秘诀？这座江南小城背后的“德国故事”未来将如何演绎？

太仓中小企业产业园（太仓市委宣传部供图）

把最纯粹德国制造带到太仓

10月下旬的太仓天气微凉，驱车沿着南京东路行驶，两旁的绿化带向外延伸数十米，郁郁葱葱、错落有致，让人很难把这与工业区联系在一起。绿化带背后，一排米黄色厂房与一般的工厂别无二致，但厂区内悬挂的一面德国国旗却透露出不一样的信息。这里是海瑞恩精密技术（太仓）有限公司（简称“海瑞恩”），全球汽车行业车削回转类元件领域的领跑者。

走进海瑞恩的生产车间，工人和机器人配合无间，打磨着一个个汽车零配件，这些零配件将应用于汽车燃油喷射系统、电子制动防抱死系统、双离合器变速器等关键环节，人机配合的生产方式藏着德国精工制造的秘密。

“我们采用的是与德国公司一样的系统，与集团日常交流采用德语，每个管理岗位在德国公司都有专人进行联系。”海瑞恩生产部门负责人孙彦斌介绍。作为公司在国内招聘的第二批员工，他入职后就到德国进行了长达5年的轮岗培训，全面接触和了解各个生产环节和德国文化。而在海瑞恩，像他这样拥有德国交流经验的员工占比达1/7，这确保了最纯粹的德国制造能够在太仓落地生根。

海瑞恩总部位于德国巴符州，成立于1961年，拥有40多年汽车零配件生产经验，发展至今已成为在全球汽车汽油及柴油喷射系统领域享有很高知名度和市场占有率的制造商。随着中国汽车市场的发展，2004年，海瑞恩把太仓作为其进入中国市场的第一站，在这里成立了国内的首个生产基地，并于2009年正式投产，成为落户太仓的诸多德国企业之一。

对于公司为何选择落户太仓，孙彦斌表示，最初是被这边的区位条件和完善的产业链吸引。“作为博世集团的供应商，海瑞恩最初是为了给博世在无锡的工厂作配套而来到中国的，当时划了一个范围，在距离客户1—1.5小时以内车程的范围选址。”

他表示，在这个范围内太仓拥有得天独厚的条件。一方面太仓距离上海很近，从太仓到达上海虹桥机场只需要30分钟车程；另一方面太仓本地及周边集中了大量德国汽车零部件企业，这为海瑞恩在中国的发展提供了重要支撑。

“落户太仓之初我们很多零配件都需要依赖进口，通过10多年发展，我们与本地供应商的合作不断深化。”孙彦斌介绍，如今海瑞恩除了部分原材料需要进口外，大部分都实现了国内采购，其中来自太仓本土及周边的供应商占了一半以上，这种便捷的供应链体系为企业节省了大量成本。

与此同时，海瑞恩也通过不断拓展本地客源，企业规模越做越大，从最初只做高压共轨相关的两款零部件，到如今在太仓研发生产着40多款汽车关键零配件产品，员工规模达到700人。“我们每年都会有不同的业务新加进来，陆陆续续国产化，以不断满足客户新的需求。”孙彦斌说。

和太仓相似，佛山本土产业基础雄厚，产业链完善，经过多年发展，吸引了一汽-大众、欧司朗照明等一批德企落户，对德合作的氛围越来越浓。德企在太仓进行的本土化探索，为佛山下一步深化对德合作提供了重要启示。

从 1 到 322 的成长密码

海瑞恩的快速发展正是众多落户太仓的德国企业的缩影。

经过多年发展，如今，海瑞恩所在的太仓高新区已成为国内德企最集中的高新区之一。在海瑞恩东边约500米，是通快（中国）有限公司所在地，这家总部位于德国迪琴根的企业集团具有80多年的机床生产历史；在海瑞恩南边约700米，是太仓规模最大的德企舍弗勒（中国）有限公司，生产各类精密轴承；在西边和北边，分别是托克斯冲压设备有限公司和卓能电子（太仓）有限公司。

这些德企集聚在一起，让太仓成为国内德企集聚度最高、发展质效最好、中德企业合作发展最佳的地区之一。

回顾太仓对德合作历程，有两个年份经常被提起。1993年，太仓撤县建市，同年引进了第一家德资企业克恩-里伯斯落户，当时公司初期投资只有50万马克，租了200平方米厂房，员工不到10个人。经过多年发展，到了2019年，克恩-里伯斯已经成长为拥有900多名员工、3.8万平方米现代化厂房和8家分支机构的中国业务集团，企业生产的安全带弹簧占全球市场份额的70%，企业销售额突破10亿元，纳税超过1亿元。

在克恩-里伯斯的示范效应带动下，越来越多德企落户到太仓，到了2008年，在太德企数量达到了100家，中国商务部和德国经济部共同授予太仓“中德企业合作基地”称号。

与太仓相比，佛山提出加强对德合作要更晚一些。2010年，一汽-大众项目落户佛山南海区，成为佛山加强对德合作的重要突破口。随后佛山通过挂牌成立中德工作服务区，牵头成立中德工业城市联盟，自上而下推进对德合作。

同样把对德合作作为对外开放合作的重要抓手，太仓的对德合作有哪些经验值得佛山借鉴？太仓市招商局副局长徐兰介绍，从2008年开始，太仓重点打造“德企之乡”的城市名片，通过到德国举办“太仓日”活动、推广“双元制”教育、打造德国“啤酒节”、优化政务服务等举措，不断强化对德合作，落户太仓的德企数量不断增加，从100家到200家只用了5年时间。

截至2019年，300多家德国企业扎根太仓，为本土经济发展和产业升级提供了重要支撑。这些看似规模不大的德企，很多都是行业内的“隐形冠军”。据不完全统计，落户太仓的德企集中在高端装备制造、汽车核心零部件、节能环保等产业领域，其中，超过50家德企是所属行业的全球“隐形冠军”。

太仓成立德中研发创新联盟，推动创新协作（太仓市委宣传部供图）

手记：开放合作城市精神成就“德企之乡”

从昔日郑和七下西洋的起锚地，到现代的中德合作典范城市，开放合作已经内化为太仓重要的城市精神。

如今，这里的“德国故事”仍在不断上演。就在2019年10月底，太仓市2019金秋经贸月启幕，47个项目在活动现场进行了集中签约，当中不乏施迈茨真空设备、欧托凯勃新能源汽车零部件等德资项目。

德国施迈茨国际公司亚太区负责人Jochen Gunkel在签约仪式上表示，选择在太仓落地生根，是看中这里有大量训练有素的工程师和人才，并拥有优秀的供应商网络和教育体系，希望能与太仓深化合作。他的看法在很大程度上道出了“德企之乡”的成长密码。

苏州行记 2

“双元制”教育：投入 10 万培育一名工人

为了满足德企对产业工人的高需求，自2001年创办国内第一家与德国职业技术教育同步的职业培训中心以来，太仓就把“双元制”教育与对德合作紧密融合在一起。依托太仓中等专业学校和健雄职业技术学院等职业院校，太仓成为国内“双元制”教育本土化的典范。

佛山是全国制造业转型升级综合改革试点，也是首批通过教育部现代学徒制试点验收的地级市，正在推进现代职业教育综合改革示范市创建工作，在职业教育方面作出了诸多探索。讲求校企双方协同育人的“双元制”教育如何能够在太仓成功走通？太仓职教源源不断地培养出高水平技术工人，助力制造升级，又能给佛山带来哪些启示？

太仓“双元制”教育（太仓市委宣传部供图）

探路“双元制”教育本土化

2019年10月23日晚，在苏州太仓市珀丽酒店一楼，由埃马克（中国）机械有限公司举行的“激光焊接技术日”活动在这里进行。埃马克是一家以生产车床、激光焊接机等产品为主的德国“隐形冠军”，自2004年落户太仓以来，公司就把德国企业文化带到这里。把激光焊接这项常见工作打造成一个节日，德国企业对职业技术的重视可见一斑。

高素质技能人才被认为是德国制造强盛的秘密，而支撑这种人才培养的，正是德国举世闻名的“双元制”职业教育。作为知名的“德企之乡”，太仓得以聚集数百家德国企业，这与其多年来对于“双元制”教育的探索密切相关。

太仓中等专业学校校长丁亮参与了推动“双元制”教育落地太仓的整个过程。“太仓对‘双元制’教育的探索可以追溯到1997年，当时第一家落户的德国企业克恩-里伯斯的负责人找到政府，说企业的设备、管理人员、资金、技术都可以从德国引进来，但是他发现最大的问题就是没有像德国那样的技术工人，他提出要建立‘双元制’培训中心，由校企共同培养技术型人才。”

为了满足德企对高素质产业工人的需求，太仓把“双元制”教育与对德合作紧密融合在一起，为德企的发展壮大提供了重要支撑。

以海瑞恩为例，在这家德国“隐形冠军”落户太仓之初，困扰他们的首要问题就是如何找到合适的人才，把最纯粹的德国制造工艺复制到中国。

为此，他们把在国内招聘的员工送到德国进行漫长的轮岗培训，全面了解德国制造的生产和管理流程，熟悉德国文化。即便如此，随着企业规模的发展壮大，这种交流仍然无法满足企业对技能人才的需求，海瑞恩开始探索人才的本土化培训，由此成为太仓“双元制”教育的积极推动者和受益者。

“2013年开始，我们与海瑞恩进行数控专业一年制的培训合作，学生第三年的学习有10个月到他们的培训中心进行实训，效果很好。”丁亮介绍，这种合作赢得了企业对太仓职业教育的认可，到了第二年，海瑞恩就提出五年制的“双元制”培训，全面深化校企合作。

太仓中专与海瑞恩的深度合作通过“双元制”职业教育培养出大批技能人才，解决了德国企业的“人才焦虑”。

让“招工”前置于“招生”

走进位于健雄职业技术学院内的中德培训中心，只见一座座“厂房”依次排开，在这些“厂房”内，数控车加工区、电加工区、磨削区、机电系统装配区、机械制造综合区等不同学习区域模拟了生产的实际场景，学生们正在针对不同的学习内容进行实操练习。

“这里的学生由学校与企业共同培育，接受的是德国的培训大纲、职业资格标准和培训模块，需要通过德国AHK机电一体化师职业资格认证考试才能毕业。作为企业的‘准员工’，他们毕业后大部分将进入德企工作。”健雄职业技术学院双元制培训学院推广中心经理李之繁说。

“经过多年磨合，我们与德企之间建立了一系列合作规范。德企有人才需求会提前与我们沟通，学校也紧跟德企的步伐和要求制订培养计划。”李之繁介绍，在执行过程中，学校会根据德企提出的需求，从学生入学之初就组织一批企业到校宣讲，学生可以根据兴趣选择是否就读中德班，成为企业的“准员工”。

在这种模式下，企业将深度参与到学生的学习进程中，并为这种学习提供有力支持。“在德企看来，职业教育是企业履行社会责任的一部分。以海瑞恩精密技术（太仓）有限公司为例，其不仅在学校设置30万元奖学奖教金，对人才的培养同样投入巨大，比如针对我们与企业共同设置的五年制数控班进行大力补助，5年下来平均对每名学生投入10万元。”丁亮说。

让“招工”前置于“招生”，主动联系学校培养学徒，这离不开德企独特的“人才观”。

“德国企业对专业技术人才非常重视，它们有一套完整、科学的培训体系。在德国校企合作是法律所规定的，企业必须承担社会责任，不然不给办理营业执照，德国校企间早已经形成了一种通力合作的文化。”李之繁说。

目前，太仓高新区已相继建立中德培训中心等十大“双元制”教育培训基地，构建了“中专、大专、本科、研究生”多层次有序衔接的人才培养体系，成为国内最大的“德国职业资格”考试和培训基地，累计培养了1万多名高级管理人才和专业技术人才。

以健雄职业技术学院为例，自2007年中德培训中心成立以来，10多年来共为区域内德企定向输送德国标准专业技术人才1200多名，为欧美企业、国企和民企输送高质量技术人才3100多名。2018年，太仓“双元制教育产业园建设”入选省高等教育综合改革试点项目，健雄职业技术学院还荣获“2018亚太职业院校影响力50强”称号。

人才培养“企业说了算”

如今，包括佛山在内，引进德国“双元制”进行本土化实践的城市不在少数，但校企合作“一头冷一头热”，“双元制”教育“形似而神不似”的问题依然存在。李之繁认为，其中的关键在于培养出来的学生是否能真正满足企业需求。“这就需要在培养过程中真正‘让企业说了算’，形成契约精神。”李之繁说。

丁亮表达了类似观点。他认为，企业对于产业发展的最新动态更敏感，因此获取来自企业的反馈意见对学校的人才培养非常重要。“比如，有用人单位反馈学校德语教育不能满足需求，那我们就要及时进行相应改进。”

在丁亮看来，“双元制”跟传统教学在课程和教学组织两方面存在很大不同。德国的培训师注重跨学科理论，施行项目化课程体系。同时，他们在教学组织上讲究“理实一体”，通过明确教学任务，让学生们在“做中学，学中做”，在这个过程中掌握知识要领。

“这就对老师要求非常高。”丁亮指出，为了提升老师的技能水平，近年来，学校利用暑假，按照德国手工业行会培训考试认证的要求培训了55名专业老师，涉及汽修、数控、机电、工业机器人4个专业。

除了加强教师队伍培训，太仓中专在跟着企业做招生计划、采用全德式考评体系进行教学质量评判考核的同时，也督促老师们到企业进行交流，在这个过程中不断发现自身技术、工艺上的差距，从而推动学校教学水平与企业生产水平同步。

“学生培养得好不好，最好的评判标准在企业手中，这点我们很看重。这种评判交流涉及理论讲授课、双方团队探讨、教学委员会的交流等多层次多渠道，需要一系列对等沟通交流机制，比如，作为校长，我和企业的董事会常保持密切沟通交流。”丁亮说。

近年来，随着德企对人才需求的多元化，“双元制”教育也在同步进行升级。2019年5月，东南大学成贤学院启动了2019年中德合作“太仓双元制人才”项目，该项目由苏州健雄职业技术学院、东南大学、德国巴符州应用技术大学以及在太德企共同发起举办，旨在培养管理型人才。

“跟着德企发展其实压力也很大，这就像谈恋爱一样，要‘门当户对’。俗话说‘十年树木，百年树人’，我们将带着建设‘百年老校’的情怀，做足校企一体规划发展。在和德企业‘贴身’学习的过程中，我们发现德企的高要求严标准也在倒逼我们职业学校提升教学质量，这也让我们很是受益。”丁亮说。

手记：“双元制”背后的独特人才观

太仓对于“双元制”教育的探索几乎与对德合作同步推进。2001年，太仓高新区创办了中国第一家与德国职业技术教育同步的职业培训中心——DAWT（德资企业专业工人培训中心），标志“双元制”本土化的开始。

经过多年探索，如今，在太仓的职业培训中心有独资、合资和跨企业联合培训三种形式。其中，灵活的校企合作模式能够满足企业日益多元的人才需求。

“双元制”职业培训被认为是德国经济腾飞的秘密武器，通过“创造一切条件让学生在企业氛围中成长”，以此培育出符合企业实际需求的技术人才。让“招工”前置于“招生”，主动联系学校培养学徒，这离不开德企独特的“人才观”。在太仓，这样的人才观和培养体系被“原汁原味”地复制过来，实现了专业技能人才培养与企业需求间的精准对接。

深度解读

开放共赢：工业大市对德的合作守望

在第二届中国国际进口博览会上，包括通快（中国）有限公司、瀚柏格精密夹具有限公司、埃马克（中国）机械有限公司等一批先进制造企业展示了多项先进德国技术，这些企业有着一个共同标签——都是落户到苏州太仓的德国企业。

自1993年第一家德企落户以来，太仓如何源源不断地吸引德国企业落户？通过观察可以发现，秘诀在于太仓抓住市场机遇，通过优化政务服务效能，提供多元文化服务，提升城市软硬环境，以“绣花”功夫构建起一个满足德企发展需求的“生态圈”，从而成为中国德企集聚度最高、发展质效最好、中德企业合作发展最佳的地区之一，被授予中国首个，也是唯一一个“中德企业合作基地”称号。

1200公里外，朝着建设面向全球的国家制造业创新中心的目标，佛山在10多年前就把加强对德合作作为推动产业转型升级的重要突破口，通过搭建中德工业服务区、中德工业城市联盟等平台，自上而下全面深化对德合作，实现了从“引进来”到“走出去”，从招商引资到“以德为师”的深度技术合作的转变。

面对新一轮全球产业变革，无论佛山还是太仓，均把对德合作提到一个新高度。回看来时路，佛山和太仓走出了不同的合作路径；站在新起点，同处中德工业城市联盟之中，佛山与太仓互为镜鉴，共同寻求在更广泛的合作框架下，讲述新的对德合作故事。

服务留企　对外企“无事不扰，有求必应”

2019年10月，太仓市招商局副局长徐兰一直处于忙碌状态，从一年一度的金秋经贸月，到第二届进博会，一连串重磅活动让她的日程表被填得满满当当，频繁往返于上海、太仓两地，也是她过去10多年招商工作的缩影。

“上海是我们跑得最多的城市，外企进入中国的第一站往往会选择上海，这里也成为我们收集外资项目信息的主要渠道。”徐兰说，和很多人印象中招商局是引入外资项目的主要推手不同，“口口相传”是德企选择落户太仓的主要原因，而这离不开太仓高效、便捷的政务服务。

“作为一个县级市，太仓的优势是行政层级少，所有政府职能集中在一幢楼，部门之间沟通很方便，企业可以在一个地方一站式办理所有业务。”徐兰以项目落地为例，太仓市提出“3550”的服务口号，即3天领营业执照，5天领不动产证，50天拿到施工许可证。

在太仓，招商不是招商局自己的事情，而要涉及市场监管、税务、海关等多个职能部门的沟通协作。在项目落地前，招商局会先组织各部门负责人开协调会，提前为项目落地存在的问题找到解决方案；和项目谈判有关的各部门的负责人会共同出席，当场拍板解决项目负责人提出的问题。“这种方式让企业的体验很好。”徐兰说。

对于已经落户的德企，太仓着眼于满足企业的需求。“德企希望专注于企业经营，因此我们提出‘无事不扰，有求必应’的服务理念。”徐兰说，为了第一时间响应企业诉求，太仓高新区安排专人与德企进行联络，联络人会把企业的需求及时反馈到各职能部门，政府的涉企活动也要通过联络人与企业进行沟通，以此减少行政对企业经营的干扰。

文化惠企　以文化为媒全面加强对德合作交流

随着德企在太仓的集聚，越来越多太仓人进入到德企工作。为了让太仓市民对德国文化有更深了解，同时也为德企营造更加舒适融洽的发展环境，太仓还持续推进一系列文化、城市交流活动，全面深化对德开放合作。

以举办啤酒节为例，自2006年举办第一届以来，太仓啤酒节已经连续举办了14届，每年吸引成千上万中外嘉宾共同品味纯正的德国啤酒，品尝具有德式风味的美食，欣赏德国传统艺术表演，这成为太仓市民了解德国文化、加强对德交流的重要平台。

此外，太仓还每年举行中德足球赛、乒乓球赛、马拉松比赛，举办或承办大型中德交流会，不断推动两地文化交流合作深化。

除了“引进来”，太仓还积极“走出去”，自2008年以来，先后到德国斯图加特、慕尼黑、杜塞尔多夫、柏林等地举办“太仓日”活动，面向当地企业推介太仓营商环境，并把太仓娄东画派、江南丝竹等传统文化带到德国，“在‘太仓日’活动现场，我们用江南丝竹演绎了德国当地的名曲，受到当地的热烈欢迎。”王雪春说。

公共文化服务是城市软实力的重要体现。在太仓，公益性文化场馆全部免费开放，文化馆每年开展文化活动180多场次，图书馆实现藏书100万册，随借随还

太仓啤酒节（太仓市委宣传部供图）

的图书馆分馆、24小时自助图书馆、“左手咖啡右手书”项目遍布城乡，博物馆每年举办各类展览活动20多期，美术馆每年举办专业展览20多项，年均接待群众超过170万人次。

凭借着公共文化服务取得的一系列成果，2013年以来，太仓市先后成功创建国家、省两级公共文化服务体系示范区。

“文化交流虽然不能直接创造价值，但文化肯定是投资环境很重要一部分，如果一个地方不能让人感到舒服，是很难留住人的。”太仓市文广旅体局副局长王雪春介绍，持续多年打造的对德文化交流品牌让在太仓的德国人找到家的感觉。

一个最直观的变化是，10多年前很多德企高管选择在上海居住，到太仓上班，如今随着太仓工作生活环境的变化，越来越多德国人选择落户到太仓，目前常住太仓的德国人约有1000人。

太仓日活动（太仓市委宣传部供图）

环境引企　连续7次入选“中国最具幸福感城市”

优美的城市环境是太仓能够获得德国企业青睐的另一重要因素。

与国内千城一面的城市形态不同，早在2011年，太仓市就提出了“一市双城三片区”的总体规划布局，保留40万亩农田作为生态屏障。

“太仓是苏州保留农田最多的县级市，早在10年前我们就邀请中外城市规划专家为太仓的城市发展出谋划策，确定了‘现代田园城’的城市定位，历经几届政府，一直坚持到现在。”太仓市政府相关负责人介绍，围绕着这一定位，太仓不断完善城市功能载体和基础设施，“城乡一体、产城融合，城在田中、园在城中”的现代田园城市特色逐步显现。

太仓把绿色作为城市最鲜明的底色。除了保留大量农田，近年来太仓积极推进生态文明建设，从局部的绿道提档升级到构建环城生态廊道系统，从改造小游园到兴建城市综合公园，逐步形成了“一心两湖三环四园”生态园林体系。

具体来说，太仓的生态建设注重发挥“精、巧、雅、静”的城市风格，不断优化城市生态空间格局与形态面貌，在四个重要空间节点，太仓建设了西庐园、菽园、独溇小海湿地公园、现代农业园四个大型公园，打造集绿色休憩空间与城市生活空间于一体的城市“绿肺”。

目前，太仓的人均公共绿地达12.47平方米，人均公园绿地面积达到15.17平方米，建成区绿地率和绿化覆盖率达到40.29%，城市园林绿化和生态建设取得显著成效，先后获得了国家卫生城市、国家园林城市、国家环保模范城市、国家节水型城市的称号以及中国人居环境奖，在2019年的全国绿色发展百强县中位列第三。

此外，太仓还连续7次入选“中国最具幸福感城市”，4次位列县级榜单之首，“幸福城市”已经成为太仓最耀眼的标签。

政企联动　推动多层次对德合作

通过对内修炼内功，对外全面加强开放合作，太仓获得了德国客商的广泛关注，收获了良好口碑。让徐兰印象很深的是，2008年太仓委托德国工商大会协助举办“太仓日”活动，所有准备工作就绪，但由于一些突发情况，太仓本地的推介队伍无法成行，“当时很着急，但德国那边的合作伙伴让我们不用担心，他们让落户太仓的德企代表帮忙推介，最终效果非常好”。

回看佛山，作为制造业大市，外资是拉动佛山经济发展的一股重要力量。2019年，佛山公布了《佛山市进一步扩大对外开放实现利用外资高质量发展若干政策措施》，优化对落户外资企业的资金奖励和土地供应。此外，佛山还连续发布优化审批、口岸营商环境等新政策，便利外企创立与跨境贸易。

和太仓相似，对德合作是佛山全面加强对外交流合作的重要抓手。作为中德工业城市联盟的枢纽城市，佛山的对德合作拥有坚实的市场基础。早在2010年，一汽-大众项目落户佛山市南海区，成为佛山加强对德合作的重要突破口。2012年，佛山从“工业服务”切入，挂牌成立中德工业服务区，立足服务本土产业经济，加强政府在对德合作中的统筹协调和宏观方向把控的功能，走出了不一样的发展路径。

制造业是佛山立市之本。佛山基于雄厚制造业产业基础加强对德合作，旨在对标德国工业4.0，汲取先进技术和经验，更好推动佛山制造向佛山“智造”转型升级，打造面向全球的国家制造业创新中心。

除了引进一批德国工业服务企业，佛山也积极鼓励企业“走出去”，在面向德国等欧洲国家进行高端资源配置的同时，由“贸易便利”转向“技术提升”，成为佛山企业加强对德合作的重点方向。一批佛山本土企业主动开拓海外市场、引进海外人才、开展技术合作，势头良好。

其中，万和电气与博世集团热力技术事业部达成合作，建立合资公司，实现技术与市场的互利互惠；嘉腾机器人与德国老牌机器人企业格林策巴赫机械签订战略合作协议，推动机器人领域的技术互换和资源共享；宏石激光与德国RKH律师事务所合作成立德国子公司，支持公司在海外的激光切割、焊接及自动化设备的研发、销售、技术咨询和售后工作；伊之密与德国亚琛工业大学合作，成立了技术研发中心。

样本聚焦

以职教改革敲开产业变革之门

走进太仓高新区一家德国企业的生产车间，数名带着稚气的工人正在1000多平方米的学生实训教学场所进行发动机精密零部件的检测，他们都是来自太仓中等专业学校的学徒。这是企业与学校“双元制”教育的合作内容之一。

在佛山，2019年上半年，中南机械副总经理胡建武领着南海技师学院首批16名学生团队赴京“驻扎”，执行一个石油项目，这是校企合作育人的一次大胆试验。

面对全球新一轮产业变革，无论是佛山还是太仓，都不约而同地把职业教育作为产业升级的“钥匙”，通过推进职教改革，创新校企合作模式，让职教培育出来的学生更接市场地气，走出了殊途同归的职业教育创新发展之路。

推动职教与就业“零过渡”

作为国内最早把“双元制”职业教育本土化的城市，太仓市政府高度重视校企互惠互助机制的建立，在“双元制”本土化人才培养中建立了“一董三委”管理架构，采取董事会管理体制，董事会下设培训委员会、教学委员会和考试委员会，专门发布引导校企合作的有关文件，促进各教学单位、各专业与企业联姻，拓宽双元合作办学途径，实现共建共享的协同培养。

在认真研究德国“双元制”职业教育模式的基础上，太仓利用自身独特的优势，以就业为导向，根据市场经济的发展需要设置专业课程，致力实现教育与就业的相互衔接与“零过渡”。

和太仓相似，佛山是一座有着浓厚职业教育氛围的城市。2016年，佛山市政府出台了《佛山市创建现代职业教育综合改革示范市实施方案》，提出到2018年，基本建成具有佛山特色的在省内外有较大影响力的现代职业教育综合改革先进市，形成适应“工业4.0”“中国制造2025”和“互联网+”发展需要和佛山建设万亿规模先进装备制造业产业基地要求，具有佛山特色、与国际接轨的开放融通的现代职业教育体系。

为此，佛山市坚持“专业建在产业链上”的理念，积极推动职业教育产教融合、校企合作，建立起市级职业教育联席会议制度、校企合作联盟和6个校企合作共同体，加强了以产业急需的工业机器人为重点的智能制造专业示范点建设。

在推进现代职业教育综合改革示范市创建工作中，佛山以“4+1”组团模式建设佛山职业教育基地，不断优化学校、专业布局，建立健全现代职业教育体系。市、区两级财政共投入41亿元，新建5所、扩建8所职业院校，不断提升职业教育内涵发展水平。

校企联动培育“技术技能型人才”

如今，太仓已形成“政府引领、双元参与、合同执行、成本分担”的“双元制”本土化校企合作新模式，使之成为太仓招商引资的亮丽名片，实现了职业教育与区域发展相生相伴。

多年来工作在职业教育的第一线，太仓中等专业学校校长丁亮对于德国“双元制”职业培训有了更深理解：“企业投入了很多，但是收获的也很多，收获的是员工持续不断地给企业创造价值，这是德企可以百年长盛不衰的秘诀。”

随着德企对人才需求的多元化，“双元制”教育也在同步进行升级。2019年11月，太仓双元制教育研究院揭牌，标志着中德职业教育进入深度合作期。在推进德国“双元制”教育本土化创新实践的过程中，太仓构建产教融合、校企合作长效机制，为现代职业教育发展提供新思想、新方案、新路径。

佛山通过多年摸索，已经形成了丰富多样的职业教育校企合作形式，比如订单班培养、引企入校、企业导师进校园、教师企业实践培训、校企在企业或产业园区共建公共实训中心开展现代学徒培养等，这些方式有力推动了教育教学改革与产业转型升级衔接配套，实现人才从“技能型人才”到“技术技能型人才”的转变。

2018年，佛山成功通过了教育部现代学徒制首批试点单位的验收，职业教育服务产业发展能力进一步增强。

佛山实践

搭建中德工业城市“朋友圈”

制造业是佛山立市之本。近年来佛山基于雄厚的制造业产业基础加强对德合作，旨在对标德国工业4.0，汲取先进技术和经验，更好推动佛山制造向佛山“智造”转型升级，打造面向全球的国家制造业创新中心。

依托中德工业服务区，佛山对德合作突破不断，引进汉诺威展览公司参与潭洲国际会展中心的建设和运营；佛山机器人学院成为汉诺威机器人学院的首个海外分支机构运营；美的收购德国明星机器人企业库卡共同打造智能科技园区……

紧跟市场步伐，佛山市政府层面的对德合作也取得了重要突破。2016年，佛山牵头成立了中德工业城市联盟，希望通过联盟搭建起对德交流平台，创新对德合作模式。经过3年建设，如今包括太仓在内，中德工业城市联盟已吸纳43家成员城市加盟，成为中德工业城市“朋友圈”汇聚地。

自成立以来，城市联盟通过组团互访、参展、举办论坛等形式，加强企业间互动对接，已服务推动多个成功合作案例，包括美的与库卡合作、亚琛工业大学机床实验室与顺德职业技术学院合作共建广东—亚琛工业4.0技术应用研究中心、盘锦与路德维希港建立友好城市关系、柳州开宇塑胶机械有限公司与德国东源咨询公司合作等。

佛山对标

成为“德企之乡”，太仓做对了什么？

强化对德合作，佛山好消息不断。2019年10月中旬，中德工业城市联盟第八次全体会议在佛山潭洲国际会展中心举行，太仓市作为新加入成员接受授牌，正式加入联盟城市队伍。

佛山与太仓，这两座原本没有太多关联的城市，因为加强对德合作的共同愿望走到了一起。

太仓的对德合作始于1993年，首家德企克恩-里伯斯落户，开太仓对德合作先河。到了2008年，随着落户德企达到100家，太仓市政府抓住市场机遇，从多方面发力，不断擦亮“德企之乡”的城市名片。也是从这时开始，德企落户太仓的速度不断加快。

就在第一家德企落户太仓后的第三年，远在1200公里外的佛山也开启了对德合作进程。1995年，德国工业巨头欧司朗在佛山建立工厂，并以佛山作为总部，进行国内市场布局。在佛山对德合作早期，市场同样发展着主导作用，直到2010年，一汽-大众项目落户佛山南海区，以此为契机，佛山先后挂牌成立中德工业服务区，发起成立中德工业城市联盟，自上而下推进对德合作。

不难发现，佛山与太仓的对德合作几乎同时起步，却走出了不一样的路径。太仓对德合作以市场主导，自下而上推进，落户德企以中小企业为主体，当中不乏数十家“隐形冠军”，政府顺势而为营造良好生态，让太仓成为国内德企集聚度最高、发展质效最好的地区之一；佛山对德合作则以龙头项目带动，政府通过搭建平台成为背后的重要推手。

如今，太仓对德合作已从经济层面，延伸到城市合作、文化交流、创新创业等多个领域：从最具德国特色的“双元制”职业教育到每年固定举办的中德乒乓球赛、足球赛和中德创业大赛，从充满异域风情的德国“啤酒节”到把娄东画派、江南丝竹等太仓非遗文化带到德国的“太仓日”活动，太仓通过“绣花”功夫，营造出满足德企发展需要的“德国生态”。

那么，佛山可以向太仓学什么？笔者认为，借鉴太仓发展经验，佛山在对德合作过程中应该更充分地发挥市场力量，立足已有产业基础实施产业链招商，并引入专业咨询服务机构等第三方力量发掘和对接德国项目资源。

此外，佛山要持续做大做强已有的对德交流平台。太仓的对德合作经过了漫长积累，“太仓日”“啤酒节”等交流活动连续举办了10多年，才成为对德合作的重要品牌，在德国企业间形成良好口碑。佛山的对德合作同样要久久为功，持之以恒深化交流合作。

最后，要加强统筹，跨部门协作，营造适合德企发展的良好环境。太仓的对德合作不是某个职能部门的事情，而是一项系统工程，涉及产业、城市、文化等多个领域，需要多部门共同协作。佛山对德合作也需要构建起更宏大的框架，从大处着眼、小处着手，为德企发展营造更舒适的发展环境。

HANGZHOU

杭州 城市名片

杭州，浙江省省会，长江三角洲中心城市之一。当前，杭州经济平稳健康发展。2019年，杭州市实现地区生产总值15373亿元，比上年增长6.8%。同年，杭州常住人口首破千万，达1036万人，比上年末增加55.4万人。2019年，《长江三角洲区域一体化发展规划纲要》将杭州定位为特大城市。

杭州高新技术产业发展迅速。2019年，杭州实现高新技术产业增加值2178.43亿元，同比增长8.5%，占规上工业增加值61.7%。在全国第一批15个小微企业创业创新基地城市示范绩效评价中，杭州位列第一。

杭州高新区（滨江）（简称“滨江区”）由杭州高新技术产业开发区与滨江区行政城区合二为一而成。近年来，杭州高新区（滨江）保持着迅猛发展势头。2016年6月，科技部火炬中心将杭州高新区（滨江）列入建设世界一流高科技园区计划序列。根据2018年度国家高新区评价结果，杭州高新区（滨江）在全国156个国家高新区和苏州工业园中，综合评价排名再次位列全国第三，仅次于中关村和深圳高新区。

2019年，杭州高新区（滨江）全力推进了“数字经济最强区、新型城市标杆区、幸福生活示范区”建设，全区实现生产总值增长8%，实现财政总收入341.9亿元，社会消费品零售总额267.9亿元。

杭州行记1

“藏”在小镇里的行业创新中心

早上8时30分，位于杭州钱塘江南岸的滨江物联网小镇迎来熙熙攘攘的人流。他们行色匆匆地穿过十字路口，有的在街边咖啡店短暂驻足，有的径直走进高耸的写字楼，开启崭新的一天。

滨江物联网小镇是由滨盛路、风情大道、滨和路、江陵路围成的一个3.66平方公里的长方形区域，从南至北分为复合发展区、产业核心区与商住配套区。其中产业核心区仅1.4平方公里。

就在这1.4平方公里中，却“藏”着536家科技型企业。其中，上市企业11

杭州市滨江区的这条高楼林立的“物联网街”，坐拥3家世界安防行业巨头（曾艳春摄）

家、新三板挂牌企业5家、国家高新技术企业61家、瞪羚企业19家。此外，海康威视、大华股份、宇视科技的落户，使得小镇坐拥全球安防行业企业前四名中的3家。因此，业界流传着“世界安防看中国，中国安防看滨江”的说法。

创新创业的传奇故事，每天都在此上演。

“产业园集聚的都是企业总部或研发部门，制造环节则外溢出去。”杭州高新开发区（滨江）物联网产业园建设指挥部副总指挥来莉丽介绍，2018年园区企业累计实现营收2077亿元，接下来3年内力争年营收突破3000亿元。

研发部门挤满千米物联网街

从一条街衍生出来的创新传奇故事，从未停止。

在美国波士顿市，128公路两侧聚集着数以千计的从事高科技研发、生产的机构和公司，成为世界上知名的电子工业中心。在中国北京，20世纪80年代初的“中关村电子一条街”，如今早已成为中国创新发展的典型样本。

类似的故事同样在杭州上演。滨江物联网小镇中有一条物联网街，长约1000米，从东头步行到西头不过10分钟。街道两旁玻璃外墙的高楼大厦鳞次栉比，内里“藏”着如海康威视、吉利汽车、大华股份、聚光科技等数十家高科技企业的总部或研发部门。

“我们把企业总部与研发环节放在了物联网产业园，而生产工厂则设在了浙江金华。工厂一期规划产能5万辆，目前已投入生产。”零跑汽车公关部门相关负责人说。这是一家创新型的智能电动汽车企业，由大华股份及其主要创始人于2015年共同投资成立，相当于大华股份的一个内部创业项目。

“与大多数‘造车新势力’不同，零跑汽车一直坚持自研核心技术，研发是重要环节。”上述负责人介绍，除工厂员工外，零跑汽车企业内部70%是研发人员，大致分为整车开发制造、三电（电机电控、动力电池、整车控制器）、智能车联和自动驾驶、造型设计四部分。“员工平均年龄为30岁，九成为本科及以上学历。”他说。

年纪轻、学历高、重研发的企业人员结构，在物联网街并不罕见。紧邻零跑汽车的和仁科技是一家从事智慧医疗的上市企业。该公司参与了全军医疗信息化体系的建设，同时也发展了一批以湘雅医院、同济医院、邵逸夫医院等国内知名三甲医院为代表的标杆客户。

“和仁科技研发人员数量占比达70%以上，公司员工平均年龄约为29岁，基本为本科及以上学历。”该公司高级副总裁杨波介绍。

一座企业大楼就是一座孵化器

年轻化、高知化的人才结构，为小镇发展注入了蓬勃动力。这并非全部奥秘。从物联网街向外辐射，物联网小镇形成了完整的创新生态。这一过程中，企业扮演了重要角色。

来莉丽介绍，最初是海康威视等几家龙头企业落户小镇。随后，依靠龙头企业的带动，产业链上下游随之集聚。从2010年启建起，小镇正培育集聚一批具有

坐落在杭州市滨江区的新能源汽车品牌“零跑汽车”，自主研发率达到80%（曾艳春摄）

国际竞争力和行业领导力的领军企业，形成较为成熟的数字经济产业链及产业生态。

从宏观数据看，这一发展趋势十分明显。

截至2019年6月底，物联网小镇共聚集科技型企业536家，而两个月前是452家，净增84家。从微观层面来看，小镇上的大多数企业大楼内部也逐步形成一个小孵化器。

“产业核心区里的大楼，都可看作一个重点项目。我们会根据企业的发展前景、税收、人员等多重标准判断是否提供大楼。”她表示，一个企业往往用不完一座大楼的空间，它们往往会引入一些产业相关企业入驻，相当于一个孵化器。“当然，大楼在招企业入驻之时，我们需要提前把关，尽量引入产业相关的企业。”

在吉利、海康威视等多座大楼中，有不少产业链相关企业正在孵化。一街之隔的和仁科技同样如此。

杨波介绍称：“和仁科技大楼中，除了我们公司，还有10多家企业入驻，其中一部分是我们孵化的企业。大家正逐渐形成一个微型产业生态，这是一个有趣的过程。”

手记：打造创新创业的“热带雨林”

一个小镇里集聚着数百家科技型企业的总部或研发部门，背后是特定产业创新生态的不断完善与优化。

当地一名企业负责人表示，物联网小镇里企业之间人才流动频繁，经常会相互挖角。不妨从两面看待这一现象：一方面，这反映出区域内同类企业分布密集，且竞争激烈；另一方面也说明小镇内创新生态日益形成，创新资源集聚效应显现。

当创新生态发展到一定阶段，就像一片“热带雨林”，一旦投入新的“种子”，便可持续生根、发芽、分枝，生生不息，最终形成了自我发展的生态循环。

当前，广东正深入实施创新驱动发展战略，着力激发高新区新一轮创新发展活力。在此过程中，应注重完善高新区创新政策体系，逐步引导创新生态的形成，最终打造出创新创业的“热带雨林”。

杭州行记2

栽下梧桐树，引来六院士

打造“没有围墙的孵化器”，这是杭州高新区（滨江）提出的目标。在此过程中，市场化主体扮演着主力军的角色。在杭州高新区（滨江）的孵化器中，83%由市场化主体主导建设，众创空间占比达100%。

天和高科技产业园正是一家以体外诊断产品为特色的生物医药专业型民营高科技园，集孵化器、加速器、产业化于一体，是国家级科技企业孵化器。

“除了落地政府扶持政策，我们还专门成立了企业发展部专职为企业提供精准有效的个性化服务。”天和高科技产业园企业发展部的江建鑫说。

过去，该产业园所在地块曾是一个“烂尾工程”。后来，由天和集团通过拍卖取得所有权，于2011年、2014年分别完成园区一期、二期建设。目前园区入驻率达90%，已集聚200余家生物医药企业，涵盖生物医药产业上中下游，已形成园内产业生态圈。

七成企业由海归人才创办

只须取检测者的一口痰，就能进行肺癌临床诊断，这是浙江今复康生物科技有限公司（简称“今复康”）的核心研发技术。

该公司创始人陈燃介绍，癌细胞通过产生一种叫作端粒酶的物质，达到无限分裂增殖的能力。要产生端粒酶，癌细胞必须先产生一种叫作“端粒酶逆转录酶亚基（hTERT）mRNA”的物质。今复康的技术就是检测端粒酶逆转录酶亚基（hTERT）mRNA。

测试步骤很简单，只须取检测者的痰液，经过技术处理、上机反应，大约3小时就能拿到检测报告。根据对1338例临床试验的研究结果，该项检测技术的临床阳性符合率以及肺癌早期检出率均超过80%。

2017年，该公司推出的端粒酶逆转录酶亚基（hTERT）mRNA检测试剂盒获批上市，这也是国内首支痰液核酸试剂，填补了国内市场空白。

在天和高科技产业园，像今复康这样的生物医药企业还有200多家，累计培育国家高新技术企业30余家。

“选择生物医药方向，看中的是行业庞大的市场前景，但其‘三高一长’（高技术、高投入、高风险、长周期）的特性让很多人望而却步，而我们选择的是里面周期相对较短的体外诊断试剂领域。”江建鑫介绍，天和高科技产业园占地面积110亩，所在地块曾是一项“烂尾工程”，后由天和集团通过公开拍卖取得所有权，并引进高端专业团队进行整体规划、高端定位、改造扩建、管理运营。

与一般产业园区不同，生物医药对硬件设施有着特殊的行业要求。因此，在项目设计阶段，天和集团就规划了符合生物医药生产研发需要的园区绿化、生物医药污水处理池、双路供电系统、新风净化系统、楼层层高承重改建等。

此外，园内还设有共享分析测试平台、公共实验平台、科技创业服务平台、中试基地等一系列生物医药专业公共设施，满足初创企业“孵化—加速—产业化”全流程需求。

目前，园区企业中的70%由像陈燃一样的海归人才创建，并累计引进6名中国科学院院士，约30位国家级、省级认定高端人才，以及200余名博士，人才聚集效应凸显。

美依生物科技有限公司创始人、董事长兼总裁张伯科便是其中一位。他1993年获得加拿大西安大略大学有机化学博士学位，曾经在一家全球知名制药公司担任首席科学家，于2011年回国创业。

“一开始我们公司并没有在杭州注册。一次偶然的机会，我来到天和高科技产业园参观交流，觉得这里很不错、很专业。”张伯科介绍，他看中园区良好的创新创业氛围，以及较高的产业集聚度，于2018年将公司迁到该园区。

7位特派员365天服务企业

作为一家民营产业园，天和高科技产业园如何用7年时间快速集聚各地人才团队，从“烂尾楼”发展成国家级科技企业孵化器？

江建鑫坦言，早期园区同样存在人才少、招商难的问题。为此，园区一方面通过海外招商，吸引第一批海归学者入驻园区。“生物医药领域的海归人才圈层不大，消息灵通。包括陈燃在内的最早一批从海外招来的人才的成功经历吸引了圈内又一批海归人才入园创业。”另一方面，滨江区政府相关部门也会从中牵线搭桥，为园区介绍更多行业人才资源。

随着园区平台效应凸显，人才、项目、产业集聚度日益提高。“发展至后期，大多数企业基本都是冲着集聚效应及创业服务来的。”江建鑫还透露，近期入驻园区的杭州迈迪科生物科技有限公司原本已在临安设立公司，做基因检测相关业务。“看中园区产业集聚，他最终选择入驻天和高科技产业园做新药研发。目前园区企业入驻率已达90%。”

除了提供专业硬件设施配套，当好“店小二”、打好“服务牌”也是天和高科技园区的一大特色。

“因为是纯民营的科技园区，存在着高额的运营成本，类似于房租减免方面的优惠较少，这样就促使我们更加注重企业服务。”江建鑫说，园区设置了企业发展部，在职人员7人，这个部门就是为企业提供免费的赋能服务的，他们是企业与园区、与政府之间的桥梁。“对于企业而言，有些问题不需要在短时间内100%解决，但是需要有人快速提供回应。”

除了掌握生物医药行业相关补贴政策，这更要求部门成员每周走访企业，聆听企业诉求，尽量满足企业经营发展中的个性化需求。

“我们7个人365天都只为企业服务，这在其他园区是很少见的。”讲到此处，江建鑫还介绍了一套特殊的卡牌。原来，该园区的主要负责人曾制作了一套特殊的卡牌：54张卡牌分别印着54位园区企业老总的形象照。除此之外，更是出台了激励机制，要求所有一线服务人员必须熟记企业老总的样貌、基本信息。

“很多人认为园区有200多家企业，不必每一位企业老总我都要认识。实际上，当企业老总走在路上，园区服务人员能够认出并打声招呼，他就能够感受到被重视、被关注，这对于园企黏性提升是很有帮助的。”江建鑫认为，这看上去是小事，但好的服务往往就藏在日常细节中。

手记：用好市场化的创新力量

在杭州高新区（滨江）的创新力量中，市场化主体扮演着重要角色。它们对市场变化往往有着更敏锐的嗅觉、更快速的反应。因此，地方推动科技创新，应重视市场化创新力量培育，发挥市场对技术研发方向、路线选择、要素价格、各类创新要素配置的导向作用。

在此过程中，一方面要充分发挥龙头企业的辐射带动作用，另一方面也要加强对中小微企业的创新支持，例如构建公共创新服务平台等，从而形成推动地方科技创新的强大合力。

深度解读

奋力“高”“新”：创新引擎的双城故事

2019年末，杭州高新区（滨江）启动建设具有全球影响力的世界一流高科技园区。根据计划，到2025年，该区力争全面具备世界一流高科技园区的基本形态，成为国家创新网络的主要枢纽。

自1990年启建以来，杭州高新区（滨江）实现高科技成果产业化从无到有、从小到大、从弱到强的跨越发展，涌现出阿里巴巴、海康威视、大华股份等一批数字经济龙头企业。多年来，该区稳居全国高新区第一方阵，近两年更跻身前三。

距离杭州滨江区1200公里，佛山高新区建设也迎来新进展。2019年12月，佛山出台《关于推动佛山高新技术产业开发区一区五园统筹协调发展的实施意见》（简称《实施意见》），明确提出佛山高新区要努力打造世界一流先进制造园区。

一个剑指“全国数字经济第一城”，一个瞄准“国家制造业创新中心”，杭州与佛山两座城市走着看似截然不同的产业发展路径，却不约而同地对标世界一流，并将高新区视作高质量发展的创新引擎。

高新区如何做好“高”和“新”两篇文章，带动区域经济发展?

滨江区就是孵化器

上市企业几乎均由本土培育。

在南海区三山新城的电力廊道中，一群挂轨巡检机器人正不分昼夜地代替人

浙江国自机器人技术有限公司生产的物流机器人，可独立完成仓储厂房车间的货架调配、分拣、整合等工作，大幅提升电商分拣中心的仓储作业效率（受访者供图）

工进行巡检作业。它的运转速率高达2米/秒，可实时将巡检数据反馈给后台，发现异常会自动报警，效率远高于传统人工巡检。

这款巡检机器人来自千里之外的杭州滨江区，由浙江国自机器人技术有限公司（简称“国自机器人”）研发生产。该公司产业发展总监何高飞介绍，国自机器人原是中控科技集团旗下一个事业部，2011年在滨江区独立成立公司，“我们相当于公司内部孵化的成果”。

国自机器人是一家典型的技术型创业公司，其创始团队曾主导研发上海世博会“海宝”智能服务机器人，如今成为智能巡检与智能物流两大细分领域的领军企业。

经过8年的发展，公司员工已超过500名，拥有专利超500项，客户包括国家电网、南方电网、阿里巴巴、美国史泰博等国内外知名企业，是中国累计出货量最大的仓储机器人公司。

从一粒种子长成参天大树，类似的创业故事每天都在杭州高新区（滨江）上演。“滨江区土地资源有限，很难从其他地方挖到上市企业。因此，滨江更注重

国自机器人曾主导研发上海世博会“海宝”智能服务机器人，如今成为智能巡检与智能物流两大细分领域的领军企业，图为公司自主研发生产的智能巡检机器人（受访者供图）

对企业的孵化培育，区内现有上市企业基本是本土培育起来的。”滨江区科技局相关负责人表示。

2019年4月，杭州迪普科技股份有限公司在深交所挂牌上市，成为滨江区第43家上市公司。与该区绝大多数上市企业一样，迪普科技也是土生土长的高新企业。

不去招强引大，而是招才引智，这已成为滨江领导干部的共识。因此，每当谈及滨江区的发展特点，当地企业家、政府官员都会自豪地说，“我们的上市企业均由本土培育”。更有人将滨江的发展经验总结成一句话：“我们就是个大孵化器。”

目前，滨江拥有杭州市级以上科技孵化器35个、众创空间32个、在孵企业1734家。该区构建一条完整的创新技术孵化链条，为创新项目和团队提供技术咨询、团队组建、资金寻找、公司架构搭建等一切所需的服务。

此外，滨江还构建一套完善的政策体系，让各类企业都能分享滨江发展红利。2018年2月底，滨江发布新一轮“1+X”产业政策，使得政策体系的扶持重点更加突出，扶持力度更加大，政策覆盖更加全面，政策体系更加完善。

正是这个大孵化器，培育出浙江省1/6的高新技术企业和上市公司，地区生产总值增速连续16年超过两位数。如今，不少长江三角洲城市将滨江区内成长性企业作为招商标的。据不完全统计，近年来，滨江累计向区外输出科技型企业超2000家。

以小切口解决大问题　向体制机制改革要空间要活力

“在滨江区，平时我们感觉政府就像空气一样透明，这对企业发展是一种最好的激励。”鸿泉物联网技术股份有限公司（简称“鸿泉物联网”）副总经理、高级工程师刘浩淼说。

鸿泉物联网从事汽车智能网联设备研发生产，是滨江土生土长的高新技术企业。目前在全国排名前五的重型卡车品牌中，有3个品牌采用该公司的汽车智能网联设备。

刘浩淼的观点也是当地众多高新技术企业经营者的心声。在企业日常经营管理中，政府部门不刻意刷存在感，这被认为是地方营商环境优良的表现。然而，高新区要想集聚创新资源，做实做好“高”与“新”两篇文章，仍离不开政府的积极引导、有效作为。

为释放高新区创新活力，从20世纪90年代开始，杭州与佛山不断健全完善高新区体制机制，助力高新区发展实现“关键一跃”。

杭州高新区启建于1990年3月，是国务院批准设立的首批国家级高新区。彼时，杭州辟出一块11.4平方公里的土地，规划成立高新区。高新区最早的办公室设在文三路199号。

“当时，浙江大学许多老师会用课余时间创业。他们大多将公司开在浙江大学旁边，也就是文三街。现在杭州不少大型企业诞生于此。”杭州市社会科学院经济研究所所长周旭霞表示。

当地政府准确把握这一趋势，于2002年6月调整高新区和滨江区管理体制，实行“两块牌子、一套班子”的管理模式，这成为杭州高新区发展历程中又一里程碑。这个调整意味着高新区既按开发区模式运作，又可行使地方党委、政府职能，改革创新有“抓手”，高质量发展有“空间”。

此后，在政府有力引导下，一批创新型企业搬到滨江区，产业集聚迅速形成。以滨江区物联网街为例，这里聚集海康威视、聚光科技等数十家龙头企业的研发部门。依靠龙头企业的带动，产业链上下游加速集聚。一组数据予以证明：截至2019年6月底，物联网小镇共聚集科技性企业536家，比4月净增84家。

比滨江区“年轻”两岁，佛高区同样经历了从无到小、从小到大、一区六园、“移师”、园镇融合等优化、改革。目前它拥有全市38%的高新技术企业、71%的国家级孵化器、51%的上市公司与新三板挂牌企业，为全市经济社会发展作出重要贡献。

2019年7月5日，佛高区在五区设立的园区管理局被授牌，全面开启“一区五园”发展模式。佛山市主要领导表示，只有以体制机制改革为切入点，以“小切口”解决“大问题”，坚决破除与佛高区发展要求不相适应的理念、观念和体制机制，才能真正实现向改革要空间、要资源、要动力、要活力。

根据《实施意见》，到2025年，佛高区创新引领和辐射带动作用显著增强，在全国高新区前20强的地位进一步稳固，高新技术企业在全市占比超60%，上市与新三板挂牌企业在全市占比超60%，先进制造业产值在全市占比达60%，创新资源集聚度在全市占比超60%。瞄准这一宏大目标，佛高区重整行装再出发。

小空间创造大效益　为城市高质量发展探路

如今，滨江区正以73平方公里的“小空间”创造出“大效益”。

根据浙江省经信委发布的《2018年度全省89个县（市、区）“亩均论英雄”绩效报告》，滨江区规模以上工业亩均增加值1342万元，研发支出占主营业务收入比5.43%，分别为全省平均指标的13倍和3.48倍，均位列全省第一。

在全面深化“亩均论英雄”改革的过程中，滨江区已逐步探索出一条促进区域经济高质量发展的路径。

当前，中国经济已由高速增长阶段转向高质量发展阶段。在此过程中，国家高新区如何率先实践创新驱动和高质量发展，成为亟待思考的课题。这一点从国家高新区评价指标体系中得到有力体现。

有业界人士分析，与旧版相比，国家高新区评价指标体系2019年版按照“五大发展理念”的要求，更注重增量，更注重经济社会全面发展。此外，瞪羚企业数、研发人员全时当量被纳入新版指标体系。

“佛山高新区要加快推动科技成果实现产业化，坚定不移走高质量发展之路，为佛山争当全省地级市高质量发展领头羊作出更大贡献。”佛山市委书记鲁毅在调研佛山高新区时强调。

以高水平规划引领城市现代化，以城市现代化促进产业高端化，这是佛山高新区步入新发展阶段的新命题。

佛山市委常委、副市长，佛山高新区党工委书记蔡家华曾表示，佛山高新区要进一步完善总体发展规划，突出多规合一、“城产人文”融合，对空间格局、产业格局、生态格局、景观格局、交通格局等专项进行系统梳理和提炼，科学确定“一区五园”的区域布局、产业定位和未来发展方向。

提升创新孵化能力与科技成果产业化能力，同样是佛山高新区冲刺全国20强的重要一环。

2019年11月初，佛山高新区正式印发《佛山高新技术产业开发区管理委员会提升创新能力优化创新环境若干措施》，围绕提升企业创新能力、发展高新技术培育新兴产业、构建区域创新平台等十大方面进行部署。

随后，佛山高新区正式启动创新企业遴选。根据相关扶持办法，佛山高新区将从场景供给、研发支持、融资支持等12个方面给予认定企业扶持。其中，对首次认定为佛山高新区创新企业的，佛山高新区将一次性给予1000万元额外奖补。

“过去，城市之间竞争主要围绕生产成本、企业与市场展开；未来，城市竞争比拼的是平台。”中山大学地理科学与规划学院教授李立勋说。接下来，佛山高新区如何立足大湾区进一步优化提升自身定位，做实做好“高”和“新”两大篇章，值得期待。

样本聚焦

校地搭建创新平台，资源磁吸效应凸显

2019年11月，杭州高新区（滨江）白马湖畔，北京航空航天大学杭州研究生院正式启动建设。研究生院远期规划规模为在校生2000人、专任教师200人。这是继2018年10月北航创新研究院在滨江启动运行后双方种下的又一粒种子。

千里之外的佛山也将推进校地合作作为实施创新驱动战略的重要一环。9月16日，首届清华大学－佛山智能制造高峰论坛在北京清华园拉开帷幕，来自政企学三方的上百名代表共聚一堂，推动校地合作迈上新台阶。

如今，城市之间的创新资源争夺战愈演愈烈。杭州和佛山不约而同地将目光投向高端人才聚集的高校与科研院所。两地通过探索校地合作新模式，让人才、技术“走进来”，释放城市对创新要素的磁吸效应。

搭建人才“聚集器”　开启创新“加速器”

每天早上8时30分，一批来自北航杭州创新研究院的科研人员从滨江区人才公寓出发，乘坐接驳巴士抵达北航创新研究院。“80后”副研究员张昌明便是其中之一。

博士张昌明毕业于清华大学信息与通信工程专业，曾在华为就职多年。2019年8月，他来到北航杭州创新研究院任实验室主任一职。

“相比企业，这里给了我更多发挥空间与自主性。我们会根据平台研究方向做关键技术创新。”他说。

2018年3月，由北京航空航天大学与杭州高新区（滨江）合作共建的北航杭州创新研究院正式落户滨江。该创新研究院涵盖人工智能、网络空间安全、虚拟现实/增强现实、综合交通大数据、微电子与信息材料、量子精密测量与传感六大研究中心。

该研究院落地后，吸引了一大批像张昌明一样的高学历人才，他们中不少人放弃知名企业来到北航杭州创新研究院继续科研事业。短短一年时间，北航杭州创新研究院汇聚属地化人才100

人，科研团队博士比例达72.5%，海外留学比例超30%，硕博士人数比例严格控制在1∶3。

北航杭州创新研究院产学研专员窦君宇说："作为高新区，滨江本地培育的上市公司有40多家，有很强的产业发展活力，是创新创业的沃土。这批硕士、博士在这里做成果转化，拥有更多自主权和更大的灵活度。"

当前，各地对高素质人才的争夺进入白热化阶段。越来越多城市选择与高校、科研机构合作，创建各类新型研发机构，搭建人才聚集器。

早在2013年，佛山广工大数控装备协同创新研究院落户佛山高新区，为"佛山智造"添砖加瓦。

截至2018年底，该研究院引进高端人才230余人。其中，国内外院士4人，国家级人才20多人，国内外教授专家70人。

同时，它还引入广东省科技创新团队1个、佛山市创新创业团队15个。新型研发机构的接连落户，串联起从上游研发机构、人才、项目到应用企业之间的链条，充分激发了当地产业创新发展活力。

政企校三方联动　促成果就地转化

"深化政企校合作，关键在于让'沉睡'在高校的科研成果与市场对接，更好地实现成果转化。"杭州市社会科学院经济研究所所长周旭霞表示。在此方面，北航杭州创新研究院在短时间内取得了明显成效。

2019年5月，在滨江区政府的牵线搭桥下，北航杭州创新研究院与区内重点企业共建9个联合实验室。该研究院与中国移动上海产业研究院、中国移动浙江有限公司三方共建"浙江5G飞联网产业推进联合实验室"，与中国电信杭州分公司双方共建"5G创新联合实验室"等。

"技术突破就是最强大的生产力，杭州高新区（滨江）的企业与北航合作有利于核心技术突破。对滨江来说，企业好，滨江才能更好。"滨江区主要领导在会上表示。

窦君宇介绍，上述9个联合实验室的研发人员由北航杭州创新研究院与企业双方派出，大家共同研发。其中，企业主要提出市场、研发需求。"这种模式能让研究院及时准确地了解企业需求，合作效率更高。"他说。

作为制造业大市，佛山近年来凭借与知名高校、科研院所的紧密合作，在自主创新能力提升、技术创新体系搭建等方面也取得明显成效。

以广工大数控研究院为例，截至2018年底，该研究院累计引进和孵化科技类企业100多家。其中9家获得

2019年5月，北航杭州创新研究院与滨江区重点企业共建9个联合实验室，图为北航杭州创新研究院（受访者供图）

高企认定，9家进入高企培育库。此外，它还与78家企业共同开展多个产学研合作项目，推动100多家企业与佛山智能装备技术研究院等高校科研机构建立产学研合作关系。

“佛山通过加强与大院大所合作，既能引进高端科研平台，又能为大院大所的科技成果转化提供广阔市场空间，实现互利共赢。”佛山市市长朱伟在接受媒体采访时表示。

当前，佛山正深入推进大院大所合作三年行动计划，与中国科学院、中国工程院、清华大学等众多知名机构合作组建各类创新平台79家。随着各类创新要素的集聚，这些平台将为佛山技术转移和科技成果转化提供更多支撑。

佛山实践

培育高成长性企业　做实做好“高”“新”文章

培育高成长性企业，是佛山高新区加快实现高质量发展的重要驱动力。近年来，为了引进培育瞪羚企业、单打冠军、独角兽等各类高成长性企业，佛山高新区精准施策，取得良好成效。

2019年底，经过前期遴选，佛山高新区公布了首批六家种子独角兽企业。这六家企业大多从事智能装备、新材料等新兴产业，具备发展速度快、研发投入高等特点。

作为入选企业之一，广东科凯达智能机器人有限公司成立于2014年，主要从事架空高压输电线路巡检机器人研发、生产与推广。该公司自主研发的高压输电线路巡线、检修维护作业机器人，有效填补了国内市场空白。该公司董事长助理龙彩筠介绍，2019年公司产值接近8000万元。

2019年，佛山高新区启动首批独角兽（潜在、种子）企业遴选培育工作。按照企业成立时限、企业估值以及投融资情况，佛山高新区将独角兽企业细分为独角兽、潜在独角兽以及种子独角兽三大类，并给予认定奖补、研发支持、融资支持、上市支持等12项政策红利。

龙彩筠介绍，公司之所以申请认定种子独角兽企业，看中的是政府对于企业融资、研发、上市、人才引进等方面的政策扶持，这些政策能较好地契合企业发展需求。

佛山对标

创新的佛山呼唤一条创新街

钱塘江畔的杭州高新区，仅一公里长的物联网街集聚了海康威视、吉利汽车等数十家高科技企业的总部及研发部门。人才、技术、资金等创新要素在这个街区汇集。

“创新街区”这一集生活与创新于一体，高端研发机构、企业集群、孵化器汇集的城市经济空间，正以其物理空间的紧凑性、交通的通达性、技术的网络互动性等优势，逐步走进大众视野。

近年来，创新街区在全球得到蓬勃发展。在国外，纽约硅巷、剑桥肯戴尔广场等街区成为科技型中小企业集聚地的典型样本；在国内，北京中关村、深圳华强北等同样是创新创业资源最为密集的特色街区。

一定程度上说，创新街区是介乎创新龙头企业与高新园区之间的中间态，是创新集聚从“点”到“面”的龙门一跃。

杭州物联网街是一个典型案例。作为杭州高新区的主导产业，物联网产业的核心技术集聚正是从这条街起步的。随着海康威视、大华股份等一批龙头企业率先迁入，一批产业链上下游企业迅速涌入物联网街，行业先进技术与高端人才逐步聚集。

当产业集聚发展到一定水平，街区的城市化建设也随之加速。当地不少企业员工表示，5年前物联网街两旁还是一片空地。如今，物联网街的发展已高度现代化，学校、医院、商场等生活配套十分齐全。

而另一个制造业中心佛山，拥有美的、格兰仕等一批创新龙头企业，三龙湾、佛山高新区等重大创新平台也正在稳步崛起，不缺创新的“点”与

“面”。然而，具有一定影响力的高水平创新街区在佛山却暂时未能涌现。

早在2013年，佛山高新区就提出要打造科技一条街，探索金融和科技产业的创新融合，用10余个科技创新载体的密集建设，为佛山高新区打造科创新城积蓄力量。同在2013年，佛山提出要打造民间金融街，为产业发展提供金融支撑。如今，这些创新街区的雏形已现，但对标国际国内一流水平，其辐射力与集聚力仍有待提高。

一个创新街区的形成离不开政府、企业与人才三大主体。一个成熟的创新街区往往能让创新创业企业获得更多知识溢出，让高端人才获得更好的生活体验，让地方政府从中获取更多综合效益。

佛山在这一领域不缺资源、不缺平台，更不缺希望和未来。借鉴杭州物联网街的发展经验，佛山可通过强化规划引领突出产业功能分区，形成主业突出、分工协作、科学有序的平台格局。同时，用好用活政策工具，鼓励龙头企业发挥创新带动作用，引导上下游全产业链创新要素形成集聚。更重要的是，佛山可立足产业基础发挥优势，加速推进“城产人”融合发展，完善高端人才工作生活的配套。依托这一系列有力有效的作为，我们期待，在创新的佛山找到全新的创新街区。

HEFEI

合肥 城市名片

合肥，安徽省省会，是省内政治、经济、文化、信息、交通、金融和商贸中心，全国重要的科研教育基地，长江三角洲城市经济协调会会员城市。当前，合肥经济发展迅速。2019年，合肥地区生产总值为9409.4亿元，按可比价格计算，较2018年同比增长7.6%。

合肥产业特色鲜明，现有37个工业行业，200多个工业门类，拥有家电、装备制造、汽车、电子信息等一大批重点产业。合肥是全国最大的家电城，全国最大的挖掘机、叉车、轮胎生产基地之一，也是中国为数不多的全系列汽车生产基地，拥有江淮、安凯、长安等知名自主汽车品牌。

以“开明开放，求是创新”为城市精神，合肥拥有全国首个也是唯一一个科技创新型试点市、全国首个节约集约用地试点市、世界科技城市联盟（WTA）会员城市、汽车及零部件出口基地城市、跨国公司眼中最具投资价值的中国城市、基础科研实力中国前三位城市、电子信息国家高技术产业基地、全国“智慧城市”试点示范城市等城市名片。

围绕“新跨越，进十强”的奋斗目标，目前的合肥全力打造“大湖名城，创新高地”，努力建设现代化新兴中心城市和长江三角洲世界级城市群副中心城市，并朝着在全国有较大影响力的区域性特大城市方向迈进，为在全国提前、在全省率先全面建成小康社会而奋斗。

合肥行记 1

1秒下线1台电脑里的联想秘密

联宝科技全景图（联宝科技供图）

走进联宝（合肥）电子科技有限公司（简称“联宝科技”）庐山实验室电脑测试区，6位员工正在笔记本电脑上“玩游戏”。这并非员工娱乐，而是研发测试的一部分，测试区正中央大屏幕上实时显示着每一台受测电脑的数据。

这只是联宝科技智能制造体系中的一环。从2011年成立至今，作为联想集团的子公司，联宝科技已成为联想全球最大的PC（个人计算机）研发和制造基地。

作为国家级智能制造示范基地，它以强大的自动化、智能化建设，全面的数字化驱动，构建智能制造体系，将研发、生产再到交付市场的应用环节用数字化曲线串联起来，实现了原来边界壁垒明显的价值环节的集成。

如今，全球每新售出8台笔记本电脑，就有1台来自联宝科技。截至2019年11

月，该公司产品累计出货超过1.2亿台。

产品交付速度比业界标准快 15%

每天，联宝科技可智能处理5000笔订单，其中80%以上是单笔小于5台的个性化定制。以一台Y7000P笔记本的定制化生产为例，用户只要登录联想商城，在“私人定制”页面里选择自己喜欢的机型，以及内存、显卡、处理器等配置后，就可以生成一份独一无二的电脑订单。

基于对人工智能的应用与探索，联宝科技率先实现订单自动下达、原材料自动输送、库存管理透明化、生产过程高度精益化、订单交付时效管理和品质管控全面系统化。个性化订单下达后，工厂整个智能制造系统快速运作起来，经过SMT电子备货仓准备材料、高速贴片机快速贴片主板原件、自动化检测、工业机器人组装、激光机精准雕刻的流水线工作后，用户私人定制的笔记本就会被正式生产出来，并快速交付至客户手中。

走进联宝科技偌大的生产车间，看到最多的就是一台台电子设备和机械手

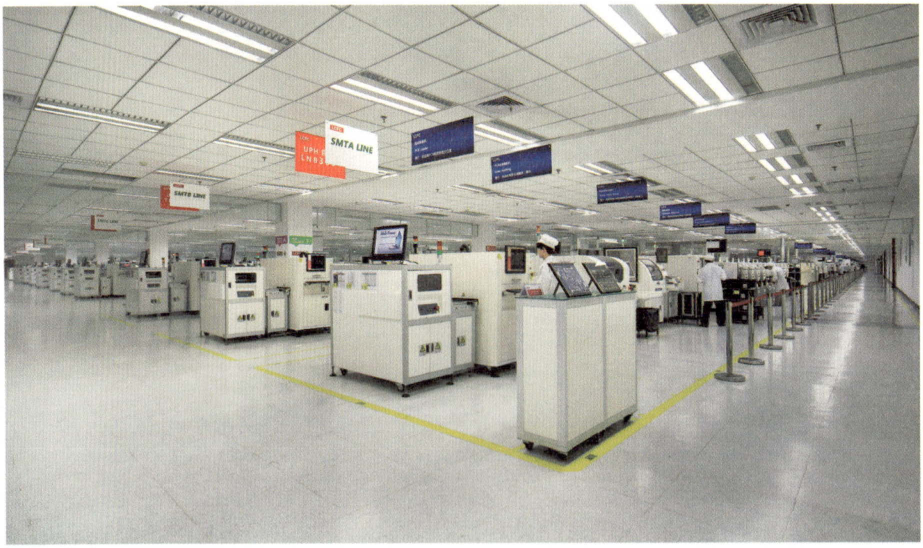

联宝科技智能化生产车间（联宝科技供图）

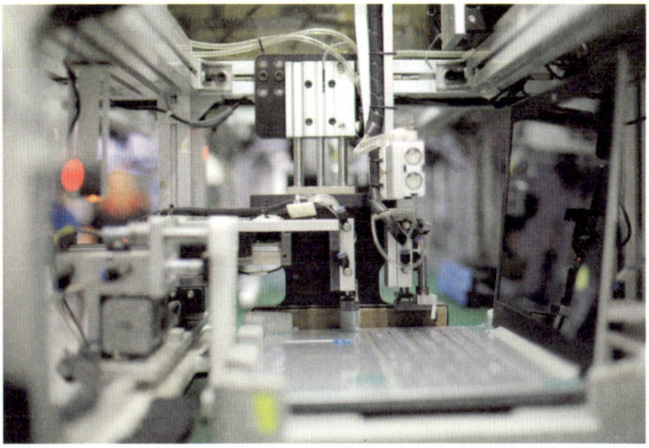

联宝科技智能化生产线（联宝科技供图）

臂。笔记本生产车间的26条流水线配置了集生产计划、原料准备、生产管理于一体的信息化管理系统，拥有智能机械手臂、自动测试系统、自动成品称重平台等285套最先进的自动化设备。

“员工主要为机器服务，保证它们能够正常运行。”联宝科技综合运营管理部企宣经理刘园说。

联宝科技拥有全球PC制造业最大的单体厂房和23条智能主板、26条整机组装生产线，智能主板生产线自动化水平最高已达到75%，已达到平均1秒就能够下线1台电脑的生产效率。

刘园自豪地说：“我们4小时内可调取2000多种电脑部件，形成全球数万种个性化配置组合，为客户创造独一无二的产品。”

不仅如此，联宝科技通过落实数字化供应链、数字化生产管理系统等项目，使其从接受订单到工厂出货，交付速度比业界标准快15%。

在联宝科技的实时数据大屏上可以看到，从原材料到生产，再到管理、供应，各项数据及其变化都以数据可视化的形式显示出来。联宝科技智能制造群组高级项目经理苏从波说，只需要一部手机，企业管理人员就可以实时监测整个产业链中的所有数据。

全球每售 8 台笔记本就有 1 台“合肥造”

不仅仅是智能化生产，在这里，联宝科技还实现了研发、生产再到交付市场三位一体的智能升级，正如此前联想集团董事长兼CEO杨元庆说过的那样：“智能制造不仅仅是‘制造’环节的智能化，而是把研发、生产、供应、销售、服务的制造全链条都串起来的全面的智能化。”

在联宝科技合肥、台北研发中心，汇聚1000多位国际化高科技人才，形成合肥、台北“双引擎驱动”模式。

联宝科技质量及客户服务部工程师王凡说，公司现在有超过1400位研发工程师，拥有5至10年开发经验的工程师占比超过55%；拥有37间业界领先的实验室，让每一种创新想法变成现实。

在联宝科技庐山实验室里，各种不同型号的联想笔记本电脑屏幕被机器强行“掰弯”，但正处于弯曲状态下的屏幕显示依然正常；实验室里不时发出“咚咚咚”的巨大声音，是铁球撞击笔记本电脑的声音。

研发人员在笔记本电脑上方摆放一颗手掌大的铁球，这颗铁球由机器控制，精准跌落到电脑上方，目的就是测试笔记本电脑在接受猛烈撞击后的外观变化。

笔记本电脑四个圆角的坚硬度也是测试的重点。研发测试人员控制机器，对笔记本电脑的四个圆角从不同的角度，用不同的力度进行施压、敲打，只有能在如此“蹂躏”之下还“安然无恙”的笔记本电脑才算合格……

联宝产品上市前，都会模拟不同用户使用习惯和应用场景平均进行1000多项功能性测试。严苛的军用标准测试，联宝科技可完成8项。联宝科技庐山实验室已经获得CNAS（中国合格评定国家认可委员会）的认证，测试结果实现与全球35个质量管理体系及54个权威实验室的互认。

庐山实验室内所有的研发成果都会以数据形式呈现，这些数据会在第一时间输送到其他实验室，大大提高了不同实验室之间的沟通效率。这些“数字化”呈现的研究成果为联宝科技生产车间的智能制造打下了关键基础。

庐山实验室并非“孤独的前行者”。依靠远程的互联系统，联宝科技位于台湾省的实验室与庐山实验室已实现互联互通。双方所有的数据都能在第一时间相互传输，这大大提高了联宝科技研发的效率和质量。

“以前研发中如果碰到了问题，我们得拍下照片，然后再写邮件发到台北。”据王凡介绍，在建立互联互通系统前，两地的研发人员经常需要往返海峡两岸，要到现场了解实际状况。

“但现在，出现问题时只要在远程发布一个程序命令就行了。”王凡说。

从合肥出发，联宝科技将产品快速供应至全球126个国家和地区。2018年，联宝科技产品出货超过2350万台，成为合肥首个营收突破600亿元的企业。全球每新售出8台笔记本电脑，就有1台来自联宝科技。

手记：智能制造引领合肥产业升级

在合肥，大牌企业已经成为传统制造企业转型的风向标。

插上“智能”的翅膀，合肥企业神奇蜕变。在联宝科技等品牌企业的引领下，合肥制造迅速开始了智能化改造。

一个企业的改造强健了单个企业的“机体”，一批企业的改造则带来产业整体的提升。有数据显示，数字化研发工具的普及，使得合肥企业平均生产效率提升32.62%，产品研发周期缩短19.71%，产品合格率提升19.41%，人力成本节省7.46亿元，平均单位产品能耗降低13.89%。

一系列举措协同发力，合肥智能制造涌现出一批著名企业、知名产品。华米科技成为智能可穿戴设备全球出货量第一的厂商；江淮大众思皓首款车型E20X正式下线，江汽蔚来ES8产量超万辆；格力高端空调在空调产量中占比达35%以上，海尔、美菱的智能化冰箱占冰箱产量比重均超三成，智能电视产量占彩电产量近三成。可以说，智能制造正在引领合肥产业升级。

更令人钦佩的是，虽然合肥智能制造取得较大进展，但合肥各级仍很“冷静”。在他们看来，合肥的智能制造仍需要积极对标高质量发展的要求，仍须爬坡过坎，并逐步向更高层次的标准升级，进而形成可复制、可推广的“合肥经验”。

合肥行记2

一个研发机构背后的产业故事

在哈工大机器人（合肥）智能装备双创基地（简称“双创基地”）的研究院内，一台能写毛笔字的机器人吸引了众人的目光。写毛笔字只是这台轻巧型并联协作机器人的“副业”。其“主业”其实是打磨、抛光、柔性装配等复杂工艺生产。

机器人被誉为“制造业皇冠顶端的明珠”，其研发、制造、应用是衡量一个国家科技创新和高端制造业水平的重要标志。

2016年，合肥人将双创基地引入的时候，都没想到它发展得如此快。双创基地以“创新研发+创业孵化+产业集聚”联动发展的新模式，打造机器人及智能制造领域产业发展的新型生态圈。

截至2019年，基地集聚了近30个机器人及高端装备产业链优质项目，产品涉及上、中、下游全产业链，并为本地企业提供了产业转型升级服务，一个智能制造产业的示范集群已然形成。

机器人取代消防员进火场

在双创基地里，既有大学研究院“高大上”的前沿技术，又不乏企业对市场“接地气”的敏锐触觉。双创基地整合了研发、人才、技术等要素，打造出了不少能在市场的海洋里“混”得如鱼得水的机器人产品。

搭载了工业相机的地下管网清淤检测机器人能一目了然地看到城市地下管网

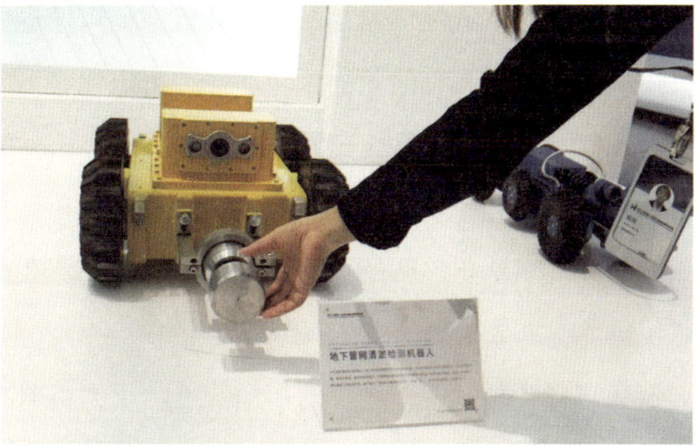

地下管网清淤检测机器人（羊建溶摄）

的所有情况，十几秒内就能把堵塞的树根、淤泥等清理出来；冰淇淋机器人就像游乐场里售卖冰淇淋的工作人员一样，双手有条不紊地挤压冰淇淋，放上辅料，还不忘和购买冰淇淋的小朋友互动……

除去这些产品，在双创基地的展厅里，最引人瞩目的是一款小型智能消防灭火机器人。据介绍，这种机器人体型可以穿越大部分常规楼道，进入火场，起到侦查和灭火的功能。哈工大机器人（合肥）国际创新研究院总经理助理、市场部

冰淇淋机器人（羊建溶摄）

总监钱程称："这款机器人配备红外摄像，可穿透烟雾查看火场情况，准确查找火源，此外，还具有很强的越障功能，可以代替消防员进入复杂火场，避免浓烟或者二次爆炸危及消防员安全。"

2019年，这款消防灭火机器人已经光荣入伍，成为广东省消防总队、重庆消防总队和北京消防总队的"消防队员"。"在不久前珠海的消防大比武当中，这款机器人参加人机协作消防演练取得了第一名。"钱程高兴地说。

在这些产品背后，是双创基地依托哈工大机器人（合肥）国际创新研究院打造的创新研究平台。双创基地组建了智能装备研究所、康养装备研究所、微纳机器人研究所、无人装备研究所、人工智能研究所、工业机器人及系统所六大机器人与智能装备领域前端科技产业研究所，承载高新技术创新研发任务。

钱程介绍，研究院集聚了以6名院士领衔的各类高端人才近300人，硕博占比达到70%以上。

截至2019年末，研究院已申报各类知识产权342项，其中发明专利146项、国际专利2项；主持或参与国家标准8项，承担智能机器人专项、安徽省下一代机器人重大专项等多项国家、省级重点项目。

智能制造产业示范集群已形成

这些研发项目并不是在研究院里"吃灰"。科研项目成熟之后，就会推动项目小组成立独立的科创型企业，让研发人员做"董事长"。

截至2019年，国内首个工业机器人云诊断平台、智能物流装备、智能网络玉石雕刻等18个科技成果转化项目正陆续从"研发模式"迈进"创业模式"，这些技术成熟的项目都将在不久的将来实现"产业化发展之路"。

双创基地为科研成果转化的创业项目提供人才、技术、资金、供应链、品牌、场地等"全方位、一站式"的孵化培育资源支撑，打通科技成果从科研机构到市场的产业化道路。

钱程说，科创型企业在"新生儿"时期由于缺乏场地、资金、人才，平均寿命非常低，必须要用一套健全的孵化体系将企业“扶上马”。“你要场地，我们就给你提供办公场所；你缺资金，我们就给你整合自有和外部的投资资金；你缺人才，我们就去给你招揽人才。”

双创基地通过进行专业化运营，实现创新创业项目的成果转化和本地产业化，帮助科研成果无缝对接市场的“最后一公里”，并通过招引优质企业完善供应链体系，实现“抱团出海”共闯市场。

截至2019年末，基地集聚了近30个机器人及高端装备产业链优质项目，涵盖智能制造、智慧城市、智慧教育、服务平台等多个产业领域，产品涉及核心零部件、机器人本体、系统集成、软件服务等上、中、下游全产业链。“并为本地几十家企业提供了产业转型升级服务，一个智能制造产业的示范集群已然形成。”钱程说。

已入驻企业中，规模以上企业达到9家，入选科技型中小企业的有5家。“智慧工厂解决方案供应商”哈工龙延作为指定供应商被德国拜耳公司、联合利华公司等国际龙头企业列入全球采购供应商名录；工业机器人职业教育领域的企业——哈工海渡跻身“2017中国品牌影响力100强”。

越来越多的企业正在双创基地的怀抱下不断成长，走向世界。

手记：实验室里的新变革

在2019世界机器人大会上，哈工大合肥研究院携国内首个工业机器人云诊断开放平台亮相，得到了国内外企业的关注。成绩背后，是合肥所推动的“实验室变革”：依托实验室，谋划智能制造创新链、产业链，形成技术快速产业化的路径。

合肥是三大综合性国家科学中心之一，拥有60所高等院校。背靠广阔智力资源，合肥依托实验室，谋划智能制造创新链、产业链，搭建起智造从实验室到市场的快车道。

事实上，在珠江三角洲早已兴起这样的浪潮：在位于佛山的中国（广东）机器人集成创新中心，中心的展示、产业引进、集成、金融服务等功能已基本具备。非夕机器人项目、广东泰格威机器人科技有限公司等12个项目已确定入驻，其中7家企业已开始投入生产。

广东智造企业也在不断引入实验室。2019年12月，广东科技成果转化中心举行成果转化活动在佛山举行，来自广东省高校、部分省外及国际知名高校的45项智能制造科技成果亮相，超过100家对口企业参与对接。对于企业家们来说，他们看中的不仅仅是项目，更重要的是项目背后的实验室。正如一位企业家所言："引入一个项目就等于引入了一个顶尖实验室。"

深度解读

对标合肥：佛山智造“新三招”何在？

走进合肥万力轮胎有限公司（简称“万力轮胎”），一个个轮胎在智能生产线上逐渐成形，它们将销往包括佛山在内的全国各地。作为一个智能工厂，万力轮胎通过“最强大脑”MES（制造执行系统），将所有设备、机器人以及工艺流程全线打通，真正实现全领域智能化、全流程自动化、全方位绿色化。

万力轮胎是安徽省合肥市智能制造中的佼佼者之一。智能制造已成带动合肥制造转型升级的新引擎。合肥既着力在顶层设计上引领规范，也重视在实践层面具体指导，一批智能制造新模式、新业态、新产品不断涌现，一个智能制造“绿色循环圈”已然成形。

正当合肥生产线上的机器人“挥汗如雨”时，在佛山美的库卡基地，工程师们正在针对客户的特殊应用场景，持续对六轴机器人进行本地化的升级改造开发。同时，他们还计划在2020年转入最新研发的七轴机器人生产线。

从合肥回看佛山，过去以传统制造、专业镇经济、中小企业集群“关键三招”为发展动能的佛山制造，美的库卡基地里呈现的场景是“一枝独秀”还是“百花齐放”？是凭借旧套路惯性前进，还是增添了新动能？对标合肥智能制造样本，佛山制造如何找到自己的“新三招”？

“老将”跨界　传统龙头开启智造新跑道

万力轮胎是轮胎行业第一家从原材料入库到成品出库全自动化的智能生产企业。公司营销总监张锦波说，工厂建成投产后，单个轮胎全工艺流程生产时间由

48小时降低至30小时；公司定员下降62.45%；实现人均年产值332.58万元、工业增加值60.22万元，是传统轮胎行业的3倍。

在合肥，一批小巨人企业正在着力构建企业内部的智能制造体系，并通过自身的带动作用引领合肥制造的发展。

合肥通过联宝科技、万力轮胎等小巨人企业的引领，加快产业链上下游及配套行业形成智能制造需求。与此同时，合肥进一步发挥小巨人企业的带动作用，形成“以点带链”的推广态势。

科大讯飞股份有限公司（简称“科大讯飞”）起到了龙头作用，2010年，它发布国内首个以智能语音和人机交互为核心的人工智能开放平台——讯飞开放平台，并基于该平台相继推出讯飞输入法、讯飞听见等示范性应用，推动与广大合作伙伴携手构建以讯飞为中心的人工智能产业生态。截至2019年上半年，讯飞开放平台汇集第三方创业团队已过百万，累计覆盖23亿应用终端，日均交互达47亿次。

科大讯飞轮值总裁胡郁在2019科大讯飞1024开发者节上指出，在过去的一年，科大讯飞在很多赛道中间都取得非常高的增长速度，教育方面增长超43%，车载方面超31%，在社交、零售等方面也有大幅增长。这一切与平台背后成千上万开发者的辛勤付出和鼎力支持密不可分。

至2019年底，科大讯飞总共扶持超过1800家生态企业，科大讯飞人工智能开放平台孵化75家企业。

回看佛山，合肥利用小巨人企业的引领带动经验或许可以转化成传统制造龙头企业的引领。佛山制造的第一个冲击波就是一批老牌企业带来的。在过去几年里，“老将”纷纷出手，用实际行动带动佛山制造开启智能制造新跑道。

美的不仅在产业线上开展智能化改造，更是勇敢跨界，强势进入机器人产业。在顺德潭洲国际会展中心南侧，美的库卡基地正在建设当中。预计到2024年，每年将有7.5万台的库卡机器人从这里诞生。

在佛山的另外一个千亿巨头——碧桂园，旗下占地约3.6万平方米的博智林机器人总部大楼已正式启用。自2018年成立后一年多，博智林机器人已陆续递交专利申请超300件，在研产品超20种，有8款建筑机器人已进入工地现场测试。

不仅仅是美的与碧桂园，在照明行业，昭信集团逐步对精密制造的智能化设备进行整线自动化后，选择成立专门的设备公司；在陶瓷行业，新明珠陶瓷集团联合新润成陶瓷等企业，发起设立广东丽柏特科技有限公司；在不锈钢行业，利迅达在早年选择跨界步入工业机器人领域，如今已成为集成应用领域的领头羊。

“老将”已成为佛山制造转型不可忽视的新能量。

跨国配置　面向全球挖掘创新资源

合肥是三大综合性国家科学中心之一，拥有60所高等院校，重点实验室、工程（技术）研究中心、企业技术中心等各类研发机构超过1400个，背靠这些科教资源，合肥通过“内提外引”支持智能制造的全面发展。

哈工大机器人（合肥）智能装备双创基地就是合肥外部引入的重要成果。

利用哈工大强大的科技资源，双创基地内搭建了创新研究、创业孵化、产业协同三大平台，以“创新研发+创业孵化+产业集聚”联动模式，构建集科技创新、成果转化、产业孵化和产业运营等业务内容于一体的机器人与智能制造示范基地，探索建立产、学、研、创融合发展的新型生态圈。

截至2019年底，基地集聚近30个机器人及高端装备产业链优质项目，产品涉及上、中、下游全产业链，并为本地企业提供了产业转型升级服务，一个智能制造产业的示范集群已然形成。

在对合肥内部科技资源使用率的提升上，合肥工业大学异军突起，在合肥智能制造发展当中占据重要位置。

2014年，合肥市政府与合肥工业大学共同组建合肥工业大学智能制造技术研究院，旨在迸发成果转化潜力，丰富合肥乃至安徽的区域技术创新体系，打造智能制造技术与装备产业发展的创新引擎。

安徽会合智能设备有限公司（简称“会合智能”）是合工大智能院通过科技成果转化培育的一家高科技企业，仅用短短两年多时间，公司产值接近2亿元，多项产品在国内、国际领先。安徽巨一自动化装备有限公司（简称“巨一公司”）是江淮汽车集团将合肥工业大学相关研究所直接“搬”进企业的成果，公司已是国内领先的汽车智能制造成套装备和汽车电驱动系统解决方案专家。

有了强大的科研后盾，合肥两家企业的表现，已经能直接影响全国相关行业的风向。

会合智能负责人刘军说，公司研制的新能源汽车电机装配和检测线，是国内首条高柔性高自动化的生产线，节拍高达2.5分钟/台，产能可以达每年10万台（套），自动化程度和产能方面均代表国内最高水平，其投入使用填补了中国新能源汽车电机高端装配的市场空白。在以往，这样的设备完全依靠进口，而且价格很高。

巨一公司总裁助理王淑旺说，该公司已自主开发出国内唯一一条已投入生产的DCT（双离合自动变速箱）装测生产线。德系大众、英系路虎和日韩系本田、日产、现代等都是公司客户。以科大讯飞为中心的人工智能产品已经逐步构建。截至2019年12月31日，讯飞开放平台已聚集超过112万人的开发者团队，总应用数超过73万个，累计覆盖终端用户数超26.3亿人。

截至2019年末，合工大智能院通过科技成果转化已孵化类似会合智能的高科技企业50家。正是通过“内提外引”，合肥智能制造生态体系得到了进一步培育与完善。

它们有着共同特点：看似低调，但人们在不经意间又会惊讶地发现，这些企业已影响了世界。

与合肥不同的是，佛山并没有强大的内生性智力资源可以依靠。但不可忽视的是，经过改革开放40多年的努力，佛山已经聚集强大的资本动能，利用资本面向全球挖掘创新资源可以成为佛山新选择。

当前，已有一批佛山企业积极走出去吸收全球创新资源，占领产业制高点。2017年，美的并购德国库卡集团打响了佛山企业向全球创新资源要效益的“第一枪”。

作为“小字辈”的嘉腾也不甘示弱。在2018年汉诺威工业博览会上，嘉腾瞄准行业顶尖技术，与格林策巴赫签订战略合作协议。

按照协议要求，双方将互补技术短板，嘉腾将帮助格林策巴赫向大中华地区提供自动化服务，同时，格林策巴赫将协助嘉腾向欧洲终端客户提供以AGV（无人搬运机器）为核心的智能物流技术服务。

与此同时，万和与瑞士abb达成战略合作，打造智能工厂；格兰仕携手全球市场占有率第一的日本发那科，布局自动化和互联网工厂；广东科达洁能股份有限公司并购意大利高精制造领域领先企业……以资本换技术，创新的力量加速在佛山集结，新合作也将给佛山制造带来新动能。

生态圈层 “政策＋载体”形成产业链带动

无论是龙头企业的引领还是高等院校的带动，都离不开政府政策无形之手的推动。

合肥智能制造能有如此的“加速度”与政府的创新扶持不无关系。

合肥市经济和信息化局电子信息处处长李义福说，2015年，合肥在全国首创并实施万条数字化生产线、千个数字化车间、百家智能工厂“万千百”创新工程，全面推动制造过程的智能化；对于企业可能出现的智能化改造盲目投资、等待观望等情况，合肥通过政府购买服务，组织中科大先研院、中科院智能院等第三方机构为企业免费实施诊断服务。

合肥还出台相关补贴政策支持企业对于生产线、车间和工厂进行智能化改造，给予12%、15%、20%不同比例的设备投资奖补，使企业投入资源有动力，政策实效性优势明显。

这给合肥带来制造业发展的新动能。2019年，合肥市收集了360家市级“智能工厂”和“数字化车间”认定企业的相关数据信息。数据显示，近3年这360家企业年均产值增长40.4%，利润增长52.8%，税金增长45.96%。

合肥在推进智能制造工作中不断为其添砖加瓦的经验值得佛山借鉴。事实上，佛山为大力扶持智能制造产业发展，也在默默努力。

在工业机器人、工业母机、重大技术设备等持续升级的背后，是佛山不断深化的工业技改。数据显示，2015年至2018年上半年，佛山工业技改投资总额持续领跑全省。2019年8月，佛山又出台相关方案，以更广的覆盖面、更大的奖补力度支持工业技改，装备制造业迎来又一轮机遇与挑战。

在中国制造业大区顺德，先后出台机器人应用、两化融合等一系列扶持政策，在企业扩能增效、智能化改造及智能制造等方面给予有力支持。

2016年，顺德出台《顺德区智能制造发展专项资金管理办法》。2018年，顺德出台《顺德区促进机器人产业发展实施办法》，从招商引资、市场开拓、人才引进和服务等进行全方位扶持，进一步推动本土机器人企业做大做强，吸引国内外优秀机器人企业落户。

2018年，顺德仅用于推动智能制造及机器人产业发展的扶持资金（省、市、区）就超3亿元。2019年4月，顺德又认定一批机器人骨干企业，对符合条件的企业每年最高补助2000万元。

一花不是春，独木难成林。在政府无形之手的引领下，不仅是美的库卡，如今一批特色化产业项目在全市遍地开花。

广东省智能制造创新示范园引入大疆创新等项目，其启动园区主攻生产机器人整机、驱动及控制系统、伺服电机精密减速机等核心环节；位于陈村的华银工业园升级为“机器人+”科创产业园；顺联机械城三期打造全国首个智能机械装备商贸综合体。

与此同时，佛山已建成汉诺威佛山机器人学院、华南智能机器人创新研究院、国家工业机器人质量监督检验（广东）中心等，形成研发、服务、生产、配套和展示平台。

在“政策+载体”叠加下，一批大项目纷至沓来，形成强大的产业链带动效应。在2019年，除美的库卡项目、碧桂园博智林机器人谷两大智造项目已启动建设外，阿里云创新中心（佛山）、美云智数、赛意信息华南总部等工业互联网项目也正式落户。

步子已经迈开，佛山接下来可借鉴合肥经验，先行先试，在现有体系上持续加码。通过做好顶层设计、拓展应用方式、发挥示范作用、完善服务体系等，形成“以点带链、以链带面”的推广态势，政企联手强化智能制造对整个制造业高质量发展的引领作用，让一个智能制造新型生态圈全面成形。

样本聚焦

“芯”自主带来全球竞争话语权

2019年11月，安徽华米信息科技有限公司（简称“华米科技”）发布2019年第三季度财报，公司营收和出货量双双大增七成。

财报显示，该季度公司营收达人民币18.625亿元，同比增长73.3%。这背后是华米科技对智能终端产品核心技术的掌握。通过核心技术的应用，华米科技开启从量到质的“重量级”升级。

智能制造的发展始终还是要投入生产，它离不开企业探索。智能制造要引领高质量发展，占据核心领域、掌握核心技术、生产核心部件则是重中之重。在合肥与佛山，在一线“拼杀”的企业都敏感地注意到了这一点。

立体企业优势正在全面形成

在智能可穿戴产品中，华米是经常被人们提及的与苹果、华为并列的三大厂商之一。在位于合肥的华米科技总部，展厅里显著的位置上摆放着自主研发的芯片“黄山1号”。

“黄山1号”是全球首款集成AI（人工智能）神经网络的可穿戴处理器。2019年6月，华米科技发布首款搭载“黄山1号”的产品——Amazfit健康手表。通过攻关“卡脖子”技术，掌握世界领先的“黄山1号”芯片，华米科技立体的企业优势正在全面形成。

除了华米科技，还有合肥京东方成功研制出首款采用喷墨打印技术的55英寸4K OLED显示屏产品，国内首款完全自主知识产权的量子计算机控制系统在合肥研发成功，全国首套自主研制基于等时性超导回旋加速器的SC200超导质子治疗系统面世，全球第一款效率超过99%的商业化逆变器、打破国外高端设备垄断的双台面激光直接成像光刻设备诞生，等等。

合肥企业在对核心领域的攻坚当中，挺进价值链高端。

用核心技术占领产业制高点

在佛山，一批企业正通过提升研发

创新能力,实现重大技术装备的国产化,以核心技术占领产业制高点。

广顺新能源致力于实现关键设备的国产化。从2009年开始,广顺新能源累计投入数亿元,与国内顶尖高校、科研机构合作,最终攻克关键零部件,成为目前国内唯一一家具备生产氢燃料电池压气机等核心部件能力的企业。

嘉腾在移动AGV领域斩获国内外多项专利、奖项;隆深每年保持超100%的增长,成为国内白色家电第一系统集成商;天太、伊雪松等自主研发出自有品牌的机器人本体,实现机器人关键技术的"佛山造"。

在中石油的作业平台上,由广东精铟海洋工程股份有限公司自主研发的、有着"佛山无影脚"之称的海洋工程设备,已助力平台走进深海;在破冰极地的"雪龙"号科考船上,装载着产自佛山市南海中南机械有限公司的共轨单元。

通过攻坚核心领域、掌握核心技术、生产核心部件,合肥、佛山企业正在挺进价值链高端。

佛山实践

季华实验室：瞄准国际高端战略科创平台

作为首批4家广东省实验室之一，季华实验室由佛山市五年投入55亿元建设，实验室将打造成为先进制造科学与技术领域国内一流、国际高端的战略科技创新平台。

2018年开始，季华实验室建设全面推进。根据规划，季华实验室先期重点发展的方向为三大领域：工业机器人及其关键技术、基于二元光学的先进技术和应用、面向生命科学的高端仪器装备。

截至2019年末，季华实验室自立项目已申请52项发明专利，引入多个国内外高端团队，还先后与美国橡树岭国家实验室、剑桥大学、清华大学等国内外60余个高端团队进行了深入洽谈。

2018年，实验室成功全职引进首位中国科学院院士——叶恒强，实现了佛山全职引进中国两院院士零的突破。

围绕科技成果的创业孵化也在默默进行。实验室首批孵化企业佛仪科技（佛山）有限公司推出的JHL-MW6000微波电源产品填补了相关国内技术空白。

为了更好地进行成果孵化。实验室还与粤科金融集团合作设立广东季华科技成果股权投资合伙企业（有限合伙）。它将成为实验室科创成果孵化、资本化和市场化发展的重要推手。

佛山对标

抓住技术红利，赢得区域竞争

当身处佛山的美的投入超过50亿元进行智能化改造，建成智能化标杆工厂时，远在1200多公里以外的合肥，联宝科技同样利用智能化生产线实现平均1秒下线1台笔记本电脑的奇迹。

两家企业的表现并非特例，在佛山与合肥，两座不同的城市都将智能制造作为制造业转型的抓手。两地制造业体量虽然还有差距，但身为“追兵”的合肥，这些年的发展经验很值得“标兵”佛山借鉴。

首先是体系构建的进步。几十年来，几乎每一种经济体系都是通过技术手段来达成用资本代替劳动力的目标。

从佛山到合肥，有众多企业都在投入数字化、智能化改造。但合肥制造业多跨了一步，它们重新思考企业在使用新技术的过程中，如何对组织架构重新设计和再造，让企业获得更大收益。

合肥合锻智能制造股份有限公司是一家国内顶尖的智能装备制造企业。不久前，它们成功开发合锻智能运维服务中心，可以从云端监控设备运行情况，能提供端到端运维创新服务，使得合锻智能全面升级成为研发、生产、销售、服务全链条一体的新型智能装备制造企业。

在这点上，佛山大有可为。佛山并不缺乏顶尖企业，需要的仅仅是一次“头脑风暴”，学会不再简单地“穿新鞋走老路”，作出关键一跃。

其次是组合式的创新。从某种程度上讲，对于智能制造，创新就是一切。随着数字化技术的进步，创新已经不是稀奇事。

在创新爆炸的时代，它的瓶颈是什么？是如何筛选出合适的创新项目并组合排列，使之形成新的发展动能？在合肥，组合式的创新已经运用得炉火纯青，“创新+市场”共同体成为智能制造体系中的重要环节。

合肥工业大学智能制造技术研究院就是其中的代表，成立仅仅5年便孵化出50家高新技术企业。事实上，佛山要做到不难，佛山也有季华实验室等一批科研机构，如何利用好它们为佛山搭建智能制造示范集群，是佛山市组合式创新接下来要做的事情。

最后是长期战略的浸润。在未来的技术竞赛中，最成功的城市将是那些积极变革并且能够跟上技术进步的城市。从这点上来说，佛山与合肥各有千秋。但如果对标高质量发展的要求，佛山仍须爬坡过坎，既需要先行先试，也要统筹兼顾，更要久久为功。

佛山与合肥，虽然两地发展有所不同，但殊途同归的是，在智能制造时代，谁能最终抓住技术红利，谁就赢得了一切。

WUHAN

武汉 城市名片

武汉，长江中游特大城市，国家中心城市，中国重要的工业、科教基地和综合交通枢纽。武汉高校数量居全国第三，土地面积8494平方公里。

2019年，武汉全市实现地区生产总值16223.21亿元，按可比价格计算，比上年增长7.4%；按常住人口计算，人均地区生产总值145545元。同时，人口规模稳定增长，2019年末常住人口1121.20万人，比上年末增加13.1万人。2019年，武汉获评“中国国际化营商环境建设标杆城市”。

2011年起武汉通过“工业倍增计划”，三年实现全市工业总产值突破万亿元大关，并在同一年迈入地区生产总值万亿城市俱乐部。

武汉东湖高新区于2001年被批准为国家光电子产业基地（即“中国光谷”），成为武汉从无到有发展光电子信息产业的主战场。20年来，光谷形成了以光纤通信为主体，激光、光电显示、消费电子、集成电路等领域竞相发展的“芯屏端网”产业集群，聚集了长江存储、武汉新芯、华星光电、天马微电子等大型企业。当前武汉光电子信息产业规模接近6000亿元，有望成为武汉首个万亿级产业集群。

2019年，武汉“四上”高新技术产业增加值4167.27亿元，比上年增长11.8%，占地区生产总值比重的25.7%，数字经济占比40%左右。2019年，武汉地区有科技研究机构101个，全年科技“小巨人”企业1251家，荣获国家科技进步奖21项，国家技术发明奖4项，“芯屏端网”产业规模不断壮大，五大产业基地建设全面提速，构筑起高质量发展强大支撑。

武汉行记 1

一条“孵化大道”跑出万亿大产业

2019年11月20日，第六届“华创杯”创业大赛决赛在武汉举行，新消费场景中基于人工智能全光场复现系统、Mini/Micro LED（微型发光二极管）显示技术等20个项目展开激烈角逐。

类似的创新创业大赛，对武汉的创业者来说并不陌生。仅仅在光谷，每年举办的双创活动就有2000余场，日均达6场，上演着永不落幕的创业传奇。

1987年，在武汉丁字桥108号一栋四层闲置营房里，诞生了全国第一个科技企业孵化器——武汉东湖新技术创业者中心（简称“武汉东创中心”）。30余年来，这粒创新服务的“小火种”在武汉燃起了熊熊火焰。

如今，在武汉东创中心的现址创业街，短短1公里的街道，400多家正处于孵化阶段的中小型高科技企业同驻，1万余名创业者共有一个家。紧邻的关山大道、光谷大道，汇聚了光谷七成的孵化器，创业企业遍地开花，成就武汉万亿产业集群的创新雨林。

创下多项“全国第一”　厚植创新创业沃土

在武汉光谷创业街上，一座咖啡吧式的“科技企业孵化器博物馆”，记录了中国科技企业孵化器的前世今生。在这部变迁史里，武汉是浓墨重彩的一笔。

1987年，为了激发科技人员创办科技企业的热情，东湖新技术创业者中心挂牌成立，这是全国第一家科技企业孵化器。

武汉东创中心行政主管苏杨告诉笔者，当时社会各界对孵化器是完全陌生的，中心创始人去附近高校的告示栏粘贴简介时，还被保卫处工作人员以“扰乱学校教学秩序”之名狠狠地训了一通。

但很快，创业者中心成了实实在在的“保护伞”，为创业者提供场地，帮办执照，出面担保向银行贷款，投资在孵企业，让只有技术没有钱的科技人员有了创业资金。

苏杨表示，武汉东创中心创造很多“中国第一”：第一个对孵化企业进行风险投资、建设第一条科技创业街、第一个走出国门建孵化器……32年里孵化了2000多家科技企业，培育了凯迪电力、三特索道、凡谷电子、楚天激光等一批本土新兴产业企业。

30多年里，不管是政策设计、模式创新，还是创新创业文化传承，武汉东创中心积累的大量实战经验，点亮了武汉的创新创业之路。如今，武汉已建成“创谷”13家，各级孵化器、众创空间414家，其中，国家级87家，省级153家，全市孵化场地总面积超过1000万平方米，在孵企业12000多家。

值得一提的是，早在2001年，武汉东创中心就尝试民营化改制，对原有事业框架进行了全面的企业化调整，先后成立了武汉东湖创业股份有限公司等 5 家法人治理企业，率先提出产权式孵化器，打造一条“骑着自行车来，开着小车离开”的光谷创业街。

在科技企业孵化器博物馆隔壁的一家咖啡厅里，简易桌椅上摆放冒着热气的咖啡，三三两两的创业者在滔滔不绝地谈论着。咖啡馆成为资本和创意聚集之地，各种路演、创投、企划书也在咖啡杯间不断碰撞。

咖啡创投里的场景，正是光谷双创时代新型孵化模式的一个缩影。2011年，光谷第一家众创空间光谷Demo咖啡成立，近年来，光谷的咖啡馆越开越多。就连小米科技董事长雷军也和合伙人李儒雄共同投资创办了光谷创业咖啡。

“天天有咖啡，周周有路演，月月青桐汇”成为当前光谷创业街的一种新生态。随着孵化器进入3.0时代，孵化器已从最开始为企业提供场地、打字、通信、工商、税务登记等纯粹的政策性服务，转向较为系统全面、多功能的服务体系。

如今的光谷创业街已然是创新创业的热土，更是黄金地带。在短短1公里的光谷创业街上，400多家正处于孵化阶段的中小型高科技企业同驻。同时，创业街所在的关山大道正是光谷的黄金中轴线，汇聚了光谷80%以上的规模企业。它是光谷打造的3条千亿大道之一，目标是打造成集创意产业、高尚居住、商业服务、研发办公功能于一体的创新溯源地、世界一流的光谷智道。

打造千亿“孵化大道” 创业传奇风起云涌

除了关山大道之外，早在2013年，武汉便开始筹建国内首条“孵化大道”，将数十公里的光谷大道规划建设成为“东湖高新区孵化（创新创业）大道”，形成孵化器聚集效应，打造光谷孵化器新品牌，加快建设各类孵化器。

因此，武汉东湖高新区为推动孵化器发展频出大手笔，描绘出了一幅不断升级的创业孵化路线图，一系列关于科技人才、成果转化、营商环境的利好新政纷至沓来。创新创业的火苗，再次从这里喷薄而发，点燃科技创新之火。

东湖高新区相关负责人表示，初创企业有力促进了产业集群的发展，反过来他们也会对孵化器的创新能力提出更高的要求。

为引领企业成长，助推全民创业，东湖高新区坚持孵化器建设与在孵企业培育相结合，通过优化孵化器发展环境、提升孵化器功能，将孵化器建设作为科技成果转化和培育科技型中小企业的新经济增长点。同时，孵化器的服务也由物理空间变为综合空间，从单个企业变为产业链的垂直多元模式。

2018年，武汉提出实施“万千百”工程，提出力争用3—5年时间，在全市形成光电子信息、汽车及零部件2个万亿级世界级产业集群，实现从万亿城市向万亿产业跨越。

数字经济的突飞猛进是武汉万亿级产业集群的重要支撑。在这当中，一批大学生和科研人员持续涌动的创业热情，推动如今的武汉成为新经济领域的“创业之城”。

武汉理工大学毕业生张文明创办斗鱼直播，目前已成为行业领军企业。华中

数字经济的突飞猛进是武汉万亿级产业集群的重要支撑，图为武汉未来科技城（东湖高新区管委会供图）

科技大学毕业生夏里峰创办卷皮网，成为武汉第二家独角兽企业。夺得2017中国光谷3551国际创业大赛冠军的斯坦福博士王星泽团队，其公司合刃科技已落户光谷，致力于全息全频机器视觉系统的研发和商业化，累计融资超过1亿元，当前估值约10亿元。

东湖高新区将孵化器建设作为科技成果转化和培育科技型中小企业的新经济增长点，图为武汉留学生创业园（东湖高新区管委会供图）

这样的创业传奇数不胜数。据了解，截至2019年底，东湖新技术开发区每年诞生企业2万多家，共有市场主体10万多家，其中企业8万多家，拥有高新技术企业3000多家，位居全国第四，瞪羚企业412家，互联网企业2700多家，独角兽企业6家。

从左岭大道到高新大道，从光谷大道到关山大道，越来越多的“孵化大道”、大大小小的孵化器也在武汉打造万亿级产业集群的路上，散发出或大或小的光芒。

东湖新技术开发区管委会相关负责人表示，武汉市正在建设“众创空间+孵化器+加速器”的孵化全链条体系，光谷也将加快完善产业创新生态，让光谷青桐汇、东湖创客汇成为创投创业界知名品牌，进一步抢抓机遇，以改革激活创新源头，以服务构建创新生态，以创业谋划创新未来。

手记：寻找万亿产业的佛山生力军

2019年初，佛山市委十二届七次全会提出，力争到2020年培育装备制造和泛家居2个超万亿的先进制造业产业集群。

当前，产业集群因其巨大的聚集效益，成为各大城市推动制造业高质量发展的重点。但万亿级产业集群，不只是规模的增长，背后更是创新的裂变式增长。事实上，按照佛山产业发展规律，如果不依靠创新技术的牵引，很难支撑起如此巨大的产业体量。

但从技术创新到产业落地，如何实现“从0到1”的突破？在这方面，武汉的科技企业孵化经验值得佛山借鉴。自1987年武汉创立中国第一家科技企业孵化器以来，成千上万的创业企业从孵化器走出，不少已成为行业领头羊。

打造创新创业生态体系，靠的是与时俱进。以光谷为例，有促进科技成果三权改革的“黄金十条”，有促进大学生创新创业的青桐计划，有促进高科技、高成长性企业发展的瞪羚计划，有促进高科技人才到光谷创业的3551人才计划，等等，都是武汉在不同时期，针对创新创业、新经济发展，大胆解除体制机制束缚，作出与时俱进政策创新的具体实践。

打造创新创业生态体系，靠的是持之以恒。光谷每年举办双创活动2000余场，日均达6场，拥有“光谷·青桐汇”“东湖创客汇”“楚才回家”等双创品牌活动，年复一年，坚持不懈，才最终形成方便创业者“找人、找钱、找技术、找场地、找圈子”的生态环境。

创新需要密度和浓度，只要有高浓度、高频度、高密度的互动，一个成就鼓舞另一个成就，连锁反应就会发生。因此，也只有一家创新企业孵化出更多的创新企业，创新企业呈现加速裂变的态势，才能推动一座城市万亿级产业的成形和发展壮大。

武汉行记2

最有“面”子的武汉这样造就

在第十六届“中国光谷”国际光电子博览会暨论坛上，武汉华星光电技术有限公司展出的AMOLED（有源矩阵有机发光二极体）柔性折叠屏备受瞩目。这家显示面板领域的领军企业，在光谷布局的全球最大的第6代LTPS（低温多晶硅）显示面板生产线（简称“t3项目”）已实现产值破百亿，成为湖北省首家产值超百亿的半导体显示面板企业。

同样在光博会上，另一家领军企业武汉天马微电子有限公司签约投资15亿元建设一条显示面板中试线，并计划以此申报国家产业创新中心。

再加上此前落地武汉的京东方10.5代TFT-LCD（薄膜晶体管—液晶显示器）生产线，武汉作为国内首座聚集国产面板三大厂商的城市，实现从中小尺寸的移动终端到大尺寸的高清电视全覆盖。

武汉新型显示产业初露峥嵘，图为武汉天马微电子的显示产品（天马微电子供图）

初露峥嵘的新型显示产业，只是武汉万亿产业布局的一块拼图。武汉提出，以“芯屏端网”为核心，用3—5年时间，打造光电子信息万亿级世界级产业集群。从无到有，武汉新型显示产业如何走出了集聚发展的新路径?

十年磨剑　从行业大树到产业森林

光谷东部，左岭大道上，武汉华星光电的巨无霸厂房格外引人注目。走进企业展厅，手机屏幕从黑白到彩色、从被动发光到自动发光、从硬性屏到柔性屏的更新换代过程一目了然。

其中，搭载华星光电自主创新叠层结构的AMOLED柔性折叠屏，可同时实现外折半径5毫米、内折半径3毫米的双折叠形态切换，将成为华星光电竞逐5G时代智能终端产业新赛场的利器。

新型显示与集成电路并称“一屏一芯”，是先进制造和新一代电子信息领域的核心基础产业。屏下指纹、超高刷新率、极窄边框、双盲孔、动态弯折……作为全球出货量前六手机品牌中五家企业的手机屏幕供应商，华星光电的技术创新是全球手机创新链的重要一环。

走出展厅搭乘电梯往上走，就来到了t3项目生产线。在这个24小时运转的“黑灯工厂”内，几乎看不到工人的身影，只有1000多台自动化设备和600多个机械臂，不断搬运着玻璃基板，经过投入、清洗、镀膜、曝光、显影等100多道严丝合缝的生产工序，玻璃基板最终变成客户所需的显示面板。

华星光电技术有限公司（东湖高新区管委会供图）

“除了高端智能手机，t3项目还在积极布局车载显示屏、笔记本电脑等‘蓝海’市场。”华星光电负责人告诉笔者，当前t3项目月产能达5万大片，出货量稳居全球第二，截至2019年10月底该项目产值已破百亿。

这也是湖北省首家产值超百亿的半导体显示面板企业。事实上，华星光电已经不止一次打破纪录。上述负责人表示，这个总投资160亿元的t3项目，从项目开工到主厂房封顶，短短286天完成了40多万平方米厂房及其配套设施建设，刷新了当时武汉市乃至湖北省特重大工业项目建设纪录。

突飞猛进的速度背后，是武汉改写“缺芯少屏”历史，打造世界级显示面板研产基地的决心。当前，新一轮科技革命和产业变革正在蓬勃兴起，电子产品朝着智能化、柔性化、便携化方向持续升级，带动显示产业加速演进。

事实上，为打破国外显示面板垄断局面，早在2008年，武汉就重点瞄准大项目，进行大投入，启动显示产业布局。十年磨剑，武汉光谷成长为全国最大的中小尺寸显示面板聚集区，50多家新型显示产业企业总投资近千亿元，聚集了天马微电子、华星光电、精测电子、鼎龙股份、尚赛光电等一批优质企业，涵盖玻璃基板、发光材料、检测设备、工业气体等环节，形成了完整的新型显示面板生产线，预计2020年企业总收入将突破1000亿元。

集群带动　百亿航母级项目接连落地

2008年，投资46亿元建设4.5代薄膜晶体管的液晶显示生产线，成为湖北第一条LCD薄膜晶体管的液晶显示生产线；2018年6月，总投资120亿元的第6代LTPS-AMOLED生产线（简称“G6”项目）在光谷量产。同月，又追加投资145亿元，启动G6项目二期，打造OLED总部基地……11年来，从深圳远道而来的天马微电子有限公司，在光谷的投入合计超过300亿元。

无独有偶，同样从深圳而来的华星光电，继t3项目之后，总投资350亿元的第6代LTPS-AMOLED柔性生产线t4项目也已经投产，成为华星光电迈向柔性折叠时代的标志性项目。

2018年，全球特殊玻璃与陶瓷材料领导厂商康宁落户武汉临空港经开区，计划一期投资约14亿美元，生产全球技术先进的液晶玻璃基板。康宁的落户正源于武汉显示屏产业的群聚效应。此前，全球液晶面板生产巨头京东方在武汉临空港投资460亿元建设国内大尺寸的10.5代TFT-LCD，康宁正是其配套企业。

京东方的落户，不仅填补了武汉在大尺寸面板领域的空白，还带动引进一批产业链配套项目相继落户。

不难看出，龙头企业从扎堆到扎根，重大项目从落地到结果，这成为带动武汉显示产业集群跨越式发展的关键。

10年，两次追加投资，总投资额超300亿元。是什么吸引了天马微电子？对此，天马微电子相关负责人表示，是武汉实实在在营造的良好投资环境。

上述负责人表示，大项目投资周期长，会历任几任领导。企业投资最怕“新官不理旧账”，没有延续性。但天马微电子在武汉投资这10多年，各级领导多有更迭，但是始终保持了政策和服务的延续性。干部们一任接一任，一干到底，都怀有“功成不必在我，功成必定有我”的扎实干事文化，为企业快速发展提供了良好的环境。

“在光谷，跟政府部门打交道是轻松的，工作人员的素质非常高，很多都是硕士、博士，对高新技术企业有着深入的了解。”华星光电相关负责人表示，有一些解决不了的问题，找政府打个电话就能办成，为企业节省了许多协调关系的精力和时间。

事实上，从2014年开始，光谷就建立健全以全员聘用制为核心的干部人事制度，根据发展需要自行引进优秀人才，瞄准国内著名高校招聘青年干部，打破身份界限，探索多种形式的选人用人机制和分配激励机制。

万亿产业，久久为功。武汉经信委相关负责人介绍，为了推动形成万亿产业集群、千亿支柱产业、百亿企业新格局，武汉将开展万亿精准招商，确保工业招商项目库常年储备达到万亿，年均签约金额不低于5000亿元；加强工业投资，力争“万千百”工程累计工业投资达到2万亿元；培育一批国家级、省级的单项冠军、隐形冠军企业。

武汉国家存储器基地（东湖高新区管委会供图）

百亿级重大项目纷至沓来，推动武汉“芯屏网端”产业集群重点突破和整体提升。2016年12月，总投资300亿美元的国家存储器基地项目在光谷正式开工，不久的未来光谷将建起3座全球单体洁净面积最大的3D NAND Flash FAB厂房、1座总部研发大楼及其他配套设施。其核心生产厂房和设备，每平方米投资强度超过3万美元，创全国之最。

在2019年10月份国家发改委公布的第一批66个国家级战略性新兴产业集群名单中，武汉集成电路、新型显示器件、下一代信息网络和生物医药等四个产业集群入选，数量上与上海并列第一，显示出武汉新旧动能转换的强大后劲。

手记：打造万亿产业　佛山要在区域创新能力上下功夫

战略性新兴产业作为科技革命和产业变革的方向，是培育发展新动能、形成未来竞争新优势的关键领域。近年来，佛山领衔打造珠江西岸先进装备制造产业带，扶持发展智能装备、节能环保装备、新能源装备等先进装备制造业，实现从

“生产产品”向“生产装备”转变。装备制造业已成为佛山第一大支柱产业。

装备制造业正是佛山要打造的万亿级产业集群之一。从目前的发展情况来看，佛山有良好的基础，尤其是智能装备方面，2018年佛山市智能装备总产值已突破800亿元，包括100多家全国乃至全球领先的机器人研发生产企业，为佛山产业转型升级积聚了新动能。

但对标武汉，不难发现，佛山缺乏重大引领型创新平台、国家级科研院所等短板较为突出，尤其是产学研合作平台在佛山较多，但企业自主参与度不高，实质性科研成果缺乏的问题存在已久。

区域创新能力是产业集群式发展的决定性因素。区域内企业、大学、政府等组织实体通过高水平的互动形成联盟结构，有利于促进产业集群创新。

在这方面，武汉加快创建国家级、省级制造业创新中心的经验值得佛山借鉴。尤其是武汉的国家信息光电子创新中心，它作为国家在信息光电子领域唯一支持建设的创新中心，与一般的高校或政府主导的创新中心不同，该创新中心由光迅科技、烽火通信、亨通光电等国内多家企业和研发机构共同参与建设，建立了现代化的企业法人制度管理，承担起中国信息光电子制造业“关键和共性技术协同研发，实现首次商业化”的战略任务。

机制创新是科研创新的基础，为科研成果的精准转化提供平台。国家信息光电子创新中心创新的体制机制，有利于实现从产业发展的问题中来，到产业发展的市场中去，帮助科研成果转化跨越从实验室到市场的“死亡之谷”。

因此，佛山还需要进一步以体制机制改革激发创新活力，对接国内外高端科研创新资源，打造一批高水平产业技术研发和转化平台，持续拓展产学研合作的深度和广度，加快形成要素流动畅通、科技设施联通、创新链条融通的创新网络，才能不断提升产业集群创新力和竞争力。

深度解读

武汉跨越：从万亿级城市到万亿级产业

2019年11月18日，小米武汉总部大楼全面竣工。一年前，在动工仪式上，小米董事长兼CEO雷军曾表示，未来小米将以万人规模来规划武汉总部，打造人工智能时代的技术高地。

和小米一样，科大讯飞、奇虎360、小红书、海康威视等80多家互联网企业的第二总部正加速在武汉光谷集结。后来居上的数字经济，是武汉打造“芯屏端网”万亿级光电子信息产业集群的重要增长极。

2018年，距离首个千亿级产业集群诞生仅仅过去8年，武汉提出实施“万千百”工程，用3—5年时间，打造光电子信息、汽车及零部件两个万亿级产业集群。

万亿级产业，就是年产值超过1万亿元的产业或产业集群。成都、武汉、西安、杭州……迄今已有多个地区生产总值过万亿城市提出自己的万亿产业集群计划。从千亿产业到万亿产业，这意味着从量变到质变的区域产业发展新高度。从万亿城市到万亿产业，这体现了经济规模加速扩张带来的竞争力跃迁和城市能级提升。

光电子信息产业是武汉代表中国参与全球竞争的主力军，最有希望率先突破万亿规模，成为武汉首个世界级产业集群。

从“一束光”点亮一座城，再到照耀全球光电子信息产业版图，武汉做对了什么?

从千亿到万亿，十年聚力打响新规模战

走进光谷左岭大道，武汉华星光电和武汉天马微电子的厂房格外引人注目。这两家从深圳而来的面板龙头企业，纷纷将国内中小尺寸先进的第六代生产线放在了光谷。

10年来，光谷聚集的新型显示产业企业达50多家，总投资千亿元，从硬性屏到柔性屏，形成了完整的新型显示面板生产线，预计2020年企业总收入将突破1000亿元。

崭露头角的新型显示产业，只是武汉万亿产业布局的一块拼图。武汉提出，以“芯屏端网”为核心，打造光电子信息万亿级世界级产业集群。

解答这道增量算术题，武汉底气十足。回望过去，从2001年武汉东湖高新区被批准为国家光电子信息产业基地，到2011年光电子信息产业规模首破千亿，跻身武汉第二支柱产业，再到2016年突破5000亿元，从十年裂变，再到五年聚变，时间的常量成了奋进武汉的变量。

在这场规模战中，城市与产业的共生共荣，顶层设计与重点领域突破的齐头并进，成为武汉持续冲锋的能量。

2011年是武汉工业关键一年。当时，武汉明确提出要建设国家中心城市，制订了工业倍增、服务升级、自主创新能力提升、城建攻坚和国际化水平提升五大计划。其中，工业倍增被列为五大计划之首，并开启了千亿产业快速崛起之路。

“工业倍增计划，就是通过工业园区的基础设施建设和大量的工业招商，增加工业投资，增强经济发展后劲。”武汉市经信局相关负责人说。

一年后，三份对武汉光电子信息产业发展影响深远的文件应运而生。一份是获批的《东湖国家自主创新示范区发展规划纲要（2011—2020年）》，对光谷未来十年的科技创新、产业布局、科技成果转化、人才引进等进行了顶层设计；一份是《促进东湖国家自主创新示范区科技成果转化体制机制创新的若干意见》，在全国率先提出科技成果转化收益70%归研发团队等优惠措施，用“黄金十条”大胆鼓励高校师生下海创业，引发全国瞩目；还有一份是东湖高新区出台的《加快发展光电子信息产业实施方案》，从企业培育、技术研发、载体建设、人才引进等方面进行全面布局，并提出从2013年开始每年拿出20亿元，5年拿出100亿

元来支持光电子信息产业的创新发展。

如今回看，无论是前沿技术和新兴领域的突破，还是领军企业的引进和瞪羚企业的培育，上述文件大手笔的投入和大气魄的改革，为光电子信息产业构筑起了“四梁八柱”。

2014年，武汉出台《加快光电子信息产业集聚发展规划纲要（2014—2020年）》，光电子信息正式成为武汉市重点打造的两大战略性新兴产业之一，获得了更集中的资源投放和全局统筹。也就是这一年，光谷总收入增速连续5年保持在30%以上，其中光电信息产业的地区生产总值贡献值占比高达2/3。武汉地区生产总值则实现首次突破万亿元，跻身中国经济板块最强方阵。

事实上，若以简单的企业“加总”和“扎堆”计算，早在2015年光谷企业总收入就已经突破万亿大关，但武汉的雄心不止于此。

2018年，武汉提出打造具有世界影响力的光电子信息万亿产业集群，加速从中国光谷走向世界光谷。

从千亿到万亿的跨越，不只是规模的增长，更是质量与效益的跃迁。这一次，武汉将如何出牌?

从扎堆到扎根，蚁群经济衍生大象效益

喻家山求学、新加坡深造、海外就业、回流武汉创业、夺得光谷国际创业大赛冠军、企业成立一年进入量产化阶段……类似年仅30岁的华中科技大学博导孙雷蒙的创业传奇，每天都在光谷上演。

万亿产业，不止于产，更在于人。回望光谷历史，以全国首家科技企业孵化器的创业精神为基因，依托武汉高校、科研院所沉淀的技术和人才资源，光谷坚持探索“自主创新+产业孵化”的道路，诞生了楚天激光、安天信息、人福医药等“草根企业”，也构建了蓬勃的内生性产业生态。

在武汉提出打造万亿光电子信息产业集群时，光谷已经是国内最大的光纤光缆生产基地、光电器件生产基地、光通信技术研发基地、激光设备生产基地、中小尺寸显示器生产和研发基地等，也汇聚了长江存储、武汉新芯、富士康、华为

海思、华星光电、天马微电子等大型企业。如何通过产业纵向和横向延伸，推动集群式增长成为新规模战的关键。

大企业固然是火车头，但光电子信息的技术密集属性，决定了那些有跳跃式发展态势的高新技术中小企业，能够成为提高集群网络创新突破能力和创新扩散效率的中坚力量。

从吸引企业“扎堆”到注重创新要素“扎根”，让蚁群经济衍生大象效益，武汉进行了多重布局。

近年来，为了激活得天独厚的智力资源，武汉大力实施“百万大学生留汉创业就业工程”“百万校友资智回汉工程”“高校科研成果转化对接工程”“海外科创人才来汉发展工程”四大资智聚汉工程，激发出人才创新创业潜能，打造“引进一个人才、带领一支团队、推动一项产业”的生态圈“磁场”。

“2020年全国直播产业规模有望达到2000亿元，斗鱼要在武汉打造全国首个直播平台产业集群，将直播产业链的上下游全部集中于武汉。”斗鱼网络科技公司政府事务部经理李晓欢说。

这家由武汉理工大学毕业生创办的互联网企业，带动数十万人就业，短短数年成长为武汉第一家创新企业，始终保持着蓬勃的创新力，其专利年申请量位居湖北省第一名。

“近三年，光谷共吸引留汉大学生32.44万人。光谷70%以上有市场竞争力的企业是本土培养的，这些都是光谷创新驱动的内生动力。”东湖高新区管委会相关负责人说。

科技创新人才的加速聚集，使得光谷成为一批互联网企业“二次创业”的首选地。小米、360、科大讯飞、小红书、尚德机构……80多家互联网企业的第二总部接连落户光谷，不断强化“芯屏网端”产业链的横向延伸，也推动武汉迈向中国互联网“第四极”。

从集群到智带，开放协作上演创新裂变

2019年11月，第十六届“中国光谷”国际光电子博览会暨论坛上，落户光谷的国家信息光电子创新中心展出了国内首款100G硅光商用芯片等一批最新创新成果。

这既是光电子信息产业共性关键技术的重大突破，也是武汉打造国内顶尖的制造业协同创新体系的重大布局。

制造业的大规模发展，与以创新为引领的高质量发展互相支撑、互为动力。只有技术带来的破壁效应，才有产业集群的全球话语权。

武汉市经信局相关负责人表示，这家全国唯一的国家级信息光电子创新中心，在体制机制方面有突破性创新，其核心股东是在细分领域国内排名前三的企业，并联合多所高校成立发展联盟，打造多元化开放创新平台。

上述负责人表示，制造业创新中心突破了行业内各创新主体在地域、组织、技术上的界限，打通了共性技术研究成果转化的“快车道”。

根据规划，武汉力争到2025年，形成3—4家国家级制造业创新中心，建设8个以上省级制造业创新中心，形成比较完善的新型制造业创新体系。

另一方面，作为全国三大智力密集区之一，武汉拥有89所高校、121家科研院所、68名院士、130多万在校大学生，如何让科研“创新花”结出经济“发展果”？

2017年，武汉成立全国第一个科技成果转化局，挂靠武汉市科技局，由专门机构、专业人员承担武汉高校和科研院所科技成果转化的统筹协调、服务对接和督促落实工作，推动科技成果转化工作进入到高度统筹、集成推进的全新阶段。

“2019年新一轮地方机构改革中，在政府部门大幅精简压缩的情况下，我们仍保留了科技成果转化局。”武汉科技成果转化局相关负责人说，该局成立两年来，成立了总额达152.18亿元的科技成果转化专项基金，举办大中小型专场活动353场，签约项目数1790项，签约金额790.62亿元，有力激活了高校科研潜力。

事实上，一幅幅从分工到共享的图景，已经表明武汉逐步从产业集群向智带生态系统跨越。这个由不同参与者共享智力资源的创新生态系统，各实体间相互联系和紧密合作，推动着创新的爆发式增长。

从草原到森林，打造万亿级产业集群，始终守在风口的武汉，正在腾飞。

样本聚焦

准90后华科博导的光谷创业路

在2018年武汉光博会上，华引芯（武汉）科技有限公司（简称“华引芯”）首发了全球可量产的最小尺寸Mini LED产品，这也意味着国内创企在高端LED芯片上取得了新进展。

尽管已经获得1500万元A轮融资，尽管研发一年就自建生产线实现量产，尽管产品已经打入知名车企供应链，华引芯董事长孙雷蒙仍觉得公司发展亟待加速。

1989年出生的孙雷蒙从华中科技大学光电信息工程专业毕业后，赴新加坡南洋理工大学拿下博士学位，随后又进入新加坡知名LED生产厂商担任研发总监。

和许多光谷创业者一样，他怀揣着“芯片报国”的梦想，返回家乡创业。事实上，相比从零开始创业，孙雷蒙若选择纯粹的学术之路会更加平坦。近几年他发表的SCI论文已经有20多篇，刚一回国就被华中科技大学物理学院聘请为副研究员，成为该校最年轻的博导之一。

但武汉的创新创业热潮击中了他。以打破国外巨头在高端LED芯片研发领域的垄断地位为目标，华引芯主攻高端LED芯片和Micro LED芯片，主攻对LED发光亮度和器件可靠性有极高要求的特殊照明或显示市场，如汽车LED光源、紫外LED光源、全光谱健康LED光源、微间距显示等领域。

2018年2月，创立刚刚几个月的华引芯获评“光谷青桐年汇年度最佳创业项目”，6月获得三家机构联合投资的600万元天使轮融资，9月获得中国创新创业大赛湖北赛区冠军，10月被评为光谷瞪羚企业，11月获得湖北省高校科技人员创新创业大赛一等奖，12月在“黄鹤杯·2018中国光谷3551国际创业大赛”中摘下一等奖，获得百万元奖金……华引芯狂飙猛进的创业元年，正是光谷在风起云涌的创时代的真实写照。

目前，华引芯的车载照明应用已成功与比亚迪、日产等国内外一线车厂展开供应合作，其全光谱健康光源已经被推广使用于武汉、贵阳、顺德、成都、柳州等多地中小学教室灯具改造项目中。

“目前高端芯片方面国产厂商的渗透率很低。我们希望用成熟、可靠性高的产品拿下更多的客户，用国产替代进口，一点点突围。”孙雷蒙说。

佛山实践

率先打造两大万亿级产业　装备制造业有望率先突围

2019年初，在佛山市委十二届七次全会上，佛山正式提出了培育装备制造、泛家居两个万亿级产业集群的目标。

“推动传统产业高级化，战略性新兴产业高端化，高新技术企业规模化。”打造万亿级产业集群，佛山市委书记鲁毅描绘了清晰的路径。

时针拨回2014年，在广东大力发展珠江西岸先进装备制造产业带的背景下，佛山印发《佛山市打造万亿规模先进装备制造业产业基地工作方案》，提出一系列鼓励装备制造业发展的具体措施。由此，佛山开始将先进装备制造业作为万亿级产业打造。

近年来，佛山坚持以智能制造为主攻方向，着力推进工业机器人在汽车制造、陶瓷建材、家用电器、电子信息、机械装备等行业领域的应用。2018年全市开展“机器换人”规模以上工业企业160家，新增应用机器人3014台。

数据显示，2018年，佛山市装备制造业完成工业增加值1426亿元，约占全市工业增加值的31.1%，约占珠西装备制造业增加值总和的51%；工作母机类制造业完成增加值350.4亿元，增长7.2%，约占珠西工作母机增加值总和的66.9%。

2018年，佛山新引进装备制造业超亿元项目80个，包括一汽-大众MEB电动汽车整车项目与MEB高压电池自制项目、碧桂园机器人谷启动区项目、新能源汽车小镇项目、大疆创新顺德技术研发和生产基地项目等。

另一方面，随着美的、碧桂园等企业进入机器人制造、新能源汽车等领域，佛山装备制造产业将迎来又一个高速发展时期。美的库卡机器人产业基地预计到2024年机器人产能达到每年7.5万台。碧桂园打造10平方公里的机器人谷，计划5年内投入至少800亿元，打造全球机器人产业高地。

佛山还将和广州协同作战。2019年5月份，广佛同城化党政联席会议明确，广佛将合作共建先进装备产业、汽车产业、新一代信息技术产业、生物医药与健康产业，加快4个万亿级产业集群建设步伐。

双方对区域创新体系搭建达成了共识。以先进装备制造产业集群为例，根据《关于广州市、佛山市合作共建先进装备制造产业集群的工作方案》，到2020年，两地将健全区域创新体系，合作打造粤港澳大湾区广佛先进装备制造产业示范区，促进广佛同城化创新协调发展。

据了解，接下来，佛山将重点提升企业创新能力，在智能装备、新能源汽车、芯片等领域创建一批省级及以上创新中心，同时大力发展智能制造，做大做强工业机器人产业，培育机器人研发制造和系统集成骨干（培育）企业，着力突破国产机器人关键核心基础零部件和整机核心技术，带动珠江西岸先进装备制造产业带建设。

佛山对标

万亿产业风口，追逐不如坚守

在《智能转型：从锈带到智带的经济奇迹》一书中，“新兴市场之父”阿格塔米尔描绘了曾经锈蚀的欧美传统工业城市，凭借智能制造和人力资源优势东山再起，成为活力四射的创新智带。

经历了从钢之城到光之城的巨变，脱胎换骨的武汉已经成为欣欣向荣的智带，肩负起代表国家参与全球光电子信息产业竞争与国际分工的重任。

万亿级产业集群，是规模优势，是龙头企业和品牌产业，是核心创新力，更是万亿级城市的新高度。

对于依托专业镇经济发家的佛山而言，“产业集群”的思维并不陌生。北滘家电、乐从家具、盐步内衣、张槎针织、南庄陶瓷……改革开放40余年来，“一镇一品”的专业镇经济推动了佛山经济起飞。专业镇对佛山经济总量的贡献率保持在80%以上，在全省排名第一。

但佛山的产业集群基本是由中小企业在市场力量驱动下、在寻找市场发展机会的过程中自发集聚形成的，虽然已经拥有了庞大的生产能力，但距离产业密度高、企业规模大、产业链完整、创新能力强的现代产业集群还有质与量的差距。这也使得佛山产业集群在规模扩张上后劲不足。

以顺德家电产业为例，其早在2007年就突破千亿元，比武汉的光电子信息产业首破千亿早了4年。但如今顺德家电即使拥有美的集团等千亿巨头，以及过百家产值超亿元的企业，总产值却已经落后后来居上的武汉光电子信息产业2000亿元。

对标武汉，对标全球先进地区，笔者认为打造万亿级产业集群，佛山需要从三个方面发力。

佛山需要打破过往专业镇依赖市场自发形成产业集群的路径依赖，实现从注重制造企业“扎堆”向注重创新要素“扎根”的转型。当前，佛山正掀起一轮村级工业园改造热潮，落后产能的退出，为新兴产业的进驻腾出了空间。

但未来产业的引进，应当考虑不能以企业在产业园内的“扎堆”建厂的标准来衡量，而要看各类创新主体和创新要素是否在整个区域内有效集聚并“扎根”，看这些企业拥有多少种核心技术、多少个知名品牌以及多少项行业标准。只有这样，创新要素才能在空间聚集的基础上产生高浓度和密度的互动。

佛山需要保持战略定力，咬定高端产业不放松。21世纪初，国内曾出现过多地参与的光谷争夺战。不下10个城市出台过发展光电产业、建设“光谷”的规划。但武汉矢志不移坚持把光电子信息产业扎实做到底，培育产业“闭环”，终于迎来了爆发期。

武汉的经验表明，从千亿产值到万亿产值的跨越式发展，靠的不是“撞”上风口，而是坚持“守”在风口。

佛山制造呼唤青春力量。风起于青蘋之末，浪成于微澜之间。当武汉已经成为新经济创业的现象级城市，当光谷三年吸引超过30万毕业生崛起“人才森林”，当斗鱼、卷皮网、安翰光电等年轻的创业公司一跃成为明星企业，佛山制造能否延续“孔雀东南飞”的辉煌，激发新时代青春力量?

万亿新赛道，期待佛山新作为。

QUANZHOU

泉州 城市名片

泉州，福建省下辖地级行政区，是福建省确定做大做强的三大中心城市之一。2019年，泉州市实现地区生产总值9946.66亿元，按可比价格计算，比2018年增长8.0%，经济总量连续21年保持福建全省第一。

改革开放以来，泉州是全国民营经济的重要发祥地、“晋江经验”的诞生地。泉州民营经济经历了从无到有、从小到大、从弱到强的过程，在发展全局中的位置越来越重要。安踏、匹克、361°、贵人鸟、利郎、劲霸、盼盼、九牧等一批全国知名企业均来自泉州。

目前，泉州全市超过八成以上的税收、八成以上的地区生产总值、九成以上的研发创新、九成以上的城镇劳动就业、九成以上的企业数量来自民营经济，呈现出“八八九九九”的特征。

特别是在泉州引以为傲的纺织服装、鞋业、石油化工、机械装备、建材家居、食品饮料等六大千亿产业集群中，除石油化工外，民营经济规上工业产值占比均超过96%。可以说，民营经济已然是泉州经济增长的主力军，是支撑泉州持续健康发展的脊梁。

这些年，泉州也通过深化民营经济综合改革试点和国家级金融服务实体经济综合改革试验区建设，创新发展“晋江经验”，啃下改革硬骨头，勇于拓展开放新空间，进一步壮大民营经济。

泉州行记 1

泉州民企崛起下的新制造密码

2019年10月底，许志华发布微博，宣布匹克一款新态极篮球鞋在原产品基础上作了进一步调整和改变。这位微博拥有290万粉丝的匹克CEO，已不是第一次发布与社交平台用户共创的新品信息。

2018年底，匹克体育发布了全新自主创新科技——智能自适应鞋中底科技匹克“态极”。搭载这一黑科技的跑鞋创造过天猫单天销量破2万双的成绩，一度被视为国产潮鞋的黑马。甚至，许志华直面社交平台网友对态极1.0跑鞋的设计、脚感的吐槽，趁热打铁推出升级版的“柔性”做法，为国产运动品牌创造了全新的营销效应。

一股新国潮席卷而过，成为中国制造业的独特风景线。坐拥国内知名鞋服品牌大半壁江山的泉州，则见证了一个个国产时装IP的崛起。

笔者走访泉州企业发现，除了匹克，安踏、特步、361°等泉州品牌不约而同以黑科技、联名款等要素，打造爆款，试图在潮流圈与年轻消费群中占据一席之地。而一些上游鞋服面料生产商，也开启了向智能穿戴设备等“流行”成品开发的跨界。

这背后，是泉州的传统优势产业掀起的一场创新变革。

击败阿迪耐克　这款国产鞋是如何做到的

匹克集团创始人许景南的办公桌上经常放着两个透明的塑料小盒子，里面装着红色材料。每当有客人来，许景南会习惯性地向客人展示这个材料的“神奇”

功效。他像捏橡皮泥一样将红色材料拉开再揉搓到一起，往桌上一扔，富有弹性的小圆球会弹跳几下。

这个材料，就是匹克2018年底推出的自主创新中底科技——匹克“态极”所应用的原材料。

这一新材料由匹克与西安理工大学历时7年联合研制。它颠覆了传统制鞋所用的EVA（乙烯-醋酸乙烯共聚物）材料性能，所具有的动态力学性能使得人们在走路、慢跑等低速运动的状态下，中底会保持柔软；而在运动状态发生变化时，这一材料最高在0.2秒内瞬间反弹的性能，让中底会随之自适应改变，带来轻便、软弹的脚感。

许景南在1989年创立匹克时，还想象不到造鞋技术会进化成怎样的“黑科技”，而这样的“独门秘籍”又能带来多少销量订单。“态极”鞋则给出了属于当下的答案。

搭载“态极”科技的首批1000双态极1.0跑鞋一经上市，51秒就销售一空。而匹克CEO许志华在社交网站上和鞋迷互动，吸收其意见，不断改进鞋设计后推

泉州民营企业加速转型升级，图为匹克研发部门（受访者供图）

出外观优化的升级版产品，让“态极”系列更加具备了潮牌爆款特质。

提到匹克，多数90后印象最深的地方在于，它曾在20世纪90年代赞助“八一”男篮，并让战神刘玉栋成为品牌代言人。而其超高的性价比，也一度是不少学生的心头好。

在那个年代，国内鞋服产业历经同质化竞争、行业洗牌，不少泉州的龙头企业也几经沉浮。昔日“鞋王”富贵鸟破产；而老牌企业安踏在经历业绩下滑后在2018年的高增长中成为中国运动品牌老大。

其中，曾经的国产一线运动品牌匹克也经历起伏、沉寂，步入过低谷。而匹克突围的核心就是全面实施科技创新战略，以黑科技立身。

匹克在厦门、泉州、广州、北京、洛杉矶均设立了研发中心。2019年5月，匹克全球新材料创新中心正式落户西安，项目首期投资1500万元。而早在2013年，匹克北京设计研发中心便引进了3D打印设备，并在2019年推出全球首款量产全3D打印运动鞋产品。

而在最新掀起的国潮下，在创新转型上探索已久的匹克，开始爆发新的潜力。

“态极”不仅受到国内潮鞋玩家的追捧，在国外也是热门款。据许景南介绍，搭载匹克“态极”科技的篮球鞋，在亚马逊上的销量超过了一些国外品牌；2019年天猫618购物节，匹克态极更一度与耐克、阿迪的爆款鞋相互交叉位居榜首。很多国外消费者也会托国内朋友购买态极鞋后寄给他们。

“中国潮的支撑，一定是科技创新和差异化的竞争力。”许景南说。

从跟跑到双向领跑　国潮背后的鞋服科技浪潮

许景南如今走进商场的心情和20多年前已经截然不同。20世纪90年代，国内商场卖得好的鞋，要不是价格贵好几倍的外国品牌，要不就是国内山寨货。许景南发现，质量过关的国产自主品牌销量反而不如前两者。如今，匹克在海外街头做过盲测，结果显示不少老外对中国国产鞋的评价更高。

“国货的人才团队、核心技术、资金、做产品所花的时间和方式方法等软硬件条件，都跟上了。原来我们跟在海外品牌后面跑，现在国产和海外品牌开始出现双向领跑了。”许景南说。

事实上，整个中国鞋服产业正在发生改变。而泉州企业则是变革的第一线。

此前泉州先后出台了纺织鞋服等18个重点产业转型升级路线图，并设立市级产业转型升级引导资金，对相关产业、重点平台及重点项目进行扶持，高效发挥资金在产业转型升级中的引导带动作用。

笔者走访多家泉州鞋服产业上下游企业发现，主打原创设计、技术创新的泉州企业正不断挖掘产品附加值，努力从传统制造型企业向科技型企业转变，进一步壮大国潮。

在位于中国鞋都晋江的安踏企业展厅，“2018年集团收益241亿元”的成绩印在入口大屏幕上，十分显眼。展厅内一双面向美国市场销售的运动鞋，价格甚至炒到了上千元。2019年安踏中期财报显示，其收益增长40.3%至148.1亿元，增

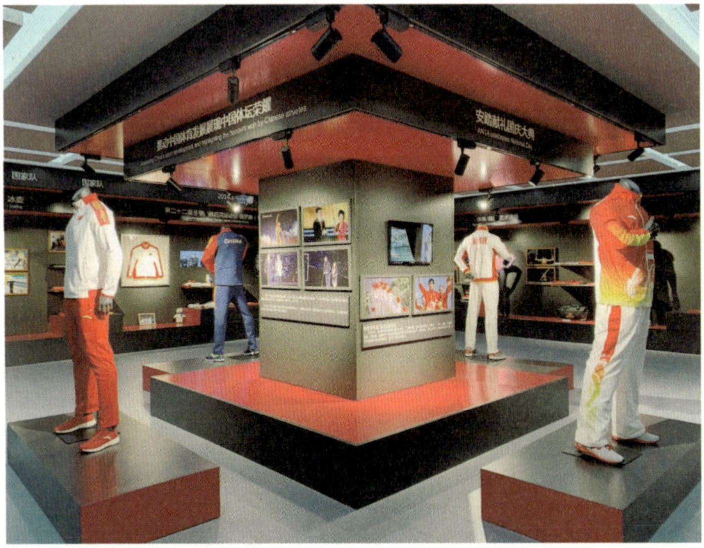

坐拥国内知名鞋服品牌大半壁江山的泉州，则见证了一个个国产时装IP的崛起，图为安踏展厅（王蓓蓓摄）

幅位居全行业首位。

业绩背后，是大量的科研投入。2018年上半年，安踏的创新研发投入占总销售成本超6%；此外它还投入上千万元资金研究可持续发展领域的技术。安踏回收了800万个矿泉水瓶，通过聚酯纺织品物理化学法，将其切割、聚合成涤纶粒子，重新纺丝，再制成衣服。这一技术打破了国外垄断，推动了环保科技创新。

在做成品的鞋服企业开拓新价值的同时，其上游供应商——一批面料企业也开始切入新型成品乃至生产设备的开发生产领域，以跨界谋划着转型。

在同处晋江的信泰集团厂区，一个新成立的大数据中心就设置在车间旁边的大楼内。信泰集团是阿迪达斯、斯凯奇、锐步、安踏、李宁等众多国内外知名运动鞋鞋面材料的供应商。一家传统的鞋面材料生产企业专门构建大数据中心大楼，这样的做法在业内并不多见。

这个中心和信泰专门成立的信息部一道，深入开发各种大数据技术服务企业的生产、运营。同时，信泰在自动化制鞋设备开发上的探索也已超过8年。

“鞋面材料的生产工艺复杂多样，我们在市场上找不到一家适合我们工艺变更的软硬件改造服务商，所以我们决定自主开发ERP（企业资源计划）系统和生产设备。未来一定属于数字驱动型的企业。”信泰集团总裁办副主任许剑飞说，转型探索下，信泰近几年的营收增长保持在20%—40%。

除了开发信息化技术，信泰的大数据中心大楼内还入驻了其新近成立的智能穿戴设备开发团队。由信泰自主研发的智能穿戴设备已进入内部测试阶段，不久即将面世，掘金更广阔的消费市场。

目前泉州正处在经济发展优结构、转方式、提质效、调动能的关键期，发展工业数字经济，推动实体经济和数字经济深度融合发展，是推动工业供给侧结构性改革、增强工业竞争优势的必由之路。下一步，泉州将着力发展产业数字化和数字产业化两方面，加快工业企业数字化升级步伐，同时继续夯实工业数字经济产业。

手记：以变革缔造制造业发展新密码

泉州与佛山有不少共同点。两座制造业大市，都传承着“敢闯敢试”的基因。如何在新的技术、产业领域果敢开拓、缔造制造业新密码？泉州的探索也给了佛山不少启示。

改革开放赋予泉州千载难逢的历史机遇；敢拼敢闯、勇于创新的精神，让历史机遇化作春雨，在泉州的土地上孕育出新的果实。在政府和企业共同努力营造的创新变革环境中，泉州的传统产业已不再“传统”，从产线到产品均向着智能化、个性化蜕变。与此同时，高新产业也正“无中生有”，芯片半导体、智能穿戴等正崛起成为泉州高质量发展的新支撑。

同时抓好传统产业与高新技术产业，创新的泉州正向外界走来。

泉州行记2

国潮爆款究竟是如何炼成的?

科技让国货正当潮。在传统产业转型升级的大背景下，中国品牌正提升自身实力，走向国际市场。

泉州企业匹克是其中的代表。20世纪90年代，“北双星，南匹克”的说法，证明着匹克在民族鞋业品牌中的地位。历经发展起伏，如今的匹克又凭借“态极”这样的黑科技，从国产鞋中杀出重围，甚至开始与国外品牌抗衡。

笔者走进匹克，深度探寻其传统产业融合新技术、融入新消费的密码。

10 小时售出 1 万双鞋

近年来，“国潮”在年轻消费群体中热度逐渐攀升。匹克作为国产运动品牌代表之一，在这股浪潮中保持了较高的竞争力，自有其心得。匹克集团董事长许景南表示，匹克立志做百年企业，打造国际品牌，就一定要有科技创新，有差异化的东西。“我们要有先进的、领先世界的竞争力，用高科技推动中国潮。”

制鞋长期以来被大家视为一种传统产业，但鞋子恰恰是人们生活中必不可少的产品。虽然中国的鞋类公司越来越多，但不少消费者仍有疑问：为何国产鞋服产业没有达到国外的品牌水平？“因为以前我们一直跟着国外跑，却没有自己的新材料和新工艺。”许景南说。

但是新时代在改变一切。许景南认为，通过几代人的努力，中国已经成为世界第二大经济体。“我们有这么多新科技，国人的信心提升了。民营企业要长期稳定发展，创新就是生命线。以匹克的‘态极’技术为例，这是一个很大的创新突破。它能实现0.2秒瞬间反弹，满足了消费者的需要。”

匹克历时32个月，完成超过200次复合发泡实验，并对超过1000双鞋中底进行测试，才推出了独家的自适应中底科技“态极”。它可以根据不同运动状态，实现自适应性缓震与回弹功能，强化运动表现。

此后，匹克又推出氢弹科技跑鞋，搭载了全新一代匹克氢弹科技，实现了弹性与轻质的融合。这款产品号称拥有“轻弹到不科学”炸裂脚感，创下过10小时售出1万双、成功跻身天猫鞋类单品销量TOP 4的纪录。

街头盲测获外国消费者肯定

随着国潮的兴起，匹克的目标客户，以及其设计、战略、供应链等方面也发生了变革。

许景南介绍，匹克的目标是要成为高科技企业，而这首先需要人的思维变化。“设计人员不要跟在洋品牌后面跑，要有自己的一套思维、研发和商业模式，甚至企业的一些架构也要变化、创新以适应新的潮流趋势。”

在许景南的儿子许志华接班之后，他很明确提出要把匹克变成高新科技企业，通过设备的更新、工艺的改进，比如自动化，来解决用工成本过高的问题。

另一方面，匹克也在创新协作方面下了不少功夫。企业会和消费者互动开发、共同开发，满足消费者的需求。目前匹克在搭建用户共创的平台。许景南表示，企业现在有自己的品牌社区，给匹克的粉丝取名“匹克丝”。

“我们会做匹克吉祥物，在社交平台上倾听消费者的反馈，然后再跟设计师进行交流。CEO也会在微博上回复消费者。”许景南说，企业内部也提倡“人人都是客服”，主动把消费者的意见跟需求融入产品，尊重用户，倾听用户的声音，他们会是企业创造一切可能的原点。

在泉州，工业设计也被放在更重要的位置，以促进企业产品的创新。泉州通过每年定期举办综合性、行业工业设计大赛，开展海峡两岸大学生工业设计工作

晋江鞋博会（泉州市委宣传部供图）

坊等活动，培育了更多优质设计人才。同时，以设计促集聚的探索下，泉州培育发展以设计信息、设计图库、设计资源对接等服务为主的服务业企业，促进工业设计获奖作品成果落地转化。

中国鞋服产业经历了漫长的发展，在许景南看来，中国制造跟国外的竞争关系以及市场地位也已经发生了变化。

“我做鞋这么多年，原来看到国外的产品比我们贵，却卖得比我们好，甚至一些山寨版也比我们卖得更好，心里五味杂陈。我想要赶超它们，但这需要很多硬件和软件的改善，包括团队、资金、时间、方式方法等。”许景南说

但是现在，许景南的心情完全不一样了。他去国外考察，看到外国品牌的鞋比国产贵，技术和质量却不一定比国产好。

他以匹克为例，表示现在匹克在国际上有很多经销商都抢着要货。在其曾经于美国街头做的一次随机调查中，匹克工作人员拿着国外品牌和匹克的鞋子，蒙住外国人的眼睛让他们试鞋，结论是匹克鞋脚感更好。

“以前我们高端的鞋子都跟在耐克、阿迪达斯后面跑，但现在可能就会出现双向领跑。虽然耐克、阿迪传统老牌的品牌影响力还存在，但是我们正在迎头赶上。”许景南说。

手记：掘金“国潮”，泉州做对了什么？

在消费升级的背景下，国潮正崛起。一批泉州品牌站在了潮头，匹克只是其中的一员。

要抓住国潮新风口，需要从产品品牌经营、外形设计到企业生产、运营、销售的一系列变革。最重要的是，企业需要创新性地将专业运动和潮流文化相结合，以此赢得挑剔的年轻人。走对了这一步，消费者也会慷慨回报这个品牌。安踏、匹克的高增长就是案例。

当然，拥抱国潮，产品的科技含量与质量还是根本。只有以科技立身、走高品质道路，企业产品才能真正立于潮流前沿。

曾经，佛山制造也一直是消费潮流的引领者。广受消费者欢迎的家电、陶瓷头部企业均位于佛山。消费升级的时代下，佛山制造如何保持潮流引领者的地位？泉州的探索可以作为佛山的参考。

深度解读

“草根”蝶变：两座民营经济大市的共振

在泉州南安石井镇，连片山头岩石裸露，石材随处可见。这里离大名鼎鼎的“世界石材之都”水头镇不远。在这片石材遍布的土地上，泉州半导体高新技术产业园的分园区正加快建设步伐。其聚焦发展的是高端半导体等高精尖型创新产业。而它引入的不少项目资源，都能填补国内相关产业空白。

泉州，一度是传统产业城市的代名词：发端于乡村工业，从“三闲”（闲房、闲资、闲置劳动力）起步，支柱产业几乎是清一色的传统轻工业。尽管连续20年稳居福建省地区生产总值第一大市的位置，但产业结构不合理、创新动能不足、研发比重过低的痼疾，一直困扰泉州。

而近两年，泉州却站上了高新技术产业与新消费潮流的风口。成为国潮领军者，迎来多个投资过百亿元的高精尖项目落户，泉州传统的产业大地上刮过蝶变的新风暴。

在距泉州700多公里的佛山，引导民营企业转型升级是其近年来最重要的中心工作之一。同样面临产业家底传统、“高新”色彩不足的难题，正在打造国家制造业创新中心的佛山也给出了自己的解题方法。

两座靠传统制造业发家的民营经济大市，其产业新动能到底从何而来？是就地升级所得，还是“无中生有”之果？管窥两座城市样本，调研组尝试解码制造业打响高新技术突围战的奥秘。

两座样本城市背后 从传统走向风口的制造业新故事

泉州晋江的大型工业园内，恒安集团的自动化车间有条不紊地运作着。数十台机器人、无人穿梭车、自动堆垛机等分布在工厂各处。这些机器设备是专门从德国、日本、意大利等国引进的，将次品率从原来的3%降到约1%，甚至推动一些环节的人工成本下降70%。

泉州企业恒安集团智能化车间（泉州市委宣传部供图）

目前恒安集团是国内最大的生活用纸和妇幼卫生用品制造商。这样一家生产现代化的龙头企业，最初却是从一个小家庭作坊式的小厂起步的。恒安过去与现在的对比，更像是泉州这座民营经济大市产业蝶变、从最传统的土地迈向最当潮风口的一个隐喻。

坐拥安踏、匹克、361°、特步、恒安等众多国内知名品牌的泉州，曾是传统工业城市的代表。改革开放后，泉州选择了以发展纺织、鞋、食品、建材等门槛低、工艺成熟的传统轻工业为主。在民营经济占大头的泉州，传统产业板块占民营企业比重超60%；其拥有的七大千亿产业集群，无一例外都是传统行业。

光是泉州的一个县级市晋江，就年产16亿双运动休闲鞋，占据国内40%的市场份额；而晋江的陈埭村更是包揽了全球70%制鞋原辅料的生产。制鞋、制衣小作坊遍布村镇，被贴上劣质低价标签的“三天鞋”流向全国，成为泉州讳莫如深的过去。

如今，传统的泉州却站上了时代的风口。

2019年9月，安踏作为国潮代表登陆纽约时装周。在“中国日”（China Day）的秀场上，安踏儿童品牌Anta Kids首次亮相，让世界目睹国产运动装对时尚的引领。近两年，安踏与美国国家航天局、可口可乐、漫威等联名推出的创新系列产品，同样叫好又叫座，收获了一票追赶潮流的粉丝。

同在2019年，匹克潮鞋“态极”Plus1.0在天猫旗舰店“双十一”6分钟销售额超2018年同期全天，1小时内单品销售额破千万元。搭载黑科技的“态极”鞋让国产潮牌在鞋迷心中有了姓名。

立在新消费主义潮头的泉州，同样也站上了新产业的风口。

泉州打造的泉州半导体高新技术产业园，成为地级市中颇具竞争力的半导体产业集聚区。它聚焦集成电路、化合物半导体和LED高科技产业，将形成涵盖半导体制造、设计、封装测试、制造设备开发、关键原材料等上下游产业链的产业集群。

同时，泉州大力抓机器换工，针对劳动力成本持续上升问题，主动对接国家实施“数控一代”工程。

立在风口、寻找新机的不只有泉州企业。

在佛山南海，周建新同时管理着一家线路板铜材生产厂和环保处理厂。周建新在2017年接棒父辈管理承安铜业时做了一个决定：改变单一产品路线，超越已见天花板的磷铜阳极领域，自主开发环保处理设备，跨界掘金环保产业。

如今，生产铜材，卖给线路板厂，为客户提供环保处理服务提取贵金属，再将其重新用于铜材生产，这使承安铜业这家传统铜材生产企业打造了新的产业闭环，并从传统行业潜入新兴产业蓝海，提取新价值。

而在广阔的佛山大地，更多勇敢探索转型的企业集结成群；一座座主打环保、氢能、机器人等高新技术产业的园区拔地而起。

从传统走向风口，“旧”产业中开“新”花，泉州和佛山是怎么做到的？

追溯蝶变之路　解好传统与高新的“冰山论”命题

高新技术产业比重低、创新发展内生动力不足的泉州，选择的是一条就地升级的道路。

“我们始终把纺织鞋服、建材家居等传统制造业当作‘传家宝’，不搞另起炉灶、产业代替，而是立足本地优势，选择符合自身条件的最佳方式，在现有产业基础上转型升级。”泉州工信局技改科副科长庄诗滢说。

如果说像匹克这样的成品鞋服龙头企业大举革新尚在意料之内，那么一些处于产业链上游更加“原始”的面料企业的转型，则多了一丝令人意想不到的果敢意味。

全球叫得出名字的鞋服品牌的供应商，大多来自泉州。福建龙峰纺织科技实业有限公司（简称“龙峰”）就是这样一家供应商。以传统面料起家的龙峰，为了从鞋服行业洗牌中突围，主动向创新端靠拢，练就自主研发以石墨烯为原料的可穿戴智能设备的“绝活”。

靠着政府补贴和企业每年不少于5000万元的技改投入，龙峰与行业上下游企业联合研发，攻克石墨烯材料转化技术。

“石墨烯是纯净的绝缘体。经过工艺改造，我们将其融入智能穿戴设备，能屏蔽电流，保护人体。这让我们的产品获得业内同行难具备的安全和环保性。”龙峰执行董事翁志涵说。

泉州的产业蝶变之路，还是一条改造提升传统产业与培育高新技术产业并重的道路。而政府的超前布局与顶层设计，发挥了至关重要的作用。

“我们一直注重处理好传统产业与高新技术产业关系的‘冰山论’，前瞻布局新旧动能转换。”庄诗滢告诉笔者，泉州政府从政策与决策层面，会有意识、有针对性地大力调存量引增量，谋划存量和增量的调整，改变以往传统产业单一支撑。

据泉州发改委营商信用科科长余菁介绍，在布局发展传统产业时，泉州就为新兴产业发展留有余地。

2016年以来，泉州先后出台了纺织鞋服、石油化工、机械装备等18个重点产业转型升级路线图。其中光电产业转型升级路线图有意识地指导该产业向半导体产业转型。这让泉州成为地级市中率先布局半导体集成电路产业的城市，一度成为外界关注焦点。

当然，这样的抢先布局也与泉州产业家底有关。“泉州的高端半导体产业发展并非‘无中生有’。”余菁说。

泉州是国内最大的对讲机生产基地，其对讲机销量占全国近八成。泉州企业宝锋电子包揽了全球大部分对讲机生产，是名副其实的隐形冠军。这些对讲机内的电路都由泉州企业自己生产。包括对讲机在内的光电产业本身具有底子，这为泉州发展半导体产业奠定了基础。

有了顶层设计和产业基础的加持，泉州开始在配套政策和载体规划上下细功夫，谋划更多空间和政策红利。

早在2016年，《晋江市集成电路产业发展规划纲要（2016—2025）》《福建（泉州）半导体产业发展规划（2016—2025）》等规划相继发布。晋江还编制了全国首份《集成电路产业优秀人才认定标准（试行）》。

泉州的政策注重落地和细节。2018年，泉州发布关于加快数字经济发展七条措施，对于集成电路设计企业购买集成电路布图设计专有权开展高端芯片研发，给予集成电路布图设计专有权购买直接费用50%的补助。

同样在推动产业新旧动能转换的佛山，和泉州的转型思路有异曲同工之处，也注重利用原有产业优势发展新兴产业，并推动新旧产业的融合。氢能产业就是一个典型。

依托深厚的汽车产业基础，佛山率先以技术创新、推广应用为重点，发展新能源汽车，尤其是以氢燃料电池汽车的相关项目为核心，致力打造涵盖整车及燃料电池、驱动电机、电控等关键零部件的新能源汽车产业及氢能产业集群。

同时，佛山建设季华实验室、仙湖实验室等省级实验室平台，与高校联合攻克氢能产业共性难题与本土应用痛点。南海更是建成全国第一个商业化运营的加氢站，并出台全国首个加氢站建设运营及氢能源车辆运行扶持办法。从基础设施到政策的配套，让佛山在破解氢能产业商业化难题上走在全国前列。

跨出舒适圈　创新闯关开辟民营经济新赛道

其实，传统产业大市壮大高新技术产业、打造新动能，关键的一点是要摆脱对发展旧产业的路径依赖。泉州的探索透露着这个信息，佛山同样如此。

佛山是全国的改革先锋，而民营经济则是佛山改革探索背后的大功臣。自从改革开放以来，佛山在发展民营经济方面积累了不少经验。无论是企业家长期练就的草根创业拼搏精神，城市注重利用和发挥市场主体活力的举措，还是正确把握政府、市场和企业关系的探索，这些都让佛山成为中国民营经济发展的样本城市。

进入高质量发展时期，以传统产业起家的佛山民营经济也在主动跳出舒适圈，并摆脱产业传统、动力不足带来的限制，在产业的创新驱动上寻求更大突破。

创新突围从高目标开始。佛山提出打造面向全球的国家制造业创新中心，并重视填补基础研究上的空缺，攻坚“卡脖子”问题。抓住建设季华实验室的重大机遇，佛山努力推动其成为国家实验室“预备队”的重要一员，针对佛山乃至广东、全国的民企需求进行重大创新。

2018年，季华实验室主体工程动工，引进新加坡半导体仪器等研发团队，并先后自主启动了三批共16个“顶天立地”科研项目。

创新闯关逐渐深入。2019年5月，佛山市政府一号文《佛山市全面建设国家创新型城市促进科技创新推动高质量发展若干政策措施》发布。文件聚焦科技创新，更提出了建立市财政科研资金跨境港澳使用机制等新政策。

而在一片已经充分发展多年的传统产业土地上，佛山还为民营经济培育新动能创造了新空间。

此前，佛山启动建设三龙湾高端创新集聚区。2019年佛山政府工作报告提出，加快布局高端高新产业，努力将三龙湾建设成为引领创新发展的重大引擎；同时，佛山实施“一环创新圈”战略规划，构建“一核五平台多节点”创新体系，对接广深港澳科技创新走廊。

南海、顺德分别获批广东省城乡融合发展改革创新实验区、广东省高质量发展体制机制改革创新实验区，探索释放更多土地和政策利好，从更高的区域层面向改革和发展要民营经济转型空间。

而民营经济主体——一批佛山企业也以既有主业为基础，进行一定程度的关联技术和关联市场的多元化，以“多次创业”开启自我革新。

家电龙头企业美的并购德国机器人巨头库卡，从造家电跨入造机器人领域，谋划着创新跃迁。此后，美的与库卡在顺德建设智能制造科技园，累计投资约5亿元人民币。截至2019年8月1日，科技园出售机器人300台，产值达到3000万元。

同为佛山民企巨头，碧桂园2018年宣布投资800亿元打造机器人谷，尽显其跨界做全球最大机器人企业的雄心。碧桂园还斥重金开启“博士战略”，大规模招揽博士。

主动挖掘新空间和动能解转型命题，佛山民营经济正在新赛道上努力奔跑。

样本聚焦

让传统产业变得不传统

泉州晋江，信泰集团厂区，一个新成立的大数据中心就设置在车间旁边的大楼内。这座大楼是信泰这家传统面料龙头企业开启大数据服务的心脏。

在位于佛山顺德的格兰仕工厂内，多台自动化装配、检测机器等三五成堆地摆放着。这些自动化设备均由格兰仕一线工人自主研发生产。2019年，格兰仕更是发布了其首款自主研发芯片。

民营经济的转型升级，离不开其主体——民营企业，尤其是龙头民企的探索。在泉州和佛山这两座民营经济大市，龙头企业发挥着发展探路人的作用，而从其探索中也能窥见民营经济转型升级的最新趋势。

老牌传统企业纷纷掘金数字经济

一家传统的鞋面材料生产企业专门构建大数据中心大楼，这样的做法在业内并不多见。而信泰集团恰恰就做了这件事。

信泰集团是阿迪达斯、斯凯奇、锐步、安踏、李宁等众多国内外知名运动鞋鞋面材料的供应商。这样一家深耕传统产业的企业，却开始跨界掘金数字经济，推动着“不传统”的创新转型。

其成立的大数据中心和原本的信息部一道，深入开发各种大数据技术服务。这些产品技术既用在信泰自身的面料生产和企业运营中，也会卖给同行开启盈利新渠道。信泰集团总裁办副主任许剑飞说，转型探索下，信泰近几年的营收增长保持在20%—40%。

目前，泉州抓紧实施恒安集团、九牧厨卫、阳光中科、兴业皮革、百凯经编等国家级智能制造新模式项目，带动纺织鞋服、建材家居、光电信息等产业推广应用离散型智能制造、流程型智能制造、网络协同制造、远程运维服务等新模式。

同时，泉州发挥恒安、九牧、海天、柒牌、华宇等国家级智能制造示范企业引领作用，以点带面，带动全行业加快智能化转型步伐。

同样在创新上取得突破的，还有佛山制造。以佛山家电龙头企业格兰仕为例，2019年下半年，格兰仕发布了其与芯片企业SiFive China合作研发的首款物联网家电芯片“BF-细滘”。据介绍，格兰仕计划将芯片、边缘技术、无线电力三者融为一体，打造物联网技术解决方案。

曾被称为“价格杀手”的格兰仕，通过不断延伸自己的产业创新链条，演示着从一家劳动密集型企业到科技型企业的蝶变。

步步为营的创新跃迁探索

这些企业的华丽蝶变并非一夕之功。率先谋划、提前做好技术储备，并且扩大创新协作，是必须修炼的功课。

在进军大数据领域前，信泰在自动化制鞋设备开发上的探索也已超过8年。

“鞋面材料的生产工艺复杂多样，我们在市场上找不到一家适合我们工艺变更的软硬件改造服务商。所以我们决定自主开发ERP系统和生产设备。未来一定属于数字驱动型的企业。”许剑飞说。

除了开发信息化技术，信泰的大数据中心大楼内还入驻了其新近成立的智能穿戴设备开发团队。由信泰自主研发的智能穿戴设备已进入内部测试阶段，计划在2020年面市，掘金更广阔的消费市场。

另一家泉州面料企业龙峰纺织，则在2009年就开始探索智能化，并投资

泉州一向有着“民营经济大市”的称号，图为泉州一家纺织服装工厂（泉州市委宣传部供图）

近20亿元建立智能纺织科技园。在业内都对穿综机不抱投资意愿的情况下，龙峰纺织却大胆和瑞士企业合作改进自动化穿综机，大大提高生产效率，吸引大量同行前来取经。

2013年以来，泉州每年投入500亿元以上，已有45%的规上企业参与数控化、智能化改造，已建成数字化生产线675条，纺织鞋服、建材家居全员劳动生产率分别提升58%、76%。

同时，泉州针对人才技术历史积累不足问题，采取“一院一策”引进中科院、华中科大、哈工大等国内高校、科研院所来泉州设立新型研发机构40多家，集聚固定研发人员2600多名，直接抓生产线工艺技术转化、联合攻关。

与两家泉州企业的步步为营相类似，格兰仕在从造微波炉挺入造芯片前，就开始了发动内部员工造机器的长期探索。

“格兰仕大致经历了3个发展阶段，从外购自动化设备学习使用阶段到改造瓶颈工序和工装技改阶段，再到独立研制自动化设备、完成自动化革新的阶段。”格兰仕集团车间主任熊智康说。

熊智康曾带领团队研发出行业领先的罩极电机和转盘电机自动化生产线。这一自动化设备曾被业内视为硬骨头。近年来，格兰仕还在智能家电解决方案开发上持续钻研，这些都为其向智能化、数字化的创新跨越提供了基础。

佛山实践

建平台瞄准行业痛点　促民企抱团创新发展

随着民营经济转型升级步入关键期，助力民企创新发展的举措也在经历着更迭和提升。在佛山，政企联合搭建平台促更多民企，尤其是中小型民营企业抱团发展，成为新的探索。

2016年，东鹏陶瓷、新明珠陶瓷等多家佛山陶瓷界“大佬”共同建立众陶联。它以“陶瓷产业+互联网”为主要运营模式，从整合供应链切入，摊薄成本压力，并服务于佛山陶瓷行业的转型升级。截至2019年底，该平台为佛山陶瓷业降低成本达数亿元。

在政府的引导和支持下，众陶联还在行业标准建立方面不断探索。众陶联平台已制定出原材料的检测和抽样标准36项，并梳理了108种常用原材料物料标准，发布了11项团体标准。2018年，众陶联获批国家级服务业标准化试点项目。

2019年，众陶联家居材料社交新零售全国首站启动，全面开启供销平台建设新路径，迈入“社群共享新零售”时代。

而新的转型服务还在继续。2019年，众陶联智造研究院成立，将进一步解决佛山陶瓷企业转型共性痛点。研究院将在试点企业完成数据采集、数据传输“上云”，以优化企业生产场景，并利用人工智能等新技术提升其“智造”能力。

佛山对标

找到佛山民营经济转型升级的钥匙

观察泉州，就像是在审视另一个镜像里的佛山。

无论是从过去的渊源，还是从当下的发展来看，泉州和佛山都有着相似的轨迹。

改革开放后，泉州模式与以南海模式、顺德模式为代表的珠江三角洲模式一道，成为中国地方经济发展的杰出代表。甚至，两种模式在内涵上都有不少共通之处，包括发达的集群经济、特色的县域经济等。

更为重要的是，两座城市均拥有最具中国特色的发展筹码：中国实体经济发展的“活标本”，民营企业成长壮大的“活化石”。

当然，“危”与“机”并行。民营经济为主的特征让两座城市充满活力，但其主要市场主体——民企容易受市场风险、政策影响，面临发展压力。尤其近两年，关于民企的困惑不断涌现，让两座民营经济大市站在了风口浪尖。

好在，泉州和佛山都祭出了自己的转型“绝招”。

泉州靠打好民企的集中度和品牌化之战，通过政企互动，引导其支柱型的鞋服产业在同质化、低端化触发的鞋服业洗牌中，坚挺突围，涨势迅猛。在果敢的魄力和前瞻的布局中，这样一座传统产业大市还开辟出芯片等高新技术产业的崛起路径。

佛山则坚守着政府高效率服务的优势，充分尊重市场规律，为企业发展营造了亲商的政策体系与公平的营商环境，使得内外资企业公平竞争。这让其经济增长从2008年金融危机以来一如既往的稳健。

民营经济发展的双城探索，也是殊途同归：聚焦民企，可谓找到了破解区域经济突围难题的那把“对的钥匙”；而只要引导民企坚守主业、营造公平竞争的市场环境，民营经济将韧性依旧，大有可为。

当然，泉州对佛山民营经济转型升级仍具有很强的启示，尤其是如何在传统的产业土壤中开出新产业的花。

首先是以超前的顶层设计，率先抢占发展制高点。泉州发展集成电路半导体产业，是有扎实的政策、载体规划的，包括大手笔建产业园，发布全国首份《集成电路产业优秀人才认定标准（试行）》。

对于佛山来说，利用时间差提前布局新产业，率先建立创新、系统、针对性强的政策体系，也不失为一个好策略。

另外，处理好传统产业与高新技术产业关系，前瞻布局新旧动能转换。泉州是著名的“晋江经验”诞生地，晋江经验包括“处理好五大关系”，其中一条就是要处理好传统产业与高新技术产业关系，这也是泉州长期以来的一条发展主线。

对于泉州来说，新兴产业是冰山露出水面的部分，而传统产业则是冰山藏在水面下那更为庞大的基础部分。这样的“冰山论”指导泉州将做优存量与做好增量做深做细做到极致。它对半导体、智能穿戴产业的规划发展，无不如是。

新旧动能转换到底如何做？对于像佛山这样靠传统制造业起家的城市来说，要在以长远的眼光规划就地升级的同时，为未来产业留有余地，营造一个新旧产业互动的良性空间。这是其民营经济破题的关键切入点。

NANTONG

南通 城市名片

南通，位于中国东部海岸线与长江交会处，长江入海口北翼，与上海市隔江相望，是江苏唯一同时拥有沿江沿海深水岸线的城市。陆域面积8001平方千米，属长江三角洲冲积平原，亚热带季风气候。2019年，南通实现地区生产总值9383.5亿元，比上年增长6.2%。

2016年，南通确定了“3+3+N”的产业发展方向：第一个“3”，是高端纺织、船舶海工、电子信息三大重点支柱产业；第二个“3”，是智能装备、新材料、新能源和新能源汽车三大重点新兴产业；“N”是指符合产业发展导向、有利于发挥自身优势的若干产业。一张事关南通长远发展、引领产业转型升级的蓝图逐渐清晰。

在确定发展方向的同时，南通市积极贯彻落实“质量强市”战略，坚持“崇信致先，强企惠民”的南通城市质量精神，以供给侧结构性改革为中心，以实现南通高质量发展为目标，大力开展质量提升活动。从全国首创首席质量官制度，再到在全国开创首个质量合作社，南通既拉升企业“质量高线”，又守住企业“质量底线”，品质提升工作已渗透至行业肌理。质量提升助力“南通创造”“南通质量”“南通品牌”向纵深发展。

南通“质量强市”的一系列工作，在对南通产业转型升级和高质量发展起到了积极促进作用的同时，也为全国质量提升工作贡献了“南通经验”。

南通行记 1

小小家纺用品带来千亿级产业集群

每天下午4时，江苏省南通家纺城所有道路都会变得水泄不通，来自各大快递公司的小哥们会从四面八方来到这里，接收商户需要寄送的大量包裹。

江苏省南通市是全国轻纺工业的发源地之一。目前，南通纺织产业产值超过2000亿元，全国家纺电商交易中50%的卖家、70%的发货量来自南通。南通家纺指数已成为全国家用纺织品产业重要“风向标”。

南通家纺城正是南通家纺生产、交易的聚集地之一。3000多家家纺企业、1

作为南通家纺生产、交易的集聚地之一，南通家纺城拥有3000多家家纺企业，年成交额超700亿元（南通家纺城供图）

万余家商户、40多万从业人员，年成交额超700亿元……车水马龙的繁忙景象是南通家纺城的常态。如今，南通家纺城正朝着高端纺织产业目标快步迈进，进一步向设计数字化、生产标准化、产品生态化方向提升。

告别传统发展模式，从“数量经济”升级到“品质经济”，南通家纺城走过了一条外人难以想象的“品质革命”之路。

每年开发新花型 3 万余款

南通家纺城是全国家纺产业的集聚中心之一，其周边形成了棉、毛、麻、丝、化纤“五纺齐全”，纺织、染整、成品前后工序配套成龙的体系，产品主要为“巾、床、厨、帘”等10大类，10多个乡镇被裹进了这一产业，从业人员40多万，一年成交量超过700亿元，形成了集聚效应。

江苏金太阳纺织科技有限公司（简称“金太阳”）是一家以家纺面料的设计研发、销售、服务为一体的高新技术企业，“品质”是它发展的核心。这家企业的发展见证了南通家纺城从“数量经济”升级到“品质经济”的历史。

1996年，台湾林氏兄弟带着100多款已注册的花型来到南通家纺城的前身——志浩市场，一个月就成交几千万元。没有版权意识的当地人竞相模仿。原来，处于发展初期的南通家纺城，市场秩序较为混乱，一个新的花型出来后马上就有人仿造，质量参差不齐的假冒伪劣产品层出不穷，知识产权亟待保护。

林氏兄弟的遭遇引起了国家版权局和各级政府的重视。第二年，志浩知识版权管理办公室就成立了。“保护企业的知识产权是保证产品品质提升的关键一步。”南通市通州区家纺知识产权快速维权中心副主任蒋跃说。

“金太阳事件”成为南通家纺城第一次转型的推手，南通家纺业掀起了一次轰轰烈烈的“品质革命”。

2008年，全国第一家知识产权巡回法庭在这里成立，并开通了“版权保护110”，公开作出1小时证据保全承诺；2013年1月，经国家知识产权局批准，通州成立全国第二家快速维权中心，与国家知识产权局联网对外开展家纺外观专利快速申请和维权服务，实现线上维权3天处理结案，线下维权15分钟到场取证，1周内处理结案的快速维权反应机制。

蒋跃说，这些都一定程度上打击了违法抄袭产品设计的行为，维护了企业的原创设计和知识产权。在如此环境下，企业依靠抄袭、仿冒已无法站稳脚跟，稳定的市场秩序倒逼了原本不思进取，对畅销花型“伸手就拿”的企业开始专注于原创，专注于品质的提升。

金太阳也得以安心发展。截至2019年底，金太阳在全国家纺行业中率先成立概念家纺设计工作室，成立行业首家全功能家纺设计研究院。2013年还被国家工信部认定为全国首批“国家级工业设计中心”。每年开发具有自主知识产权的家纺面料产品上千款，为300多家品牌商提供设计服务，间接推动品牌家纺企业销售总额超过200亿元。

不仅仅是金太阳，截至2019年底，南通家纺城拥有300多家研发设计单位，每年开发新花型3万余款，实现了家纺产业从单纯的面料生产、成品制造，向集研发设计、品牌保护、现代营销于一体的转变，使得家纺设计这一产业链中最关键环节成为南通家纺业品质提升的保障。

每日 150 万个包裹发向全球

下午2时，南通家纺城内的街道熙熙攘攘，不少运载货物的快递车来回穿梭于工厂与门店之间。但这还不是最热闹的时候。当地人高叶辉介绍，每天下午4时以后才是家纺城内最“堵”的时候，那时候是快递的揽件时间，全国数得上号的快递公司都会同时出动，把货物输送至全国甚至全世界。每天有150万个包裹从这里发向全球。

“我们的产品质量让客户愿意选择我们。”绒汇良品老板赵朋自豪地说。如今，对产品质量近乎“偏执”的追求，已成为南通家纺城辐射全国甚至走向世界的关键要素。

除了设计，南通家纺城企业还从原材料开始，把控产品质量。“我们能够掌

江苏蓝丝羽家用纺织品有限公司的智能化生产车间（羊建溶摄）

控上游产业链。”绒汇良品专做羽绒被产品，赵朋说，他们建立了配套的原材料生产企业，收绒、洗绒等前端环节都做到可控，能最大限度地提升产品质量。

高品质的产品使得赵朋占据了很大的市场优势。经过4年多发展，公司不仅已经打响了自主品牌，还开发出一系列在全球羽绒被产品中都数一数二的高端产品，受到市场的追捧，2018年绒汇良品实现销售额1.3亿元。

和绒汇良品一样为了转型厉兵秣马的企业数不胜数。在江苏蓝丝羽家用纺织品有限公司（简称“蓝丝羽”），供应商提供的原材料须有第三方检测机构的检测报告，“进门”之后，蓝丝羽也有检测环节，如材料与报告出现不符，蓝丝羽将拒收。

与此同时，南通家纺城内的企业还在制造端想办法提升产品品质。在老裁缝家纺，该公司全面推进了智能化改造。走进老裁缝的生产车间，映入眼帘的是一条条吊挂在生产线上的被子，按照电脑里的预先设定，被子到目的车台就停下，经负责该道工序的员工作业后，再“流”到另一道工序车台。

老裁缝家纺副总李晓雷说，智能化生产不仅让效率提升，更重要的是使得产品品质进一步提高。“产品质量就是每天这里被全球买家垂青的原因。”

电商对南通家纺城产品的质量和价格体系冲击很大，倒逼南通家纺城发展高端家纺、创业设计、电子商务和智慧物流。南通家纺城高端家纺首先就是采用智能化生产，部分企业共改造40个智能车间，大大提高了生产效率和产品质量。

面对电商的压力，南通家纺城主动拥抱网络。蔚澜家具销售总监说，2015年，政府在原本萧条的二期区域内倾力打造微供市场。不到4年，入驻商家超550家，成为全国闻名的微供市场。

通过从线下经营向线上进军，电商、微商迅猛发展起来，在南通家纺城每天发出的包裹量由当初的25万件上升到2019年的150万件。南通家纺在畅销全国的同时远销美、法、英、德、日、东南亚和非洲等100多个国家和地区。

手记：“质造匠心”引领动能集聚

中国制造版图上，南通与广东各地都有着相似的“成长”经历，都是从轻工业起家。如今，南通与广东制造都直指“品质革命”，以期在全球制造业竞赛中争得先机。

南通不仅继续保持原有轻工业的优势，还正在积极推动市内企业成为世界级企业的供应商，利用外部力量倒逼企业提升品质。在政府的支持下，企业也积极向世界级企业靠拢，坚持服务于全球最好的企业，全面对标全球最高品质，最终实现企业品质的提升。

当然这并不是南通的独有属性。进入世界级企业的供应链，也是广东企业默默在做的事情。来自中南铝车的小小轮毂，相继走进了美国哈雷、英国凯旋、日本雅马哈等摩托车的生产车间；广东星联静密的包装瓶模具常年被应用在可口可乐等全球600多家饮料企业的产品中；作为国内清障车第一企业，粤海公司征服了挑剔的日本市场。

南通行记2

首创质量合作社搭建品质联盟

“责任是质量的保证，质量是品牌的生命”……在江苏省南通市不同企业的生产车间中，总能看到关于品质的各式标语。虽然说法有所不同，但这些标语无一不在强调狠抓质量意识、提升产品质量。在南通，企业无不以质量为生命，并以此抢占全球市场。

这背后离不开南通市场监督管理局（简称“南通市监局”）作为“品质革命”的最强大脑牵头建立多项创新政策给予的助力。从在全国首创首席质量官制度再到在全国开创首个质量合作社，南通既拉升企业“质量高线”，又守住企业“质量底线“，品质提升工作已渗透到了行业的肌理。

首创首席质量官制度

从2012年开始，中国选择在部分大中型企业中率先试行首席质量官制度，在企业管理绩效考核中，试点推行质量安全“一票否决”，将推行首席质量官制度作为建立企业质量安全控制关键岗位责任制的重要内容之一。

首席质量官制度已经在全国全面推广开来，该项制度对中国制造的品质提升起到了举足轻重的作用。

事实上，这项在中国制造“品质革命”中有着深远影响的制度首创于南通。南通市监局质量发展处处长周鸣镝介绍，2009年，南通在全国首创首席质量官制度。首席质量官的设立，在于传播先进的质量理念、知识、技术、方法和文化，有助于从根本上引导企业自觉转变绩效考评模式，带动和引领中小企业提升核心竞争力。

为了让调研组更深刻了解这项制度的作用，南通市监局工作人员带着调研组来到紫罗兰家纺科技股份有限公司（简称“紫罗兰”），这是南通比较早推行首席质量官制度的企业之一。

“首席质量官说‘可以’，老板可以反驳说‘不可以’，可一旦首席质量官说了‘不可以’，那么就连老板也不能说‘可以’。”紫罗兰首席质量官、副总经理刘金抗表示，企业老板对首席质量官的工作非常支持，产品质量的判断首先取决于首席质量官，就算是老板自己有意见，他也会服从首席质量官。

这一制度的实施不仅使得紫罗兰的产品质量噌噌地上涨，也让紫罗兰在行业当中的地位日益提高，销售也得到快速增长。看到紫罗兰等企业实施首席质量官制度后的变化，南通其他企业也纷纷效仿。截至2019年11月，南通首席质量官人数已朝着6000稳步推进，有力地推动了南通企业产品品质的提升。

巨大的权力也带给首席质量官巨大的压力。从原材料的入库到成品的出库，每一个环节的质量把关都需要首席质量官经手，这让首席质量官们着实有些头疼。

于是在政府的首席质量官制度之外，南通企业自发探索更适宜企业需求的首席质量官制度。

在紫罗兰，刘金抗和其他负责质量的同事一度很苦恼。再三考虑之后，刘金抗和同事决定尝试建立质量管理流程，将企业每一名员工都纳入到质量管理体系中去。

他认为，公司不是需要一个人管质量，自己也管不了那么多质量，他的作用是建立流程、体系，建立好的质量意识，让大家自己管自己。

“经过几年的试运行，在紫罗兰，除了实际意义上的首席质量官之外，质量思维也已经在企业全体人员中开花结果，人人皆有质量管理。”刘金抗说。

人人都是首席质量官的紫罗兰不仅成功成为南通全市唯一一家获得了南通市市长质量奖的纺织企业，也是江苏全省唯一一家获得江苏省省长质量奖（优秀奖）的家纺企业。目前，紫罗兰的经验也正在向南通其他企业进行推广。

质量合作社解品质难题

继首席质量官制度的探索之后，南通继续开展对企业的帮扶。他们看到了小微企业和个体工商户群体的新需求。这些企业发展参差不齐，产品和服务质量问题频现，市场秩序亟须整治维护。它们要实现转型升级、迈向中高端，需要一个有力的抓手和突破口。

针对这一现状，南通市监局牵头在家纺行业当中推进“质量合作社”管理模式试点。自南通市首个质量合作社于2017年9月在其下辖的海门市成立起，质量合作社已逐步成为南通一批小微企业产品质量提升的“联盟”。

周鸣镝说，首个质量合作社由当地管委会、市场监督管理部门、高等院校、检验检测机构、协会组织、品牌企业发起，发布《质量合作社公约》，签署“质量承诺”，印发《社员手册》，采用统一实施产品检验检测、统一产品标准和标识、统一建立首席质量官、统一品牌发展建设、统一建立质量信用、统一执法监督于一体的“六统一”质量提升方法，规范个体工商户生产经营行为，培育个体工商户转变为规范经营企业，推动产业质量提升、转型升级，促进产业健康快速发展。

南通悦瑟家居用品有限公司（简称“悦瑟家居”）便是“受惠者”之一。“加入质量合作社之前，很多质量方面的知识我们都不懂。”悦瑟家居负责人徐在禄说，那时候企业根本就不知道怎么去提升产品质量。

徐在禄说，质量合作社为企业提供免费检测基金，建立对产品品质的团体标准或联盟标准，提供免费质量知识技能培训，设置监督专员执法维护，提供品牌企业输出管理服务，为企业提供交流学习机会，“让我们知道了作为一家企业应该要有怎样的产品质量体系”。

同时，对于加入了质量合作社的企业，南通市监局还会组建领导专家团队定期到企业进行一对一的专项调研，了解企业生产状况。“原本我们企业就是一心

在全员建立品质意识的同时，南通还积极推动企业从源头控制产品品质，图为南通家纺城（南通家纺城供图）

埋头于生产，但他们来了以后就会给我们指明整一个质量提升的方向和目标。”徐在禄说。

质量合作社内除了政府对企业的帮助之外，企业互相之间也有交流和借鉴。据徐在禄介绍，每隔一段时间，质量合作社就会组织各企业代表参与座谈，企业间共同分享产品质量提升的“用药”经验。

“这样一来就从‘点’到‘面’拉动了企业产品的质量提升，企业间的‘抱团取暖’和‘资源共享’也成为可能。”徐在禄说。

截至2019年11月，南通质量合作社试点，已为部分个体工商户、小微企业发展提供了良好市场环境，已吸纳300多家小微企业、个体工商户，推动个转企235家，新增产值12.5亿元，增加就业4200多人。

周鸣镝介绍，接下来，南通还将在全市范围内推广该项试点，让更多的个体工商户、小微企业得到帮扶。

手记：“内外兼修”赋能南通品质革命

从在全国首创首席质量官制度再到在全国开创首个质量合作社，南通品质革命对区域内企业进行了全覆盖。

如果将南通制造比作一个武林高手，他可谓是内外兼修。改革开放以来，中国经济日益融入全球化进程，独特的劳动力成本优势使物美价廉的“中国制造”产品占领了全球市场，把“世界工厂”的桂冠戴在了中国头上，但是长期以来也给世界造成了中国制造“低价格、低品位”的印象。南通制造却通过品质革命，加强创新，推进供给侧改革，使得南通“外功”了得。

外练筋骨皮，内练一口气。南通的“内功”也很给力。南通创新设立了党委领导的质量提升多联机制，构建“党委领导、政府主导、部门联动、企业主责、社会参与”质量工作新格局，为质量发展和提升工作提供制度保障；同时将“质量管理、品牌培育、标准制定、模式创新、平台保障、监督评价”6个工作层面有机统一，推动质量发展和提升工作深入开展，取得实效。

深度解读

品质革命：两座制造业大市的匠心坚守

2019年11月，江苏已有一丝寒意，走进鑫缘茧丝绸集团股份有限公司，让人感触最多的就是“质量”二字，该公司通过创建全国茧丝绸服饰家纺产业知名品牌示范区，建立整合了质量、环境、测量、安全生产、知识产权、物价诚信等标准体系，直接推动了公司销售收入稳定增长。

千里之外的佛山此时仍是酷热难耐，在联邦家私创新工业园内，联邦家私质量管理部总经理郝得锋和检测中心的同事们正在对家具材料进行检测，只有他们认证过的材料才能投入生产，以保证产品品质。

在中国制造版图上，南通与佛山都有着相似的成长经历。南通以轻纺工业起家，佛山以家具、家电等起家，都是制造与人最接近的产品。如今，南通与佛山制造都直指品质革命，以此在全球制造业竞赛中，立于不败之地。

从小产品到大装备，南通与佛山，正在全力从“数量经济”升级到“品质经济”，一场品质革命浪潮正在两地掀起。

传统制造业城市应该如何走好品质革命之路，推动实现高质量发展？南通与佛山的探索仍在路上。

自上而下　从市长到员工都是首席质量官

让鑫缘茧丝绸集团股份有限公司全体员工自豪的是，他们先后荣获南通市市长质量奖、全国纺织行业质量奖，科研成果获国家科技进步二等奖。在南通，市长被认为是全市企业的首席质量官。

通过“品质革命”，南通产业正在从产业链低端转型价值链高端，图为南通家纺城（南通家纺城供图）

2009年，南通市设立“市长质量奖”，以表彰在质量管理和经营绩效上取得突出成绩的企业，推进全市质量进步。从2009年设立以来，共评出31家市长质量奖企业，其中部分获奖企业已成为江苏全省乃至全国质量管理的标杆。截至2019年，已有两家获中国质量奖提名奖，已有6家获江苏省质量奖，南通在江苏省质量奖获奖企业数上位居全省第一。在市长这个首席质量官的引领下，南通品质革命之路愈发坚定。

在市长质量奖的引领下，南通市广大企业新创了一批先进的质量管理方法，赢得了一批技术标准的话语权，抢占了科技进步的制高点。南通全市获奖企业先后参与100多项国家和行业标准的制修订，形成一批专利技术和产品，承担一批国家火炬计划、863计划项目，多项技术成果获国家科技进步奖项。

在市长指导下，南通市市场监督管理局作为南通品质革命的最强大脑，牵头建立多项创新政策。从在全国首创首席质量官制度，再到在全国开创首个质量合作社，南通既拉升企业“质量高线”，又守住企业“质量底线”，品质提升工作已渗透到了行业的肌理。

尤其是在全国首创的质量合作社，关注小微企业和个体工商户群体的新需求。近年来，南通市监局牵头在家纺行业当中推进质量合作社管理机制试点。南通市监局质量发展处处长周鸣镝说，质量合作社由当地管委会、市场监督管理部门、高等院校等发起，采用统一实施产品检验检测、统一产品标准和标识、统一建立首席质量官、统一品牌发展建设、统一建立质量信用、统一执法监督于一体的“六统一”质量提升方法，推动产业质量提升、转型升级，促进产业健康快速发展。

十年持续深耕首席质量官制度，为南通成为首批全国质量强市示范城市打下了坚实基础。在南通，已经上规模的企业，已不满足于只设置一个首席质量官。“现在企业里人人都是首席质量官。”一位企业家直言。

“质量第一”的理念已经贯穿于南通企业的经营过程，全市产品质量监督抽查合格率比2009年提高了3.61个百分点；各层次500多家企业获评“现场管理良好行业企业”“质量标兵企业”和“市长质量奖企业”；南通市企业主导起草国际、国家、行业标准1180多个，承担20多个国家、省标准化试点项目，位列全省第一。

南通的企业纷纷建立全流程的质量管理体系，将企业每一名员工都纳入到质量管理体系中去。

在南通不少企业里，除了实际意义上的首席质量官，质量思维已经在企业全体人员中开花结果，人人皆有质量管理。

选择客户　推动企业进入世界级供应链

在全员建立品质意识的同时，南通还积极推动企业从源头控制产品品质。

新江海动力是中国铝电解电容器行业的领先者。为了提升产品品质，该企业首先将关键原材料牢牢控制在手中，主动和行业内的世界级企业——日本日立公司在内蒙古成立了合资公司，在双方共享关键原材料的同时，吸收对方的技术及经验，提升产品品质。

“从源头便开始做产品品质，让我们的客户愿意选择我们。”绒汇良品老板赵朋自豪地说。对产品质量近乎“偏执”的追求，已成为南通家纺城辐射全国甚至走向世界的关键要素。

绒汇良品专做羽绒被产品，“我们能够掌控上游产业链。”赵朋说，他们建立了配套的原材料生产企业，收绒、洗绒等前端环节都做到可控，能最大限度地提升产品质量。

高品质的产品使得赵朋占据了很大的市场优势。经过4年多发展，公司不仅已打响了自主品牌，还开发出一系列在全球羽绒被产品中都数一数二的高端产品，受到市场的追捧，2018年绒汇良品实现销售额1.3亿元。

与新江海动力及绒汇良品一样为了品质厉兵秣马的企业数不胜数。蔚澜家居也是一家奇葩。这家家纺企业并不做品牌，只是专心做产品。该公司销售总监张家纬说，企业拥有自己的原材料生产企业，再加上拥有强大的产品开发设计能力，2018年，公司销售额近亿元，来公司提货的，都是线上销售，看中了这家企业的品质。

品质的提升，让南通人有底气与世界级企业谈生意。

如今，新江海动力与某全球知名电容器生产商合资成立南通海美电子有限公司。该公司副总经理郑军说，与国际知名公司合作，一方面是进入世界级的供应链，另一方面也是学习国外先进经验，提升企业品质与竞争力。

与此同时，为提升产品品质，新江海动力不仅对供应商挑剔，对客户也很挑剔。郑军说，新江海动力不以价格战挑选劣质客户，而是寻找优质客户，以优质客户的高标准鞭策自己，与客户一起成长。新江海动力从一开始的定位，就是给全世界前十的企业做配套，坚持服务于全球最好的企业。

丽智电子（南通）有限公司生产的产品是手机必不可少的元件。经过多年发展，这家企业已是华为等众多国内外手机巨头的供应商，其精细的质量检测流程，让供应商都提出“没有必要”，但丽智电子仍坚持要做。“我们的产品只要能过得了出厂检测，那到哪里都可以过关。”丽智电子质检负责人说。

在郑军看来，“只有与最好的客户打交道，企业才知道自己差在哪里，需要做什么提升。可能他们的要求确实比较高，但只要能通过他们的考验，我们的产品品质、企业品质就能够得到巨大提升”。

在南通，经过一系列的品质革命，作为南通产业基础的轻纺产业、船舶海工产业正在稳步向价值链中高端转型；另一方面，南通紧抓新能源和新能源汽车产业发展风口，在风电、氢能、光伏、新能源汽车等重点领域强链、延链、补链，奋力打造产业高地。

主动开放　全面对标世界最高品质

在佛山，一场品质革命浪潮已席卷整个区域。作为全国唯一的制造业转型升级综合改革试点城市，为推动实现高质量发展，佛山已吹响打造中国制造最高品质的响亮号角。

从研发创新的源头开始，高品质成为企业追求的目标。

滚烫的钢水倾泻而下，通过泡沫陶瓷过滤器滤去夹杂物后，进入铸型。这是铸造厂内常见的一幕。“泡沫陶瓷过滤器的寿命只有10秒，钢水一过去，它的使命就完成了。”佛山市非特新材料有限公司（简称“非特新”）总经理彭刚说。夹杂物是导致铸件缺陷的最主要因素，不仅影响铸件表面光洁度，更影响产品的安全性能。泡沫陶瓷过滤器虽然使用寿命只有短短10秒，但对汽车零部件等铸件的作用和意义却是无法言喻的，堪称是铸造业内隐形的“品控员”。

在非特新成立之初，汽车零部件的铸造工艺中泡沫陶瓷过滤器还是“非主流”产品，少数几家使用该产品的企业完全依赖于进口。非特新经过研发，终于成功掌握该项产品技术，迅速占领行业市场。从传统铸造、精密铸造到高端航空航天领域，从丰田汽配到高端运动设备，再到大型客机的零部件的生产工艺过程中，都有非特新的身影。

取得一定成绩的佛山企业并未故步自封，而是主动拥抱世界，对标全球最高品质。

在广东文灿压铸股份有限公司（简称“文灿压铸”）的生产车间里，机械臂不停运转，一件件通过高压高速压铸技术完成的产品在生产线上成形。在建厂初期，文灿压铸就重金购入日本设备，派出多批员工到日本轮训，学习工艺和管理。为提高品质和技术，文灿压铸陆续选拔工程师到德国的奔驰汽车学习，甚至把德国的工程师接到企业进行现场指导和交流。通过自主研发出汽车车身结构压铸件，吸收国外最新工艺技术，文灿压铸让“佛山制造”应用在奔驰、大众、特斯拉等汽车的车身上。

不仅是文灿压铸，在美的集团，在东方精工，在伊之密……众多佛山企业纷纷连接世界创新资源，加快弯道超车的步伐。

在这些企业崛起的背后，不仅仅是它们拥有的开放精神、强大的创新能力，更是它们的工匠精神。佛山也在全省乃至全国率先命名“大城工匠”，给予工匠人才最高礼遇，一大批制造工匠演绎着创新时代的“质造匠心”，为现代化经济体系建设注入强劲动能。以品质为引领，产业集聚和人才集聚形成良性循环。佛山正在推动各行业、各领域的工匠集群式培育、成长，推动工匠集群落地生根。

佛山制造，正在高质量发展的道路上快步前行。

样本聚焦

双城不约而同的“上云”战略

2019 年 4 月，南通国家工业互联网标识解析二级节点正式上线应用。该平台将推广到南通高端家纺、智慧建筑、船舶海工等优势产业，打造国内一流的工业互联生态圈。

当前，企业“上云上平台”已经成为大趋势，百度、阿里巴巴、腾讯等互联网巨头公司纷纷布局工业互联网。站在新的风口，南通与佛山正迎风而上。

两地均谋划工业互联生态圈

目前南通正推动千家企业迈上工业互联网云端，工业互联网标识解析二级节点的应用是南通推动企业“上云”的重头戏。该节点是工业互联网标识解析体系的中间环节，直接面向行业和企业提供服务，具备标识注册、标识解析、运行监测等功能，是推动标识解析体系

南通正推动千家企业迈上工业互联网云端，图为南通家纺城（南通家纺城供图）

建设、应用发展和产业生态构建的重要环节。

作为建设承接单位，中天互联在2019年3月上旬建成了WEB（万维网）访问的业务综合管理平台和标识数据管理系统，标志着南通市工业互联网标识解析二级节点完成部署，成为国内首个部署2.0版本的二级节点，也是国内首个在国家顶级节点注册成功的二级节点，极具模式新、覆盖广、应用深的特色。该系统将首先在中天集团50家企业进行应用，随后将在南通整个产业链中推广。

以该二级节点的应用为起点，南通将为“3+3+N”重点产业中1000家有需求的企业提供智能制造和工业互联网建设“一对一”上门诊断服务，促进产业上下游、跨领域互联互通，全面提升制造业研发、生产、管理和服务的智能化水平。

无独有偶，在佛山，带动企业“上云”亦是重中之重。近年来，佛山工业互联网标识二级（行业）节点平台也正式启用，标志着佛山二级（行业）节点正式面向企业提供服务。

与南通类似，佛山工业互联网标识二级（行业）节点同样是整个标识解析体系的中间环节，连接着顶级节点和行业、企业平台，为企业提供标识解析服务。

佛山因制造业闻名，整个城市的数字化、信息化、工业化需求巨大，佛山工业互联网标识服务节点的建设及上线运行，将对佛山乃至华南地区的工业互联网的建设与应用起到关键作用。

区域工业互联网驶上快车道

在政府的推动下，佛山企业“上云”的速度大大加快。以南海为例，南海区已经有上百家企业拿到了工业互联网标识编码，“上云上平台”企业超过300家，南海区工业互联网发展驶上快车道。

在佛山市南海汇丰铜业制品有限公司（简称“汇丰铜业”）的生产车间，工人用手机扫一扫设备上的二维码，进行数据录入，在后台便可跟踪排产、发料、派工、质检等生产经营的动态。汇丰铜业采用的MES系统出自广东腾一科技有限公司（简称“腾一科技”）。2018年，腾一科技与汇丰铜业合作应用的腾一工业互联网云平台项目获得“广东省工业互联网应用标杆项目”称号。

8年前，腾一科技创始人胡杰还在格力空调担任信息中心主任。在工作中，他看到了MES系统的发展前景和巨大商机，故转而创业。如今，腾一科技已发展成为南海区工业互联网企业中的佼佼者。落户南海以来，它已为不少制造企业提供数字化升级、工业互联网改造方案。

围绕企业"上云"，南海区政府还频频为企业提供连接创新资源的平台。2019年初，南海区提出实施"腾云计划"，并于2019年6月正式发布了《佛山南海区"腾云计划"发展行动纲要（2019—2021年）》；南海区还建立了工业互联网产业联盟，成为由从事工业互联网产业生态体系相关的基础运营商、服务商、科研院所等单位结成的跨行业资源互通平台。通过清晰的发展规划，南海力促本土制造企业搭上工业互联网时代的快车，一个工业互联网生态圈正在成型。

佛山实践

美的质造之道：产品做减法，创新做加法

《财富》杂志发布的2019年世界500强榜单显示，美的位列第312位，自上榜以来连续第四年排名上升。在当前家电业激战一片红海下，美的的竞争力离不开其8年前战略转型释放的红利。

2011年，刚刚突破了产值千亿大关的美的，面对大量订单，主动"踩刹车"，确立了"产品领先、效率驱动、全球经营"战略变革。其中，美的质量变革的核心就是实施供给侧结构性改革，并形成了一套"先做减法，后做加法"的管理哲学。

在发展模式上，美的明确减量提质，专注核心业务，改善产品结构，提升资产效率。在经营思路上，减少规模小或经营欠佳的品类，仅2011—2016年，美的产品品类由64个减至32个，产品型号减少50%。

美的一方面对整体骨干架构进行调整，另一方面从2010年开始推进精品工程，2012年进一步深化，2014年对方法论进行沉淀，并提出了"精准企划、精湛研发、精心制造、精品品质和精致服务"五大精品战略，目前，这套方法论已经固化在各个事业部的整个流程体系中。

佛山对标

用品质赢得全新市场

2019年开年不久，江苏省南通市便传出好消息：4月2日，世界最大绞吸挖泥船“新海旭”号起航，将赴沙特“造岛”；4月26日，全球最先进的“双胞胎”耙吸挖泥船“航浚6008”“航浚6009”在启东正式交付。

在全球船舶工业仍处于一片寒冬之时，为何南通能斩获颇丰？南通人被问及此事时，笑而不答。三天调研后，笔者明白了他们笑容背后的故事：用汗水和技术铸就的品质就是他们突围的根本。

面对扑面而来的竞争，南通人用的是“笨办法”：用品质征服世界来客。不仅仅是南通，自2008年全球金融危机以来，对于南通和佛山这样的制造业大市，制造业发展受到一定影响。但就是在惊涛骇浪当中，两地不约而同地选择了用品质来稳定军心，用品质来守住市场。虽然两地都是以品质革命求发展，但经验各有千秋，南通的做法亦值得佛山借鉴。

面对难题，南通第一时间想到的是“做减法”。如今风光无限的南通船舶“舰队”，曾由于产品技术含量低，一批企业相继倒闭；作为中国轻纺工业的发祥地之一，南通纺织企业众多，但大多数处于产业链低端，普遍靠天吃饭。为了破解难题，南通审时度势，砍掉低端部分，走差异化发展路线，坚持少而精，集中力量做强企业、做精产品，从低端向高端过渡。

佛山实际上也面临产业链低端的问题，也一直在推进解决这一问题。但毕竟船大掉头难，如何做好减法，是徐徐图之还是重火猛药，是佛山接下来要考虑的问题。

做减法的同时，南通人同步推动产业集聚发展。从新能源、新能源汽车产业到豪华邮轮、机器人，再到大数据、智能制造，南通各地纷纷锁定主攻方向，政策资源也在向重点产业倾斜。南通市自然资源管理局按照“重保优供”的原则，采取差别化供地政策，确保重点产业项目享受出让地价红利等，从各方面支持重点项目发展。

从佛山角度来看，南通集聚发展产业的做法值得学习，目前佛山正在如火如荼地推进村级工业园改造，这就是推动产业集聚的好办法，和南通下辖的单位一样，顺德、南海两大制造业大区主攻方向已定，现在佛山要做的是利用好改造契机，推动产业的新聚集，让产业得到新发展。

创新引领是老生常谈，但要用好用活并不容易。科技引领是南通面对难题的第三种解法。围绕产业链配置创新链，南通高起点规划建设17平方公里的中央创新区，并以其为“创新核”，构建以科技园区为载体、创新型企业为主体的全市域创新网络。创新引领让南通企业有了新底气脱胎换骨。如今的佛山，三龙湾建设如火如荼，季华实验室的建设正在快速推进，全市科技公共服务平台比比皆是，佛山需要的是站在新的战略高度去调配资源，使它们真正能让企业发展受益。

品质革命的道路千万条，但最终还是殊途同归。面对竞争，用品质应对全新世界的挑战是南通与佛山的唯一选择。

WUXI

无锡

城市名片

无锡，鱼米之乡，工业之城。地区生产总值位居全国大中城市前列，人均地区生产总值在全国超万亿城市中位居第二，城乡居民人均可支配收入位居全国城市前列。2019年，无锡全市地区生产总值增长7%，提前实现比2010年翻一番的目标。一般公共预算收入增长2.4%，其中税收收入占比达84%。规上工业增加值增长7.8%，保持全省前列。社会消费品零售总额增长8.8%，位居全省第一。新增社会融

无锡南依太湖，北靠长江，全市水域面积1234.8平方公里（无锡市水利局供图）

资规模2200亿元，其中新增贷款1437亿元，创10年来最好水平。

无锡，江南水乡，太湖明珠。无锡南依太湖，北靠长江，全市水域面积1234.8平方公里，水面率达29%。

在河长制的引领下，2019年，无锡主要入湖河道和入江支流水质首次全面达到Ⅲ类标准及以上，市区41条黑臭水体基本消除黑臭。太湖无锡水域水质主要指标好于全太湖，其中总氮浓度继上年首次达到Ⅳ类标准后进一步下降，连续第12年实现安全度夏和“两个确保”。

2020年，无锡将坚持一着不让抓生态，绘就高质量发展新底色。严格落实“共抓大保护、不搞大开发”要求，打造江阴沿江生态安全示范区，加大沿江生态环境问题整改力度，建设沿江生态绿色廊道。深化太湖生态保护圈和宜兴生态保护引领区建设，完成太湖安全度夏和“两个确保”目标，并双创建宜兴西太湖省级湿地公园，全市自然湿地保护率达到55%以上，加大贡湖湾、尚贤河等湿地管护力度，守护好城市的水岸线。

无锡行记 1

无锡如何抓准治水的“关键少数”？

江南水乡无锡，与岭南水乡佛山有着太多相似之处：同样是近代民族工业的发源地之一，同样是以制造业立市，同样是靠草根经济吃饭，两地多年来的发展历程、发展取向、城市规模以及地区生产总值都很接近。可以说，无锡与佛山，气质相近，气味相投。

两座城市，渊源颇深。早在1987年，两市就已经缔结为姊妹城市，你来我往，交流频繁。2007年，两市不约而同地开启了产业转型之路，佛山从产业结构入手进行调整，而无锡则以太湖“水危机”为节点，倒逼产业升级，也由此促成了河长制的诞生。

目前，无锡全市河长超过3000名，分管全市5635条河，他们都是全市河湖治理的第一责任人，是该担肩胛、该起作用、该有作为的“关键少数”，在推动全市生态文明建设中发挥着重要作用。

在河长制从无锡上升为顶层设计，又向全国推广后，佛山也在全国率先建成五级河长制，一直坚持将绿色发展作为破解污染问题的根本之策。

绿水青山就是金山银山。在河长制上先行10年的无锡，能给佛山的生态文明建设带来什么启示？发展阶段不同，治水的目标也不同，如何在不同的阶段找准“关键少数”来推动治水？

多彩的蠡湖（无锡市水利局供图）

蠡湖治理班底　业务骨干和年轻人一同发力

“哧溜！”走在无锡蠡湖边，一只黄鼠狼突然钻入了草丛，一下子就不见了；远处，一只只鹭鸟正在湖面礁石上单脚站立栖息，十分惬意。

蠡湖，是太湖伸入无锡的内湖。2000多年前，范蠡与西施就曾泛舟于此。很难想象，这个水波徐徐、水草丰美，还流传着动人爱情故事的湖泊，曾经历了一番“底朝天”的整治。

2002年，蠡湖污染严重，总是会散发出阵阵异味，让人难以接近。由于围湖造田、围网养鱼以及污水直排等问题，蠡湖的水质一度下降到劣V类。

“蠡湖的平均水深只有2米，而湖底淤泥平均厚度达到0.7米，淤泥成为湖体中营养物、污染物的重要来源和持续释放的仓库，也是蠡湖水质恶化的重要成因。”无锡市政协副主席孙志亮，曾任蠡湖地区规划建设领导小组副组长兼办公室主任，在回忆蠡湖6年治理路程时说道，“（当时）市水利部门引进环保绞吸式挖泥机，配以湖泊环保清淤专用的定型铰刀头和先进的卫星定位系统，对蠡湖进行生态清淤，至2003年2月，清淤总面积达5.7平方公里，平均清淤厚度为0.5米，总共清淤248万立方米。”

“这个清淤量，相当于把整个蠡湖都清了个‘底朝天’。”在蠡湖边，无锡市河长办有关负责人说。据了解，除了生态清淤，无锡还对蠡湖实施了污水截流、退渔还湖、动力换水、生态修复等措施，同时进行了湖岸治理和环湖林带建设。一系列治理“组合拳”打下来后，蠡湖重新焕发生机。

“组合拳”的力道足不足，关键在人，孙志亮特别提到了蠡湖地区规划建设领导小组的人才构成。

“蠡湖办是一个临时机构，无编制，无职级，但至少要干5年以上，如果市领导出面直接到部门单位去抽调一线骨干，单位不能不给，但心里又舍不得给；骨干个人怕借到这么长的临时机构工作，等到自己再回原单位，原单位领导可能已经更换，担心自己原来的位子可能被人顶替和对自己的升迁机会有影响。这样就会给被抽调单位和骨干个人带来很多尴尬和压力。”孙志亮说。

在此背景下，他从三方面着手找人，“一是寻找已到法定退休年龄的业务型干部，他们大多阅历丰富、知识丰富、经验丰富，大多十分珍惜人生能够发光发热的最后工作机遇，一旦找到了发挥余热的合适位置，便会竭尽全力地投入工作；二是寻找退居二线的业务型干部，他们具备与退休干部同样的潜质，但较退休干部精力更充沛；三是寻找刚刚分配到单位，还没有安排对口合适的岗位、暂不是单位骨干力量的年轻人，让他们认识到，一踏上工作岗位，就参与如此规模的大项目，对自己今后的工作是十分有益的，鼓励他们在实践中锻炼和成长。”

他笑言，这三种人组成的蠡湖办工作班子，当时被外界戏称为“幼儿园”“养老院”，但这些人却成为蠡湖治理中最为宝贵的资源。

“河长”的诞生　主要党政领导临危治太湖

蠡湖整治不久过后，太湖“水危机”来了。

位居太湖之滨，无锡有着“太湖明珠”的美称。2007年5月，这颗“明珠”遭遇了前所未有的考验——太湖暴发蓝藻危机，大面积湖泛对全市饮用水安全造成了直接威胁。

无锡市河长办有关负责人介绍，蠡湖治理的任务虽重，但时间相对充裕，人力铺排可以更加充分。而太湖“水危机”，波及的不仅仅是全市数百万人的饮用水安全，而且对临湖的苏州等城市都会造成直接影响。

危机在前，无锡市委、市政府印发了《无锡市河（湖、库、荡、氿）断面水质控制目标及考核办法（试行）》，明确由地方党政负责人担任河长，作为所挂钩河道的第一责任人，对水生态环境、水环境质量持续改善和断面水质达标负领导责任。

无锡太湖畔（无锡市水利局供图）

2019年，全市3131名市、区、镇、村四级河长共巡河14万余次（无锡市水利局供图）

这份文件的出台，促使无锡市党政主要负责人分别担任了64条河流的河长，也成为无锡河长制的起源。

让“关键少数”牵头治水，效果明显。2007年9月份和10月份，太湖79个监测断面中达标断面数均为42个，达标率均为53.2%，此后，数据逐月提升，到了2008年第一季度，79个断面的达标率上升至68%。在河长们的努力下，目前太湖水质已经稳定在Ⅳ类水，并连续12年实现平安度夏。

危机也是转机。从太湖“水危机”开始，无锡创造性地采取河长制管理模式，抓准“关键少数”，打开了河湖治理管护的新局面。

2019年，无锡共有河长3131名，分管全市5635条河、25个湖泊以及19座水库，他们都是全市河湖治理的第一责任人，是该担肩胛、该起作用、该有作为的“关键少数”。他们合力构筑了一张河长牵头、各部门联动，上下游、左右岸齐抓共管的治水工作网。2019年，全市3131名市、区、镇、村四级河长共巡河14万余次。

据了解，2019年，无锡主要入湖河道和入江支流水质首次全面达到Ⅲ类标准及以上，市区41条黑臭水体基本消除黑臭。太湖无锡水域水质主要指标好于全太湖，其中总氮浓度继上年首次达到Ⅳ类标准后进一步下降，连续第12年实现安全度夏和“两个确保”。

啃下硬骨头 区级河长要发挥更大作用

在现有的治水形势下，159名市（县）、区级河长，成为治水的关键。

治水12年，无锡已经进入“啃最难啃的硬骨头”阶段：全市5635条河里，还有70余条黑臭水体亟待解决，建成区、城中村地下雨污管网急需梳理整改，一些历史遗留的断头浜、断头河还要铁腕整治。

“从表面上看，这些水环境问题是技术问题，而本质上依然是责任问题。”无锡市河长办有关负责人表示，这些“最难啃的硬骨头”所涉及的更多是属地管理问题。“在无锡，市（县）、区一级的河长，是属地管理资源的直接调配者，他们可以更高效率地进行跨地区、跨部门的协调沟通，解决好项目立项、征地拆迁、资金保障、协调配合等重点问题，推动方案、项目、资金、责任的落实，确保治水工作顺利推进。”该负责人说。

为了强化对他们的督查考核力度，无锡在2019年出台了《无锡市市（县）、区级河长履行河道环境综合整治工作职责考核办法》，细化考核指标，把考核的压力传导给每一名河长。

比如，该办法规定，市（县）、区级河长每季度现场巡河检查不少于一次，河长要召开工作协调会等解决难点问题；被考核的河长要建立监督考核体系，避免治理过程中推诿等不良现象发生，使河道的每一项治理都能扎实推进。

该办法对提升水质与治理成效设置了最高的考核权重，占比达40%。根据该办法，市（县）、区级河长除了要接受市河长办牵头的考核小组的考核，还要每年接受一次第三方机构测评。而河长年终考核结果经市总河长审定后，将报送组织部门作为干部年度综合考核及任用考察的重要依据。

抓准“关键少数”，河湖环境明显改善。2019年无锡河湖长制工作新闻发布会显示，无锡不断夯实河长制，加强河湖水生态环境建设，交出亮眼答卷：太湖无锡水域水质总体达Ⅳ类，改善幅度好于全太湖；全市国、省考断面年度优Ⅲ比例预计为81.4%，超年度目标8.7个百分点，同比提高17个百分点；161条环境综合整治河道达到或优于Ⅲ类的有86条，优Ⅲ比例达53.8%，同比提高19个百分点；市区41条黑臭水体基本消除黑臭，提前一年完成治理任务。

目前，无锡市“水清、岸绿、河畅、景美、生态”的现代河网水系初步构建，涌现了泰康浜、小渲河、九曲基等一大批亮点示范河道。外围水环境治理也同样大步跟进：在太湖，全年重点实施九大类299项治太重点工程，涉及污水处理、管网建设、河道整治等；20项长江保护重点示范工程全面实施，3个集中式饮用水水源地水质稳定达标，高端进、低端退，治理进、污染退，生态进、生产退“三进三退护长江”模式初步展现。

手记：治水没有旁观者，人人都能当河长

责任河长管水治水，百姓河长爱水护水。无锡是民营经济大市，成千上万名企业家是这座城市坚实的脊梁。在构筑全民治水格局的过程中，无锡创新性地引入了“企业河长”，让企业家成为护河生力军。

从2017年开始，在无锡部分工厂密集的工业园区，由企业认养园区内或园区周围的某条河流、某个河段，一批企业负责人也由此成为“企业河长”。2018年，无锡锡山区首批15名“企业河长”走马上任。这些企业都是锡山区云林街道主要河流沿岸的规模企业、重点用水企业、达标排放企业。在“企业河长”的带动下，许多临河企业自发“抱团”治水，互相监督，并相约改进更新各企业的污水处理装备，尽可能减轻对生态环境的压力。

“企业河长”的积极参与，也让治水的压力减轻了。比如作为“企业河长”的无锡市惠山区锡梅印染厂总经理顾兮翔，就动员所在企业陆续投入了近10万元对附近的杨柳岸河进行清淤修复。这些来自企业的治水资金，弥补了河道整治任务重、政府财力有限的不足，也为河道整治注入有生力量。

治水没有旁观者，人人都能当河长。发动社会力量，参与管水治水工作，加入爱水护水行动，无锡让更多人一同画出了共建共治共享的“同心圆”。

无锡行记2

无锡“造梦”：从轧钢厂到“梦工厂”

过去，美国“好莱坞”家喻户晓；如今，无锡城的“华莱坞”备受瞩目。“华莱坞”所指的，就是无锡国家数字电影产业园。《中国机长》《捉妖记2》《流浪地球》等都在此拍摄或制作，影视文化产业成为无锡呼之欲出的又一新兴产业。

从轧钢厂到电影“梦工厂”，这一国家级数字电影产业园区，自2013年运营至今，已发展成为国内领先的现代影视产业基地。开园以来，园区产值从1.8亿元跃升至2019年的55亿元，实现了制造业转型升级的“华丽转身”。

回看佛山。2019年12月，2019中国（佛山）大湾区功夫电影周将在佛山举行。而此前的一个多月，2019年秋季·第十九届全国院线影片推介会在佛山亮相，让佛山再度站在中国电影市场前沿。百舸争流，佛山影视产业如何突围？笔者走进无锡，与你一起探寻老厂房摇身一变成为电影“梦工厂”的产业转型发展启示录。

老厂整体搬迁　瞄准建设“文化影视之都”

初进园区，一种老厂房的既视感扑面而来：工厂的货运码头被打造成了湖光水景区；老厂房被改造成了时尚街；华东地区最好的民国街也在此复原了上海黄金时代盛景……这一电影“梦工厂”的前身，正是无锡最大的轧钢厂——雪浪初轧厂。

无锡鼋头渚景区（无锡市水利局供图）

“我们现在所处的11号摄影棚，就是大片《中国机长》的制景地。2019年1月，电影《中国机长》在无锡影都正式开拍。博纳影业斥资近3000万元在园区影棚搭建了1：1的空客A319模拟机，更请来了好莱坞特效团队为影片提供技术保障。”园区相关负责人向笔者介绍道。

无锡国家数字电影产业园又名“华莱坞”，是部省共建的全国唯一的国家级数字电影产业园区。核心区占地面积530亩，分为影视制作区、湖光水景区和影视配套区三个功能区。园区以原有轧钢厂为载体改造扩建，但与影视元素的结合却没有一点违和感。

2007年，太湖蓝藻暴发。面对严峻的生态环境问题，无锡走上了产业转型升级之路。根据“城市南进，产业北移”发展战略，当时无锡最大的轧钢厂——雪浪初轧厂被整体搬迁。

如何把关停后废弃的工厂利用起来，让其重获新生？转型中，无锡盯上了国家鼓励扶持发展的文化产业，尤其是正处于发展中的数字电影。

穿行于园区间，5排由厂房改造的工作室已经被电影制作公司包揽，星皓影业、Base FX、天工异彩、盛悦国际、诺华视创等超过600家的国内外知名影视公司、创意企业相继在此“安家”。拍摄和制作的影视作品中不乏《西游记之孙悟空三打白骨精》《捉妖记2》《征途》《那年花开月正圆》《变形金刚4》《复仇者联盟》等。

自2013年开园以来，无锡国家数字电影产业园仅两年的产值和利税就超越了轧钢厂过去30年的最好水平，2018年实现产值55亿元，完成税收5.5亿元，成为产业成功转型的生动例证。

2019年全国“两会”上，政府工作报告提出要繁荣文艺创作，推动文化产业改革发展。当前，佛山正全面规划佛山影视全产业链发展，建设电影文化名城。近年来，佛山不断发力影视产业。通过抛出真金白银的扶持政策、建设产业园区、构筑服务平台、承办业内盛事，影视产业得到快速发展。截至2019年6月，全市共有影视相关企业1200多家。

聚焦后期特效　构建“数字＋”现代影视文化生态圈

作为全国制造大市和中国历史文化名城，佛山具有打造南方影视重镇的先天优势。素有“功夫之城”美称的佛山，2017年举办了首届佛山功夫（动作）电影周，2018年又成功举办第27届中国金鸡百花电影节。2019年12月，首个以“大湾区”命名的电影周活动在“功夫之城”佛山举行，并将以此为契机探索功夫电影、大湾区影视产业合作的路径。

实际上，无锡选择电影产业并非是“平地起高楼”，同样也是基于本来就有的较早的产业基础。据无锡市相关部门负责人介绍，无锡早在20世纪80年代就充分发挥滨湖区优美的山水风光和深厚的人文历史资源，与央视合作建设了三国城、水浒城等央视影视基地，成为中国最早的外景拍摄城市之一。

另一关键因素在于，无锡避开同质化老路另辟蹊径。围绕“数字影视科技”这一关键要素，着眼于发展以数字电影“科技拍摄和后期制作”为主导的现代影视产业链，这是“华莱坞”打“差异牌”赢得发展的秘诀所在。

作为科技含量最高的环节，后期制作在电影产业中所占的比重越来越大，甚至成为许多大片制作中的重头戏。目前，该园区已建成汇集电影申报、拍摄、制作、发行、交易及旅游等多种功能于一体的中国“好莱坞”，获批“江苏省电影产业创新实验区”，并被列入“江苏省版权贸易基地”。

此外，园区还被评为“国家级文化和科技融合示范基地”，被国家广电总局列入“中国重要制片基地”，业内誉之为“领衔中国电影产业3.0时代”的基地。

除了努力搭建技术平台、金融平台，满足企业需求之外，无锡还推动科技与电影融合，构建“数字+”现代影视文化生态圈。建设以“华莱坞影都”为品牌的主题式电影体验园、电影科技馆和音频中心、国内首个室外5D光影大片……处处展示着现代科技电影的魅力。

据产业园相关负责人介绍，开园四年来，这里已聚集了600多家影视制作公司，拍摄、制作影视剧400多部，每年接待游客超过60万人次，实现了从传统加工厂到今天影视“梦工厂”的蜕变。

“未来3—5年时间，我们将致力于建设国家级数字电影产业集聚高地、国家级影视金融集聚区、国际影视文化交易中心、数字电影产业人才集聚区和中国影视文化体验城，真正打造‘中国科技影视之都’，将‘华莱坞’打造成为无锡走向国际的一张城市名片。”该负责人说。

手记：发展影视产业，打好佛山特色牌

随着2019年秋季·第十九届全国院线影片推介会在佛山举行，佛山再度站在中国电影市场的前沿，进入全国电影人的视野。近年来，佛山不断发力，影视产业得到快速发展，截至2019年6月，已聚集1241家影视相关企业。

然而，前有标兵，后有追兵。北京、浙江、上海、山东等地相继出台相关政策支持影视行业发展，无锡、长沙、厦门、海南、青岛也纷纷提出要打造影视产业重镇。在广东省内，广州增城、深圳宝安、珠海也出台了影视文化产业相关扶持办法。

以无锡为例，近年来无锡市政府不断加大对影视产业发展的政策和资金扶持力度。2017年，无锡出台《关于支持无锡国家数字电影产业园建设发展若干意见（2016—2020年）》后，《无锡市文化产业高质量发展三年行动计划（2019—2021年）》《关于推动无锡市文化产业高质量发展的若干政策》两份文件又相继出台，一面给出政策利好，搭建平台；一面充分整合资源，提升影视产业配套水平，支持无锡影视产业发展。

影视产业群雄并起，佛山要如何突围而出？无锡国家数字电影产业园通过聚焦“数字电影”和“后期制作”等主发力点打造“影都”城市名片，启示佛山可以聚焦“佛山特色”，打造出影视产业“特色牌”。

这就意味着，虽然影视企业比较看重政策，但要在激烈竞争中突围不能一味追求政策，应该立足佛山作为中国历史文化名城的吸引力，因地制宜实施差异化竞争。

作为全国制造大市和中国历史文化名城，位于珠江三角洲腹地的佛山，具有打造南方影视重镇的先天优势。恒业影业（北京）有限公司总经理宋毅就曾建言，佛山有深厚的功夫底蕴，武馆林立，武术人才多，而动作片属于类型片，是电影市场的“刚需”。佛山应该结合“功夫之城”IP发展影视产业，让剧组只要拍动作片就想到佛山，实现错位发展。

在5G时代中国广电发展智能化、集团化、国际化的趋势中，相信佛山聚焦发力点，走具有佛山特色的影视发展路径，一定能通过打造“单项冠军”赢得突围，在推动粤港澳大湾区影视产业合作试验区建设的同时，不断探索出新时代影视文化高质量发展的新经验，促进佛山本土文化的影视产业长足发展。

深度解读

河长领治："关键少数"推动生态建设

"江南好，真个到梁溪。一幅云林高士画，数行泉石故人题。还似梦游非。"在无锡最古老的自然河流——梁溪河旁，清代著名词人纳兰性德的作品《梦江南·江南好》，被刻在石碑上供人传诵。

悠悠梁溪河，徐徐入太湖。应水而生，凭水而盛，无锡南依太湖，北靠长江，全市水域面积1234.8平方公里，水面率达29%，可以称得上是一座"水做的城市"。

与无锡一样，佛山也是一座依水而生的城市。佛山有西江、北江两江的守护，而千百年来的佛山水也滋养了佛山人海纳百川的气质，广东省社科院研究员陈忠烈对此有生动论述："佛山水是佛山人'气标两广'的根与魂。"

水也对两座城市的绿色发展提出了考验。2007年，太湖蓝藻暴发，大面积湖泛危及的是数百万人的饮水安全；而从20世纪90年代末开始就投巨资整治的汾江河，也让佛山人不得不重新审视母亲河的生态意义。

两地打破水环境治理困局的路子也颇为相似：无锡市党政主要负责人担任河长解决太湖"水危机"，佛山也从汾江河治理中总结出了涌长制的做法。河长与涌长的背后，是两座知名水乡不约而同地抓准"关键少数"——各级党政领导，让他们发挥统筹协调作用，解决"九龙治水"难题。

无锡和佛山同为工业大市，多年来都把对方视为学习、借鉴的对象。在可以预见的未来，两市除了在经济上继续维持竞合关系外，还将在生态文明建设上相互对标。依水而生，凭水而盛，两市也将以水为媒，书写高质量发展的新篇章。

64 条河流有了河长　党政领导成为推动治水的主体

位居太湖之滨，无锡有着“太湖明珠”的美称。2007年5月，这颗“明珠”遭遇了前所未有的考验——太湖暴发蓝藻危机，大面积湖泛对全市饮用水安全造成了直接威胁。

当年8月，无锡市委、市政府印发了《无锡市河（湖、库、荡、氿）断面水质控制目标及考核办法（试行）》，明确由地方党政负责人担任河长，作为所挂钩河道的第一责任人，对水生态环境、水环境质量持续改善和断面水质达标负领导责任。

这份文件的出台，促使无锡市党政主要负责人分别担任了64条河流的河长，也成为无锡河长制的起源。

就在无锡投入大量人力物力化解太湖“水危机”的同时，佛山也对自己的母亲河——汾江河开启了又一次大治理。

汾江河是佛山工业繁荣的见证者，也是全市工业污染的承受者。早在1995年，佛山就把汾江河整治列为当年的九大民生实事之首，并出台综合整治计划，用6年时间投入12.6亿元进行水环境综合治理。

2008年，就在无锡遭遇太湖“水危机”后的次年，佛山对汾江河启动了二期整治工程。与此前的治理手段不同，此次整治最大的亮点，是由分管副市长担任汾江河的河长，按照分段整治实施段长制，针对支涌治理实施涌长制——汾江河流经的禅城、南海两区，由对应的副区长担任段长；汾江河支涌流经的7个镇街，由镇级行政负责人担任涌长。

由此，市、区、镇三级的相关党政负责人明晰治河责任，岸线整治、截污纳管、清淤疏浚等系列工程得以顺利推进。一年后的端午节，汾江河上锣鼓喧天，因为水污染而中断了26年的龙舟赛重新回归。

河长、段长、涌长，这些牵头治水的党政官员名字不同，但作用相同，那就是充分发挥“关键少数”的统筹协调作用，切实解决“九龙治水”难题。

解决属地管理问题　县区级河长要带头啃硬骨头

2019年，无锡共有河长超过3000名，分管全市5635条河，其中市级河长20名，市（县）、区级河长159名，镇（街道）级河长994名，村（社区）级河长1990名。他们都是全市河湖治理的第一责任人，是该担肩胛、该起作用、该有作为的“关键少数”。

佛山市河长办的统计显示，截至2019年10月底，全市1306名河长和313名湖长累计巡河9.7万次，累计发现问题19339个，落实整改16779个，整改率达86.7%。通过河长领治，佛山有效解决了一大批影响河湖健康的重点难点问题。

无锡市河长办有关负责人表示，治水13年，无锡已经进入“啃最难啃的硬骨头”阶段：全市5635条河里，还有70余条黑臭水体亟待解决，建成区、城中村地下雨污管网急需梳理整改，一些历史遗留的断头浜、断头河还要铁腕整治。“这其中，黑臭水体的治理问题尤其突出。”该负责人说。

佛山对此也颇有共鸣。黑臭水体被称作是“群众身边的污染”，也是佛山当前治水的重点之一。

2018年，佛山主动将黑臭水体的整治范围由城市建成区延伸至城乡，全面排查长度2公里及以上、跨两个及以上行政村、影响市控考核断面达标的、群众反映强烈的黑臭水体，并按照轻重缓急，分批、分年度开展整治，力争到2020年底基本消除城乡黑臭水体。

“在黑臭水体治理方面，对部分广佛跨界河涌要优先治理，对上级指定验收的河涌要重点治理，对中心城区市民意见较大的河涌要快速治理。”佛山市河长办有关负责人说。

“从表面上看，包括黑臭水体等在内的水环境问题是技术问题，但本质上依然是责任问题。”无锡市河长办有关负责人表示，在现有的治水形势下，这些“最难啃的硬骨头”所涉及的更多是属地管理问题，由此，全市159名市（县）、区级河长可以发挥更大的作用。

“在无锡，市（县）、区一级的河长，是属地管理资源的直接调配者，他们可以更高效率地进行跨地区、跨部门的协调沟通，解决好项目立项、征地拆迁、资金保障、协调配合等重点问题，推动方案、项目、资金、责任的落实，确保治水工作顺利推进。”该负责人表示，这些市（县）、区级河长，就是当下河长群体中的“关键少数”。

抓稳“关键的一分”　河长制工作纳入考核结果

2020年，佛山出台了《佛山市关于强化河长责任打赢黑臭水体剿灭战的意见》，明确各级河长在完成黑臭水体整治任务前原则上不得调整。“接下来，佛山还将继续加大明察暗访力度，将发现的问题列成工作负面清单予以公布。”佛山市河长办有关负责人说。

在无锡，强化河长制考核的做法，是把河长制工作纳入高质量发展考核体系，对各地、各部门、各级河长进行严格督查，这也是无锡河长制工作能够纵深发展的“关键一招”。

无锡市河长办有关负责人表示，无锡主要从组织体系、河长履职、重点任务、水质达标等4个方面来进行河长制工作的考核，4个方面总分为100分，其中“重点任务”的占比最高，达到40分，主要是考核年度任务、重点工程以及专项整治的完成情况。4个方面的具体指标，并不是一成不变的。无锡市河长办会根据每年的工作任务，结合实际情况进行调整。

每个月，无锡市河长办均会组织相关人员，对全市河长制工作进行明察暗访。这些明察暗访的结果，除了成为打分依据外，还将在由市政府分管副市长组织召开的每月工作例会上进行通报，推动落实解决。此外，无锡市每半年开展一次督导检查，实地了解河长制落实情况并进行打分。最终，总体分数按百分比折算后，纳入全市高质量考核结果。

经过折算，无锡市高质量考核体系的总分是100分，而河长制工作落实情况只占其中的1分。

“一分之差，不是微距，是鸿沟。”该负责人表示，水环境治理的要求高、任务重，要拿满分的难度很大，“而在整个考核体系中，相差0.1分，排名有可能就相差好几位，因此这一分非常关键”。

159名市（县）、区级河长，是无锡当下治水工作中的关键人物。为了强化对他们的督查考核力度，无锡在2019年出台了《无锡市市（县）、区级河长履行河道环境综合整治工作职责考核办法》，细化考核指标，把考核的压力传导给每一名河长。

比如，该办法规定，市（县）、区级河长每季度现场巡河检查不少于一次，河长要召开工作协调会等解决难点问题；被考核的河长要建立监督考核体系，避免治理过程中推诿等不良现象发生，使河道的每一项治理都能扎实推进；未建立该体系的，也要被扣分。

该办法还对提升水质与治理成效设置了最高的考核权重。此外，根据该办法，市（县）、区级河长除了要接受市河长办牵头的考核小组的考核，还要每年接受一次第三方机构测评。而河长年终考核结果经市总河长审定后，将报送组织部门作为干部年度综合考核及任用考察的重要依据。

“评判河长履职是否到位，不仅要看巡了多少次河、开了多少次会，更重要的是突出目标管理，看治水成效如何。”无锡市河长办有关负责人表示，如果水质较上年度恶化严重的，河长就要被约谈问责；对“两违三乱”整治推进不力的，河长将被“一票否决”。

样本聚焦

母亲河边的治水发展题：制造业是走还是留？

产业是城市之心。对于产业来说，治水究竟是对它的赋能，还是“负能”？在水环境攻坚战中，原有制造业到底是该留下来，还是迁出去？南方日报调研组沿着无锡人的母亲河——梁溪河走过3个地方，看到的是一番欣欣向荣的景象，而这样的景象，在佛山也能找到相似的。

落后产能搬出去，新兴业态请进来

拨开梁溪河上的柳枝，走过碧溪桥，就到泰康浜。这里河水徐徐，莲叶攒动，一幢幢灰瓦白墙的楼阁藏在茂密的垂柳后。远处，几个穿着鲜艳服饰的游客走过，为这幅江南水乡画点缀了几笔亮丽的色彩。

“泰康浜的不远处，就是知名实业家荣毅仁的故居了。”无锡市滨湖区荣巷街道太康社区党委书记、泰康浜社区河长张晓敏介绍，无锡有着深厚的工商业基础，是苏南模式的发源地之一，而泰康浜也见证着改革开放以来无数乡镇企业蓬勃生长的全过程。

随着治水的推进，这些中小企业大多搬离了泰康浜，太康社区也逐渐转型为以高端服务业为主的现代化社区。

“我们没有把这些企业都‘一刀切’，而是把它们迁移到了滨湖区里的其他产业园区，同时视情况对它们进行了环保改造，把这些‘实业因子’最大限度地保留下来。”滨湖区河长办科长陈宇正说。

顺梁溪河而下，立在岸边的是一座工业老厂房，它的老名字叫作雪浪初轧厂，曾经是无锡最大的轧钢厂，产值最高时能达百亿元。10多年前，一艘艘大船就停靠在初轧厂前的码头上，等待一批批钢材的出炉。

2007年太湖“水危机”之后，雪浪初轧厂整体搬迁，老厂房如何焕发新活力，成为摆在无锡市面前的一道难题。

最终，无锡瞄准了特效这一电影产业中的关键环节，并举全市之力把它打造成了国家级数字电影产业园。从

2013年开园至今，该园的产值已经从1.8亿元跃升至55亿元，完成税收5.5亿元——这一税收数字，是当年雪浪初轧厂鼎盛时期的5.5倍。

“无锡本来就有电影基础，早在20世纪80年代就开始建设三国城、水浒城等央视影视基地，瞄准电影特效，也是无锡在产业转型过程中的精准发力。”无锡市滨湖区委宣传部有关负责人说，“更重要的是，无锡建新园区是‘就地取材’，利用原本的制造业家底来做新发展。”

落后产能搬出去，新兴业态请进来，无锡的这一做法在佛山也有类似的案例。

凫洲河被称作顺德均安人的母亲河，也见证了牛仔服装行业的兴盛。这些年来，一批牛仔服装制造厂家陆续搬离河岸，均安镇把空置的旧厂房用来作牛仔文化展示中心、设计营销中心，推动新业态的发展，也把均安和牛仔的“血肉关系”深扎在岸上。

把最美的风景留给最有发展潜力的产业

梁溪河最终汇入太湖。而在太湖之滨，一个正朝万亿出发的新兴产业集群迅速崛起，那就是无锡国家集成电路设计产业园。

无锡从20世纪60年代开始就发展集成电路产业，但更多的是聚集在生产、制造、封装等位于价值链低端的环节。近年来，无锡举全市之力打造集成电路产业，并把太湖边风景最美的地方拿来建设产业园。

与大部分集成电路产业集群不同，无锡国家集成电路设计产业园是一个面向上市公司、科研院所、海内外领军人才的高水平产业园区，集中了全市约80％的集成电路企业和70％的集成电路产业产出，2018年产值超过1000亿元，仅次于上海。

走进产业园里的无锡瑞恩微电子有限公司，办公室内的窗户是180度落地玻璃窗，烟波浩渺的太湖风光尽收眼底。“坐在办公室，就像是坐在湖景房中，这样的办公环境对于高端人才非常具有吸引力，也是我们选择在这里落户的原因。”该公司办公室主任吴若非说。

把高端研发人员的心留住，就能把集成电路中的“芯”给留住，这是无锡把最美的风景留给该园区的核心用意。而随着一系列重大项目的落地，无锡的集成电路产业已经形成了“原材料在宜兴，芯片在市区，封装在江阴”的布局。

把最美的风景留给最有发展潜力的产业，这也是佛山的诚意。佛山的东平河畔，集纳了这座城市最美的风景——碧水清流，一河两岸，新楼与高楼相辉映，还有鹭鸟纷飞的江心岛，举全市之力打造的三龙湾高端创新集聚区（简称“三龙湾”），也落地于此。

三龙湾，是佛山阔步迈向高质量发展的关键一招。就在刚刚过去的一周里，三龙湾亮相深圳，参加2019德中经济峰会活动，并举行“潮起三龙湾——智能制造佛山机遇”推介会。

在会上，三龙湾除了向嘉宾展示了自己的美丽形象，更显现出自己的发展实力：据统计，2018年，三龙湾高端创新集聚区园区范围内生产总值超2000亿元，占佛山全市地区生产总值总量的1/5；拥有制造业企业2.15万家，占珠江三角洲制造业企业总量9%，和佛山制造业企业总量50%。

佛山实践

三龙湾碧道成为高质量发展经济带

2019年，广东省部署建设“万里碧道”，旨在将江河湖库打造成“江河安澜的行洪道、水清岸绿的生态道、融入自然的休闲道、高质量发展的经济带”。位于佛山的东平水道，也成为省级“万里碧道”的示范段与样板间。

佛山东平水道集纳了这座城市最美的风景——碧水清流，一河两岸，绿地与高楼相辉映，还有鹭鸟纷飞的江心岛，举全市之力打造的三龙湾高端创新集聚区也坐落于此。

三龙湾的面积不到佛山的1/10，却创造了佛山地区生产总值的1/5，2019年区域生产总值接近2200亿元。除了家电、智能装备、机器人等传统产业外，各行各业的专特新企业和“单项冠军”也在此集聚，广东省先进科学制造实验室、清华大学华南新材料研究院、华南理工大学华南机器人创新研究院等一批新型研发平台也在这里落地生根。

为了更好地提升三龙湾对高端创新资源的吸引力、承载力，佛山在原有的万里碧道建设基础上，高标准打造三龙湾碧道，助推三龙湾成为佛山城市的精华区域、粤港澳大湾区“小而精、秀而美”的标志性区域。

佛山对标

制度护航，一张蓝图绘到底

2020年3月，无锡河长制信息化管理平台建设全面启动，预示着无锡河长制开始迈向智联时代。随着年底该智能平台的建成，未来“5G”河长将在无锡河湖治理中发挥重要作用，而该平台也将助力无锡河长制工作继续走在全国前列。

以2017年国家全面推行河长制为节点，河长领治的接力棒，从无锡传到佛山，用了10年。回看这几年走过的路，无锡在污染防治上所取得的进展和成效，都离不开“制度之力”的护航。

从“河长制”的推出完善，再到相关配套责任制的逐步跟上，无锡走出了一条全面落实主体责任，协调整合各方力量，统筹推进水污染治理、水环境改善、水生态修复的治水新路子。

可以说，在河长制上先行10年的无锡，有更多的做法可供姊妹城市佛山参考——无锡在推行河长制过程中遇到的困难，大概率是佛山会遇到的；而无锡解决这些困难的方法论，也有很大一部分是佛山可以直接参照使用的。

无锡告诉佛山，河长制，行！太湖“水危机”暴发之后，无锡市党政主要负责人临危受命，分别担任了64条河流的河长，河长上任月余，太湖79个监测断面中达标断面数即上升至42个，达标率为53.2%。

目前，太湖水质已经稳定在Ⅳ类水，并连续12年实现平安度夏。无锡多年来推行河长制的实践经验表明，党政领导就是河道整治的第一责任人，是推动治水的“关键少数”。

无锡告诉佛山，河长制，值！这些年来，无锡对治水的投入以百亿元计。

水活起来了，无锡的产业也火起来了。仅沿着一条梁溪河从城区走向城外，便能看到一个个工商业社区里，正在兴起高端服务业；一片片废旧工厂，正在成为引领发展新动向的弄潮儿；一座座传统园区，正在聚拢高端创新资源，朝万亿级产业集群迈进。

无锡也告诉佛山，河长制，要慢慢来。在太湖“水危机”之后的几年内，无锡一口气迁移了大批传统企业，以期尽快扭转水污染局面。但没想到，大批产业的散落，带来的是城市发展的失落。2015年，痛定思痛的无锡，提出“重振产业雄风”，要坚定不移地走“产业强市”的道路。凭借新的产业势能，无锡在2017年就跻身“地区生产总值万亿俱乐部”。

无锡的上述经验均表明，河长制是推动生态文明建设的有效举措，但是生态文明建设并不等同于河长制。通过河长领治，让“关键少数”率先改变发展观念，在治水实践中一次次刷新对“绿水青山就是金山银山”的认知，了解到“绿水青山如何变成金山银山”的奥秘，或许才是这个制度设计最为精妙的地方。

面向未来，一个有关生态文明建设的发展课题依然在等待着国内诸多城市的实践经验：如何通过河长制，来让“关键少数”推动生态建设？如何以治水为切口，夯实高质量发展基础？而在这一课题上，无锡和佛山又将交出怎么样的答卷？且拭目以待。

CHENGDU

成都 城市名片

成都，国家中心城市，中国首批国家历史文化名城之一。当前，成都经济发展迅速。2019年，成都实现地区生产总值17062.65亿元，比上年增长7.8%。同时，人口规模稳定增长，2019年末常住人口1658.10万人，比上年末增加25.10万人。2019年，成都获评“2019中国招商引资最具国际竞争力城市”和“2019中国最具投资吸引力城市”。

成都是第一批中国历史文化名城，四川省省会，副省级城市，中国首批国家历史文化名城之一，西南地区重要的中心城市。成都是古蜀文明的重要发源地，“天府之国”的中心，有着世界罕见的3000年城址不迁、2500年城名不改的历史特征。

在数千年的历史长河中，天府文化在自然与人文、封闭与开放、农耕文明与城市文明碰撞融合中传承发展，凝聚成“创新创造、优雅时尚、乐观包容、友善公益”的时代价值和现实表达。

近年来，成都大力建设“三城三都”，即世界文创名城、旅游名城、赛事名城和国际美食之都、音乐之都、会展之都，成效初显。

2019年，成都实现文化创意产业增加值1459.8亿元，占地区生产总值的比重为8.6%。接待入境游客380.2万人次，增长11.6%；实现旅游外汇收入16.2亿美元，增长12.3%。成功举办第十八届世界警察和消防员运动会等重大国际赛事32场次；引进音乐企业163家，开展音乐演出1640场；举办国际性展会206个，会展业实现总收入1332.6亿元，增长22.0%；限额以上餐饮收入215.1亿元，增长31.0%。

成都行记 1

一口火锅煮出文化竞争力

冬日的正午，阳光洒在成都太古里的街面上。紧邻这条成都最时尚的街区，大龙燚火锅店里人声鼎沸。这个创立于2013年的火锅品牌，至今在全球已拥有300多家门店。

“成都人对‘吃’最认真，美食就是我们成都最有竞争力的城市文化，而且这个文化现在已经走向全世界。”大龙燚火锅联合创始人雷星说。

2018年，成都提出建设“三城三都”的宏伟目标，国际美食之都就是其中之一。“我们要让国际美食之都成为成都的响亮城市名片和核心竞争力。”成都市商务局国际美食处处长姜伟说。

目前，成都拥有超过19万户餐饮商家，餐饮从业人员超过60万人。市场和政府的力量形成了一股实现成都城市梦想的合力。哪怕只是走进一家火锅店，也能体会到这座美食之都的斗志和自信。

千里之外的佛山，也在围绕美食文化下功夫。2019年，佛山顺德以优异成绩通过了联合国教科文组织的“创意城市网络——美食之都”复审。

此后，佛山市政府公布粤菜师傅工程建设实施方案，希望进一步擦亮“世界美食之都”“食在广东，厨出佛山”金字招牌，努力将佛山打造成为世界知名的“粤菜粤厨名城”。

在做强“世界美食之都”品牌、以美食文化增强城市竞争力的路上，成都能带给佛山哪些启发？

80 后团队创业　打造全国连锁火锅前十

“我们创业能够成功，首先得益于成都美食产业的发展氛围。成都的人民和政府，对美食的重视是骨子里的；像我们这样的餐饮企业，成都还有很多。”生于1987年的雷星说。

走在人群里，雷星看似一个普通的年轻上班族，但实际上，她参与了大龙燚火锅创立、发展至今的全过程。

在成为老板之前，雷星本来就痴迷于火锅。2013年，她和几个同样爱吃火锅的年轻朋友萌生了创业的想法，其中不少都是80后。

“当时我们在成都不容易找到自己爱吃的火锅。所以我们创业的初心不仅是赚钱，也是想随时能吃到自己喜欢、放心的火锅。”雷星说。成都餐饮产业链发达，原材料和人力资源都十分丰富，只要找对方向，创业门槛并不算高。雷星和朋友们很快就在成都玉林路开了一家规模不大的火锅店，大龙燚火锅由此诞生。

成都多措并举建设国际美食之都，图为大龙燚火锅店内
（受访企业供图）

几个“吃货”创始人对美食的执着，直接传递到了店内的产品上，得到了顾客认可。同时，微信、微博等社交媒体当时正处在迅速上升期，大龙燚抓住了网络营销的机会，使得其火锅牌子更加广为人知。

但“开业爆红”在成都并不罕见，只有持续“活下去”，才是胜利。

“我们这里的人‘嘴刁’，对饭店要求很高，并且喜欢追逐潮流。一家饭店如果有一点表现不好，顾客马上就会走；如果市面上出现了更新鲜的东西，顾客也会跟着走。这就逼迫每一家饭店都要时刻兢兢业业留住顾客。对于大品牌来说同样如此。”雷星说。

在这样的背景下，大龙燚的创始团队不断钻研菜品和口味，经受了各路火锅迷的考验。时至今日，雷星的重要工作之一，仍然是把控新产品的质量。

“今天出来接受采访之前，我正在公司试菜。我们有研发团队，每个季度要出3个新菜品，销量落后的老菜品要淘汰两个。”雷星说，要参与试吃的不仅是公司管理层，基层员工也要参与试吃，“我们就在办公室食堂吃，吃过之后要匿名写评价”。

对菜品口味的要求苛刻，让大龙燚成为很多老饕的挚爱。进入秋冬季，每逢饭点，成都众多大龙燚火锅门店的门口常常会排起长龙。从成都到全国各地，很多顾客都对这种景象习以为常。

近几年，随着全国范围内门店的增多，这家年轻的初创企业朝着全国性餐饮企业发展，在中国各大城市都能找到这个火锅品牌的拥趸。

2017年5月，大龙燚的广告出现在纽约时代广场的广告屏上，创造了四川火锅的“第一次”。这一年，这家企业成为四川省火锅协会名誉会长单位。

而在2019年举行的第十届中国火锅产业大会上，大龙燚获评“中国连锁火锅TOP10”。

此时，这个品牌才刚刚创立6年。

让川菜“走出去”　让全国全球美食“走进来”

大龙燚的成功，是成都美食产业、美食文化蓬勃发展的缩影。

成都，作为四川省省会，历来是百味川菜的主阵地。2010年，成都被联合国教科文组织授予“美食之都”的称号，成为亚洲第一个荣获该国际称号的城市。

多年来，成都始终重视美食产业发展。根据成都市商务局提供的数据，目前成都市拥有超过19万户的餐饮商家，餐饮从业人员超过60万人。

这背后有着巨大的经济效益。2018年，成都市餐饮业收入突破900亿元，在中国15个副省级城市中排名第二，仅次于广州。同年，成都餐饮业零售额销售收入同比增长13.7%，远高于北京、上海等一线城市。

“仅仅成都的火锅餐厅，2018年收入就超过260亿元。”成都市餐饮同业公会秘书长袁小然说。她介绍，正是在2018年，成都市召开世界历史文化名城大会，提出打造世界文创名城、旅游名城、赛事名城和国际美食之都、音乐之都、会展之都“三城三都”的目标。

在袁小然、雷星等餐饮从业者看来，推进国际美食之都建设，是成都打“文化牌”的必由之路，有助于更好打造成都城市品牌标识，全面提升城市文化沟通力和全球传播力。

成都市商务局是推进国际美食之都建设的主要责任单位之一，该局专门成立了国际美食处。“建设国际美食之都，而非只是川菜之都，要让全国、全球的美食都走进四川，同时也让四川的美食走向全球。”姜伟告诉笔者。

姜伟说，在这一理念下，成都正在系统谋划美食活动，推动川菜产业发展，促进天府美食文化传承发展和国际文化交流合作。

他介绍，在政府部门主导下，成都已经打造了中国（成都）美食旅游节、火锅文化月及“过节耍成都”等系列节会，并通过举办成都春意慢食节、成都消夏美食节、成都国际美食大会、世界川菜大会等一系列美食和城市营销活动，推进了成都与全国、全球的餐饮文化合作。

“成都美食的趋势是百花齐放，目前法餐、意大利餐、日餐、泰餐在成都很活跃，日料餐厅在成都有上千家。在成都可以吃到全世界各地的美食，这才是一个国际大都会的风范。”袁小然说。

同时，成都也在实施川菜品牌国际化提升工程，开展川菜技术、经营、开发、管理等方面的对外交流合作，支持川菜品牌企业、连锁企业率先走出去，大力开拓国际市场。

“目前很多海外华人集中的城市已经有了大龙燚门店，包括奥克兰、新加坡、多伦多、纽约、洛杉矶等海外的火锅店，很多外国人通过我们进一步认识了成都，甚至来到成都。”雷星说，“未来，随着更多川菜品牌走出去，受益的不仅仅是一家家企业，还有成都这座城市本身。”

手记：建设美食之都　佛山向成都学什么？

提到成都，很多人第一反应就是“鲜香麻辣”的川菜、火锅。而粤菜美食同样是佛山最有地方特色的文化名片。与成都近似，佛山近年来对美食文化的重视日益提升。就在本月初，佛山还举行了粤港澳大湾区“食在广东”佛山（顺德）美食文化周。

横向来看，成都弘扬美食文化的做法走在全国前列，值得佛山学习。早在2017年，成都市人民政府办公厅就公布了《关于进一步加快成都市川菜产业发展的实施意见》，希望把成都建成全球川菜标准制定和发布中心、全球川菜原辅料生产和集散中心、全球川菜文化交流和创新中心、全球川菜人才培养和输出中心。

当时，成都提出的目标是，到2020年末，全市餐饮零售额突破1000亿元大关。而最新统计显示，2019年上半年，成都美食产业增长态势持续良好，1—6月餐饮收入达到522.0亿元。要完成3年前提出的目标，成都已经十拿九稳。以大龙燚为代表的餐饮企业，也是这一过程的受益者。

从成都经验可以发现，美食之都的建设和发展，必须有赖于持之以恒的坚持。如今，起步在前的成都，已经提出了新的计划。这座城市的成功也为佛山带来了重要的启发和有力的鼓舞。

成都行记2

一个成都文创园区的流量攻略

“现在我们全网媒体矩阵的粉丝量已经达到一个亿，最近还在涨。”手中刷着抖音，看着公司旗下账号下面的最新评论和点赞量，成都墨峰文化传媒有限公司（简称“墨峰文化”）创始人尹烈豪说。

墨峰文化几十米外的一座建筑里，哈哈曲艺社创始人田海龙正在准备当晚的演出。几个小时后，一群年轻的相声粉丝将像往常一样买票涌入，支持各自喜欢的相声演员。

墨峰文化、哈哈曲艺社位于成都青羊区少城视井文创产业园内。而少城视井文创产业园又隶属位于成都市青羊区的少城国际文创硅谷。后者是成都具有代表性的文化产业功能区之一。

少城视井产业园举行的动漫音乐嘉年华活动（少城视井供图）

成都正在建设国际音乐之都，图为2019年在成都举行的第十二届中国音乐金钟奖（成都市委宣传部供图）

2018年底，成都市提出建设世界文创名城、旅游名城、赛事名城和国际美食之都、音乐之都、会展之都的“三城三都”计划。目前，成都涉及文创产业的产业功能区超过10个。在产业功能区的建设大潮中，2018年成都文创产业增加值达到1129亿元的新高，超额21.4%完成全年目标。

曲艺社旁边是视频公司　用流量思维打造文创园区

“成都音乐行业的创业机遇期已经到来。相比一线城市，这里做音乐产业的机会很大，成本更低，回报却可能更高。”在全新投用的录音棚里，艳阳天乐（成都）文化传播有限公司董事长杨智卓说。

艳阳天乐是少城视井产业园内新近正式投入运营的文创企业之一。此前，杨智卓所在企业的主阵地是北京。在一次偶然的机会中，他了解到少城视井的招商信息，并被成都音乐产业的整体发展机会所吸引，迅速决定到当地投资，修建了一个全市规模罕见的录音棚。

近年来，作为重要的文化产业之一，音乐产业在成都备受重视。2018年，

《成都市建设国际音乐之都三年行动计划（2018—2020年）》正式出台，加快建设以高品质音乐演艺为核心影响力的国际音乐之都，促进成都建设世界文化名城。

杨智卓充分感受到了成都的行动力。“成都能拿出宽窄巷子对面的宝贵空间，来鼓励文化企业创业发展，诚意十足。这里的租金并不高，但位置绝佳。”杨智卓说，“在北京，这样大的录音棚可能要到四环以外才有；但在成都，我们却有机会在市中心做音乐。”

在少城视井产业园内，同样年轻的企业还有很多，墨峰文化是其中一家。这家拥有一批95后员工的企业以内容孵化为核心竞争力，在2019年短短6个多月的尝试中，就快速完成了抖音3000万、微博2000万的短视频内容矩阵孵化，并且进入快速扩张的批量孵化的阶段，在成都的短视频、网红孵化类企业中排名前列。

“以短视频流量为切入点，我们还带动了公司其他板块，包括内容电商、直播电商、短视频广告销售、高校海外访学等。”尹烈豪说。

作为“网红城市”，成都有很多拍摄短视频的“流量景点”。从这个角度来看，墨峰文化所在的位置以及园区内部的服务支撑和产业生态链，给了这家短视频公司很大的发展便利。

“成都流量最大的就是市中心，从太古里、春熙路辐射开来有几大据点；而我们这个园区不仅是市中心，还能闹中取静，适合内容团队的思考、创作。同时，文创企业特别依赖于艺人、技术型员工，这个园区的配套很好，能聚集更多优秀人才。”尹烈豪说。

与杨智卓、尹烈豪一样，田海龙对成都文化市场的前景，以及少城视井产业园的发展都非常看好。他创办的哈哈曲艺社已经有10年历史。不久前，曲艺社被引入少城视井，在这里开设了新的剧场，很快就实现了爆满。“这个园区重视的是搭建一个文化与城市相融合的生态体系，所以既吸引企业，也吸引了很多文化消费者。”田海龙说。

“成都的文化市场消费潜力巨大，而且正在快速发展。因此对于我们哈哈曲艺社这样的入驻企业，园区更希望的是让我们为这里带旺人流，形成一个吸引观众走进园区的文化地标，而不是为了通过引入我们，拿到多高的租金收入或者门票分成，这就是懂得文创产业发展规律、有流量思维的做法。”他解释说。

4.6 平方公里集聚九大文创园　近 600 家企业吸引 2 万从业者

从地图上看，哈哈曲艺社安家落户的少城视井文创产业园，位于成都市青羊区长顺上街与斌升街交会处。这一片区原为四川电视台旧址，建筑面积近2万平方米，是按照“修旧如旧”有机更新原则打造的成都市首批市级文创产业园。

少城视井工作人员及津伟介绍，围绕“音乐+影视”两大方向，该园区正在创新梳理产业生态圈，打造新型特色视听产业优势区，全力推进原创、制作、体验、宣发、交易、演艺为主要业态的要素集聚。

而少城视井文创产业园背后的少城国际文创硅谷，是青羊区顺应成都市委提出“加快建设产业活力强劲城市品质高端、服务功能完备的现代化城市新区”整体战略部署，结合青羊区区域条件、产业基础打造的成都全市66个产业功能区之一。

建设产业功能区是成都近年来发展产业与城市的核心抓手。在成都的愿景中，产业功能区集生产、生活、生态功能于一体，既要做强产业功能，也要补齐生活短板，是体现新发展理念的城市空间载体。

作为典型的文化产业功能区，少城国际文创硅谷于2017年底规划建设，总规划面积4.6平方公里，正着力构建以文博艺术、影视娱乐为主导，音乐演艺、文博旅游为配套的“2+2”产业体系。

统计显示，2018年，少城国际文创硅谷文创产业实现营业收入494.95亿元、税收14.34亿元，其中九大产业园区集聚文创企业581家，实现营业收入约24.68亿元、税收约1.02亿元，文创产业从业人员增加至2万余人。

“我们主要的做法之一，就是培育产业生态圈。聚焦供需匹配，优化人才、资本、创新平台载体等要素配置，强化产融对接，搭建创新平台。”少城国际文创硅谷有关负责人介绍。

目前，少城国际文创硅谷正与中国成都人力资源服务产业园建立长期合作机制，吸纳文创企业家、学院教授等组建专家库，并引进天府文创产业投资基金、成都体育产业基金、申宏峨影基金等文化金融专营机构20余家，推动“文创贷”等特色金融产品与文创园区、企业合作。

面向未来，少城国际文创硅谷计划，将坚持以“人城产”城市发展逻辑为指引，践行“公园城市”理念，以天府文化IP活化、内容创意制作多维度场景体验为核心竞争力，让“少城”不再局限于物理区域，而是成为“成都文创”的代名词。

手记：从产业功能区看到“解题”新路径

文创产业是一个巨大的蓝海。包括佛山在内，国内不少二三线城市都在大力发展文创产业。但另一方面，真正将文创产业做强做大，使之成为支柱产业的城市还不算多，而成都恰恰就是其中的一个。

从企业纷纷入驻的少城视井产业园，到4.6平方公里内聚集了九大文创园区的少城国际文创硅谷，成都发展文创产业的决心和行动力都让人刮目相看，也值得佛山等地学习。

在成都的众多做法中，建设以文创为主的产业功能区尤为值得一提。

2017年7月，成都市产业发展大会作出了规划建设产业功能区的战略决策。对于产业功能区，成都鲜明提出以“人城产”逻辑推动城市发展方式转型和经济发展方式转变，大力营造产业生态、创新生态、生活生态和政策生态。

2019年，成都市主要领导还提出，要统筹生产生活生态三大布局，坚持产城融合，把每一个产业功能区都建成一座产业新城。

目前，不少城市在建设文创产业载体、集聚文创企业、吸引文创产业人才、发展文创产业消费时所普遍面临的困境，其核心就是难以大量聚集优质的文创产业人才和项目。而成都建设产业功能区的思路，恰恰击中了很多城市在产业平台载体、城市配套等方面存在的问题。这一做法同样值得佛山思考。

深度解读

全新竞赛：文化名城如何提升“显示度”

年末的成都，整座城市就如同一个巨大的舞台。2019第七届成都国际旅游展、第六届成都创意设计周、2019中国—中东欧国家音乐周、第三届天府银杏文化艺术周……旅游、文创、音乐等领域大大小小的文化活动逐一上演。

在千里之外的佛山，当地全年最重磅的文化活动——2019中国（佛山）大湾区功夫电影周已经进入了开幕倒计时。在此前的第28届中国金鸡百花电影节上，佛山以“光影湾区·佛山功夫”为主题向中国电影人发出邀请，希望他们来到“功夫之城”佛山，共筑湾区光影梦想。

在中国制造业的版图上，成都和佛山都有着重要地位，这并不妨碍两座城市建设文化名城的雄心。两地在文化方面有不少共同点——都是中国历史文化名城，都是联合国认证的“美食之都”，都有强烈的地域文化特色。近两年来，两地都把文化作为城市发展的核心竞争力来抓。

在这一过程中，成都文化领域“三城三都”的品牌知名度日益提升，成为城市发展的“金字招牌”，不断刷新着人们对成都的印象。成都文化产业也快步向前，增速与规模走在全国不少经济强市前面。而佛山也于2017年提出建设更具品质的文化导向型城市的目标，积极塑造南方影视中心、世界功夫之城、美食之都、博物馆之城等一系列文化品牌，跻身“网红城市”行列。

一座拥有丰富历史底蕴的城市应该如何提升自身文化产业的“显示度”？围绕这个新的命题，成都与佛山的探索，仍在继续。

从“三城三都”说起　一座文化名城走向世界

2019年12月初，由成都市文广旅局主办的“夜游锦官城”主题体验活动上演了收官之作，来自加拿大魁北克省的冰雪音乐故事《北极光》演出让观众惊艳不已。这场自国庆期间启动的活动持续近两个月，展示了成都的文博场馆、民宿、绿道、演艺、美食亮点，辐射人群达到50余万人。

无论是常居成都的市民群众，还是短暂停留的外来游客都能体会到，这是一座几乎时刻都在上演精彩文艺活动的城市。

多年来，佛山与成都均高度重视文化工作。2017年，佛山提出要推动“城产人文”融合发展，加快建设更具品质的文化导向型城市，让文化特质成为佛山这座历史文化名城的核心要素。

而2018年9月召开的成都市世界文化名城建设大会之后，当地文化产业进入了一个空前的加速发展期。正是这场大会宣布，成都将努力建设成为独具人文魅力的世界文化名城。

每一座世界文化名城，都有其特定历史阶段的时代表达。成都把打造世界文化名城的抓手定为建设“三城三都”——世界文创名城、旅游名城、赛事名城和国际美食之都、音乐之都、会展之都。

这座城市的具体计划是，力争到2020年，“三城三都”品牌行业价值凸现，建成具有区域影响力的世界文化名城；到2035年，“三城三都”闻名于世，建成世界新兴的文化名城。

成都决心大，动作快。此后，成都市委办公厅、成都市人民政府办公厅印发了建设“三城三都”6个三年行动计划，明确了每个“城”与“都”的建设目标、具体路径、保障措施。一时间，“三城三都”成为成都最引人关注的焦点。

这是成都文化的“组合拳”。随着6个三年行动计划的出台，成都在营造生活场景、消费场景、文化氛围和社会影响等方面“火力全开”。

提升文化影响力是成都的重要目标。以建设世界文创名城为例，成都提出，要大力提升文创产业的行业首位度、产业融合度、品牌美誉度和国际知名度，全面增强全国重要文创中心的影响力、凝聚力、创造力。

第十五届四川电视节闭幕式（成都市委宣传部供图）

产业规模和发展速度，是衡量其影响力的直接指标，文化产业同样如此。

在世界文创名城的建设进程中，2018年成都全市文化创意产业实现营业收入4979.6亿元，文创产业增加值1129亿元，超额21.4%完成全年目标；2019年上半年，文创产业增加值达到734.3亿元。

音乐产业是另一个典型。在建设国际音乐之都工作推进下，2018年成都实现音乐产业产值397.86亿元，同比增长21.69%；2019年前8月达319.4亿元，同比增长22.1%。预计2019年全年将突破470亿元，音乐产业发展步入快车道。

旅游业的数据同样富有说服力。2019年上半年，成都接待游客总数超过1.2亿人次，同比增长15%，实现旅游总收入超过1900亿元，同比增长25%。其中，2019年春节黄金周期间，全市共接待游客1892.3万人次，实现旅游总收入达206.9亿元，位居全国副省级城市前列。

一系列事实表明，成都走对了路。

做强平台加速集聚　打造市民触手可及的产业载体

走进位于成都市成华区的东郊记忆音乐公园，一家名为“明堂”的文创商品店从早到晚人头攒动。在2019年11月举行的第六届成都创意设计周暨第二届“天府好版权”授权展上，这个品牌获得了“最佳版权新锐奖”。

从一家小店到西南地区知名文创品牌，除了明堂自身的努力外，东郊记忆这个平台起到的作用也至关重要。这个紧邻成都东二环、位于全市主城区中心地段的园区，既是文化创意团队创新创业的优质空间，也是成都市民“常来常往”的休闲场所。

和所有产业一样，文化产业从弱到强，必须经历集聚化的过程。要加速这一过程，就必须让文化产业拥有良好的实体发展空间，让文化产业为更多消费者、投资者、从业者乃至市民可感可见、触手可及。

在这方面，成都的关键举措之一，是建设各类承担重要功能的大型载体。以音乐产业为例，截至2019年10月，成都金融城演艺中心、成都露天音乐公园、成都城市音乐厅等相继建成，城南文化艺术中心、梵木国际艺术中心等项目加紧规划建设，全市大中小型各类专业演艺载体达55个，在建及拟建演艺设施达24个。

与此同时，围绕流行音乐、古典音乐、民族民间音乐等主题，成都洛带、白鹿、街子等5个特色音乐小镇差异化发展，城市音乐消费场景加速构建。在政府引领下，曾经不被大众所熟悉的成都音乐产业，已经成为城市生活中看得见、摸得着的显眼存在。

数据显示，截至2019年10月，成都新认定市级文创园区31家，同时，高标准加快推进成都博物馆、城市音乐厅等一批重大文化地标建设，实施127个文创重大项目，集聚集群发展的竞争效应、叠加效应、溢出效应逐步增强。

在这一过程中，成都持续优化空间布局，推进天府文创城、少城国际文创功能区、成都东郊记忆创意功能区等文创产业功能区建设，推动重大项目精准落地。2019年上半年，成都全市文创产业功能区新入驻企业768家，产业项目累计完成投资约50.85亿元。

2019年，第七届中国成都国际非物质文化遗产节在成都举行（成都市委宣传部供图）

承载文化产业的街区、载体、平台在成都拔地而起，有机地融入了城市的肌理，同时也成为市民生活的重要组成。

围绕文化载体建设，佛山与成都有着强烈的共同语言。前不久，佛山市自然资源局发布佛山文化中心（两馆一厅）方案设计国际竞赛公告。公告披露，佛山拟于东平河滨水核心区域选址建设市级综合型公共文化设施——佛山文化中心，主要建设内容包括音乐厅、展览馆、美术馆、办公空间及相关配套等功能，总投资暂定约21.91亿元。

佛山推动文化产业集聚、优化空间布局的努力也不断取得新成果。早在2017年，佛山市就已出台《关于加快文化产业融合发展的实施意见》，提出以创建文化产业示范区为抓手，重点打造以石湾中国陶谷为中心的陶瓷创意产业集聚区、以西樵国艺影视城为中心的影视旅游产业集聚区等八大具有核心竞争力的文化产业集聚区。

如今，佛山文化产业集聚区建设成效斐然。以中国陶谷为例，自开建以来，这一载体没有开发1平方米的纯房地产项目，却新改造了50万平方米以上的产业空间。紧扣科创、文创、全产业链整合三大主线，中国陶谷集聚了一批创新创业平台，建成超过30万平方米的孵化平台，引入40多个行业协会，聚集创新创业企业1000多家。

2019年4月，中国陶谷特色小镇成为佛山市唯一入选“全国特色小镇高质量发展会议”推荐案例的小镇，成为全国特色小镇的“模范生”，为全国传统工业镇的转型升级提供了范本。

根据计划，到2020年，佛山将建成国家级文化产业示范园区1个、国家体育产业示范基地1个、国家级运动休闲特色小镇1个、省级文化产业示范园区6个。

进击流量时代　用作品证明区域实力

“文化旅游可以成为一个区域文化产业的重要组成部分，但不一定是核心内容。衡量一个地区的文化产业的竞争力，还要看当地有没有能够传播的、能够‘带走’的、有内容的现代文化作品。”四川大学文化产业研究中心主任蔡尚伟说。

在蔡尚伟看来，2019年动画电影《哪吒之魔童降世》的横空出世，是成都文化产业里程碑式的事件。而传统文化底蕴深厚的佛山，则同样在用内容和作品证明自己。

2019年11月底的厦门星光璀璨，第28届中国金鸡百花电影节在此举行。佛山电影《过昭关》获得4项提名，佛山参与制作的电影《白蛇传·情》获得1项提名，这是金鸡奖历史上佛山作品获得提名最多的一届。

在一片星光中，佛山以“光影湾区·佛山功夫”为主题举行佛山之夜活动，推介将在12月17日—21日期间举办的2019中国（佛山）大湾区功夫电影周。

这是《粤港澳大湾区发展规划纲要》颁布后，首次以大湾区的名义举办的电影盛会。该电影周将以功夫电影为媒，深入联动融合粤港澳三地文化资源，推动粤港澳大湾区影视文化产业合作。

在流量经济、移动互联网迸发巨大能量的背景下，影视文化产业是观察佛山文化产业发展状态的绝佳样本。

时间重回2016年12月，由广东省委宣传部推动指导的“南方影视中心”项目落户佛山。此后，佛山迅速搭建落地政策，持续优化文化产业发展环境，加快建设一批影视产业基地和主题乐园，打造中国南方影视中心，越来越成为海内外电影人创新创业的“梦想之城”。

短短3年，落户佛山的企业大幅增长。至2019年上半年，佛山全市影视及相关企业已达1241家。其中影视制作企业613家，与南方影视中心建设前相比新增548家，增长843.07%。来佛山拍摄取景的剧组也累计从60个增长到800多个。

影视产业发展的成绩，归根结底要看作品。近年来，佛山出品和参与制作的影视作品频出，由佛山企业参与出品的多部网络电影作品斩获了国际性的电影节大奖；而目前播放量突破9000万、豆瓣评分一度达到8.4的热门剧集《破冰行动》，也有佛山企业参与出品。

在此期间，第27届中国金鸡百花电影节在佛山举办，这是自1997年第6届中国金鸡百花电影节之后，佛山再次举办这一中国电影文化盛会。

西樵国艺影视城等影视摄制基地，也成为佛山文化产业载体崛起的代表。数据显示，截至2019年5月，国艺影视城已接待300多个剧组，包括《叶问：终极一战》在内的大批香港电影从此走出。2018年，国艺影视城接待游客约达100万人次。

样本聚焦

两个美食之都的共同步调

走进佛山顺德华侨城。作为当地重点打造的美食集聚区，这一平台开业经营的门店已有36家，餐饮行业已初具规模。2019年6月，佛山出台《粤菜师傅工程建设实施方案（2019—2021年）》，将打造美食集聚区作为重点举措。在佛山五区，一个个美食集聚区正在加速崛起。

而在成都，美食载体建设陆续推进，2019年全市共筛选确定重点促进的美食载体建设26个，总投资额达到511.85亿元，其中2019年预计完成27.28亿元。

两座同样获得联合国认定的美食之都，正在不约而同地推进集聚区建设，使其成为发展美食产业和美食文化的关键词。

让美食与文旅结合　打造地标性集聚区

2019年6月，佛山实施粤菜师傅“1+5”系列工程，着力建设世界知名的“粤菜粤厨名城”。

在相关方案中，佛山强调，全市要打造特色粤菜美食集聚街区。

根据要求，佛山打造代表佛山的岭南文化特色，突显佛山“粤菜粤厨”精华，促进“粤菜粤厨”与文化、旅游、购物相结合，在国内外具有较大知名度和影响力的佛山粤菜美食地标性集聚区。每个集聚区须集聚25家以上在国内外知名或具有地方特色的餐饮企业进驻经营，同时配套建设1个餐饮文化博物馆。

2019年12月召开的佛山市实施粤菜师傅“1+5”系列工程建设推进会介绍，佛山各区在该领域都已经获得突破。以禅城为例，6个美食集聚区中，南风古灶美食集聚区已经正式揭牌；岭南天地第3期于2019年底竣工，计划于2020年上半年试运行。

在高明西江新城，粤菜美食集聚区依托新亨广场打造的核心美食圈基本形成，目前该广场经营品牌达60余家，引入了21家特色美食企业进驻。在三水，“百年车站—美食创意走廊”餐饮集聚区也在加快推进建设。

在成都，围绕产业集聚区，各区也在聚力打造国际美食消费场景和项目。2018年，成都引进相关美食之都载体项目投资总额225.5亿元，建设了包括餐饮等业态在内的63个特色商业街区，提升了商圈和特色商业街区品质。

根据《成都市建设国际美食之都三年行动计划（2018—2020年）》，该市将重点依托春熙路商圈、锦江夜消费商圈、大源商圈等大中型商圈的建设，吸引各类特色餐饮连锁品牌入驻，着力打造和提升3—5个能代表成都形象和发展水平、符合国际化要求的特色餐饮集聚街区。

传承本土味道打造 更多集团化品牌

2019年前10月，佛山餐饮收入313.84亿元，增长6.7%；与前6月6.1%的增速相比，提升了0.6个百分点。这证明了佛山美食产业的蓬勃生机。

接下来，佛山各区在强化美食集聚区规划建设力度的同时，还将把培育知名粤菜餐饮企业放在重要位置，并争取培育出更多集团化的连锁餐饮品牌。

以扶持大型餐饮企业品牌为纽带，佛山希望培育一批地方特色突出、文化内涵丰富、社会影响力较大、经营规模超亿元的餐饮集团企业；同时，鼓励扶持国内外餐饮连锁品牌企业进驻佛山经营，带动全市餐饮行业提升发展。

在成都，当地也在着力培育品牌餐饮传承“成都味儿”，以本地美食产业化、标准化、连锁化、生态化、国际化发展为核心，加强对本土领军企业品牌建设支持。

成都市商务局提供的数据显示，2018年，成都年度营业收入超过5000万元的餐饮企业20余家，年销售过亿元的品牌连锁餐饮企业10余家，年销售过5亿元的餐饮企业5家。

面向未来，该市提出，支持川菜品牌企业、连锁企业走出去，通过品牌、人才和技术输出等方式与外国企业联合经营，快速开拓海外餐饮市场。根据计划，到2020年，成都将培育2—3家全国餐饮连锁示范企业、1—2家全球知名企业品牌、10家年销售额过亿元企业。

佛山实践

一场功夫电影周背后：佛山影视产业按下“快进键”

2019年12月，2019中国（佛山）大湾区功夫电影周在佛山启幕。来自粤港澳及世界各地的文化界、影视界的专家和嘉宾齐聚佛山，同赏功夫电影精品，共商未来合作发展大计。早在2016年底，志在打造国际一流影视产业基地的“广莱坞”南方影视中心落户佛山。此后，佛山把影视产业作为文化支柱产业之一，在政策激励、平台搭建、项目承接、产业服务等方面持续加大力度，争创粤港澳大湾区影视产业合作试验区，推动影视产业聚企业、聚人才、聚精品。

“佛山对影视产业扶持力度很大，不同部门都有不同做法。”国艺娱乐文化集团有限公司主席助理、佛山市电影行业协会会长冼耀广说，佛山在电影领域推出了一系列政策，业内人士能深切感受到佛山在推动文化产业发展上的决心。

“佛山影视产业快速发展，离不开政府大力引导。”佛山瞳画影业有限公司董事、总经理唐葳说。近年来，第27届中国金鸡百花电影节等大型影视盛会在佛山举行。积极有效的政策也使佛山成功吸引了众多影视制作公司落户，上下游产业链日趋完善。

自南方影视中心落户佛山以来，佛山频频出台影视产业扶持政策，大力发展影视文化产业。短短3年，落户佛山的企业实现大幅增长，截至2019年上半年，全市影视及相关企业达1241家。其中，影视制作企业613家，与南方影视中心建设前的65家相比，新增548家，增长843.07%。

佛山对标

打造文化强市，要让市场“看见”

文化产业、文化品牌，必然要在激烈的城市竞争中处于被动。但另一方面，在很大程度上，文化产业与金融产业非常相似。除了不可复制的山川大河等先天资源外，大量文化产业资源都趋向于向少数城市流动、集聚。在这方面，最典型的例子莫过于北上广深四座一线城市。无论演艺明星等人力资源，还是各类内容生产机构、市场渠道、演出机构，都高度集聚于一线城市，他们对比其他城市有非常明显的优势。

正因如此，像成都、佛山以及其他二、三线城市，发展文化产业不难，但要做强做大，就必须克服很多困难。其中首要的任务，就是在众多城市中脱颖而出，并进一步与能级更高的城市展开竞争，集聚更多文化产业人才、机构、资金、技术、作品等要素。

成都为何能在这样的竞争中获得良好的开局？这是一个大课题。但解剖成都发展文化产业的众多具体做法可以发现，成都的突出特点是，从一开始就坚持“高举高打”，重视形成影响力。

在这一思路下，成都建成了一批重大文化艺术地标项目，聚集了一批文化名家和文创人才，培育了一批国际型文化企业和文创品牌……这些举措投入巨大、压力巨大，但好处也显而易见——成都没有陷入自娱自乐式的文化产业建设，而是在全国范围内频频“刷屏”，让更多人看到成都对于文化产业的决心和具体做法，看到成都文化产业的潜力和前景。

只有让更多人看到这一切，对成都产生信心，他们才会逐步参与其中。只有启动了这个过程，成都才能真正突破由于地域、行政等级、行业天花板等条件产生的局限，把集聚要素的速度推动到最大。让更多人“看见”，这既是成都的成功方式，也应该成为佛山文化产业走上的道路。

CHANGSHA

长沙 城市名片

长沙，湖南省省会，长江中游地区重要的中心城市，是首批国家历史文化名城，有“屈贾之乡”“楚汉名城”“潇湘洙泗”之称。近年来，长沙发展迅速，截至2019年，长沙实现地区生产总值11574.22亿元，常住总人口839.45万人，城镇化率达到79.56%。

夜经济、橘子洲、文和友、茶颜悦色……如今的长沙，是一座令人向往的网红城市。在2018年底发布的《短视频与城市形象研究白皮书》中，长沙以31.8亿抖音视频播放量名列全国第八位。与此同时，长沙连续12年被评为“中国最具幸福感城市”，在2019年还同时获得中国最具幸福感城市单项奖“活力之城”荣誉称号。

“幸福”二字，是“品质长沙”最生动的注解，也是长沙的一张闪亮名片。建设“幸福之城”，长沙不断改善街巷里的民生日常，提升百姓获得感。从2018年起，长沙市启动老城区有机更新工作和“一圈两场三道”建设两年行动计划，让城市回归本源，体现宜居性，让百姓学有优教、病有良医、老有颐养、住有宜居、劳有所得、幼有所育、弱有所扶。

两年间，长沙紧紧围绕“菜食住行购、教科文卫体、老幼站厕园”等众多民生细节，建设438个15分钟生活圈，建设300余个停车场、10万余个停车泊位，新改建人行道800公里、自行车道近900公里、历史文化步道60多公里，让百姓的幸福感在一处处细节的叠加中变得更为强烈。

长沙行记 7

一个长沙社区的“幸福生意经”

每天吃完早饭，家住长沙市雨花区左家塘街道红花坡社区的王奶奶都会换上运动装，步行5分钟到附近的红花坡文体品质生活园（简称“品质园”）内，和老伙伴们一起松松筋骨。每到周二和周四，28岁的林晨总会早早回到家，到楼下品质园健身中心锻炼，周末她还会不时约上朋友，到同样位于此地的蹦床公园跳一跳释放下压力……

在红花坡社区有一个说法，早上8时30分进了品质园，可以一直玩到第二天

长沙红花坡文体品质生活园先后引进11个体育项目，园内还有幼儿园、饭店、酒店（长沙市委宣传部供图）

早上8时30分才出去：在这里，由旧厂房改造成的酒店、饭店、游泳馆、健身房、羽毛球馆、蹦床公园等设施一个接一个，还配有幼儿园和车辆检测所等，满足了居民的教育、运动、休闲等各类生活需求。

作为长沙“15分钟生活圈”项目配套之一，红花坡社区精准地对项目进行改造，在旧厂房里做起居民生意，将运动休闲设施建到社区里，也将幸福感送到了居民家门口。

旧厂房改造有新思路　不走文艺范走生活范

品质园内充满艺术气息的场馆被高低不一的居民楼所包围，让人眼前一亮。

健身中心的二楼，是浓重的涂鸦风格，瑜伽区、器械区被清晰划分；左手边是宽敞的落地窗，50米泳道的恒温泳池正被灯光照得透亮，楼下理疗按摩等小泳池吸引了不少人前来放松。

保持厂房主体结构不变，重新修葺并进行隔断，再漆上充满活力的艺术涂鸦，就变成了设施一应俱全的健身中心，变成拥有10多个场地的羽毛球馆和气排球馆，变成一秒让人回到童年大声尖叫的蹦床公园，变成25分钟即可完成全车检测的车辆检测所……

20世纪六七十年代初期的工业建筑与现代文化相结合，品质园的改造既开拓了休闲的空间，又留住了老长沙的记忆。

一般的旧厂房区改造，多半是打造为文化艺术街区，为何品质园的商业配套形态却如此丰富？“我们就是紧紧围绕满足周边百姓生活这一需求来改造的。”红花坡社区党委书记曾铁钢说，此前社区人均居住密度大，却缺乏相应的娱乐设施及相关休闲配套。“我们就想通过品质园的打造，做到经济效益和社会效益的统一。”曾铁钢说。

目前，占地53亩的品质园已先后引进11个体育项目，进驻18家公司，均是围绕生活品质这一主题。从园区内的收费价格来看，也都是走平价路线，每天7时30分至11时30分，羽毛球场还会免费开放给附近65岁以上的老人晨练。

在提供服务的同时，品质园的建设也解决了附近居民的“停车难”问题。曾铁钢介绍，在改造过程中品质园通过合理利用土地空间，用建筑材料填充出了136个停车位，白天可供来运动的客人使用，晚上则会开放给周边居民停车，实现了“潮汐车位”的功能。

正因此，2018年11月才正式开园的品质园，如今在当地已经备受追捧。即使是在星期一，健身房、羽毛球场馆里仍然热闹。备受年轻人欢迎的蹦床主题公园，平日的人流量就能达到800至1200人，成为长沙的网红蹦床主题公园。

“让社会资金安家，让老百姓成为客源”

一个文体品质生活园，满足了附近居民教育、停车、文化体育、养老等需求，红花坡社区这一创新，大大提升了居民品质生活的幸福感。“下楼步行几分钟就能找到吃饭的地方，能随时健身，未来孩子上幼儿园也不用愁，很满足了。”租住在红花坡社区的林晨说。

将旧厂房改造过来做居民生意，是红花坡社区落实长沙“一圈两场三道”两年行动计划的具体举措。

所谓“一圈两场三道”行动计划，是指长沙从2018年起用两年时间在全市打造400个“15分钟生活圈”，完善教育、养老、买菜、停车、社区公共服务、医疗卫生、文化体育、交通出行、环卫设施、居家生活等设施配置；在全市提供不少于6万个停车泊位，计划改造、新建116处农贸市场；加快完善回家“最后一公里”步行体验，进行人行道、自行车道、历史文化步道的提升改造。其目的即为提升城市品质，完善城市功能。

但要在土地紧张的老居民区逐步配齐这些需求，并不算易事，红花坡社区的创新探索也非一帆风顺。

曾铁钢回忆，在最开始引入社会资金时，运营方是准备将旧厂房用于仓库物流租赁的，但囿于地理位置，生意并不算好。“作为社区方我们开始引导他们，看能否改造成百姓生活、健康所需要的设施。”曾铁钢说。

长沙建设“15分钟生活圈”，围绕“菜食住行购、教科文卫体、老幼站厕园”等众多民生细节进行打造（长沙市委宣传部供图）

多方考察后，游泳馆作为第一个“试水”项目引入，随后篮球馆、羽毛球馆接踵而来，由此吸引了饭店、酒店这些消费业态，品质园的模式才算逐步摸索出雏形。

在这一过程中，红花坡社区也通过调查问卷的方式了解居民的需求，并与园区运营方不停进行交流和沟通。“在老旧厂区的改造过程中，让社会资金在此安家，就要给他们带来客源，而这些客源正是附近的老百姓。”曾铁钢说。

改造旧厂房服务周边居民，这样的例子在长沙屡见不鲜。

2019年1月，位于坡子街道的2600平方米的下碧湘街生鲜市场正式营业，这一同样由旧厂房改造而来的生鲜市场，一改老市场的混乱分区，并采用全透明玻璃顶棚，统一安装通风设备和50个高清摄像头。降低摊位租金价格，严格把关市场环境，使下碧湘街生鲜市场每天都人头攒动。“如今市场干净，买菜舒心。”一位居民在接受笔者采访时笑着说。

手记：三旧改造新思路 让幸福在家门口升级

什么是百姓的小幸福？出门步行不到五分钟，有明亮整洁的生活超市，新鲜的瓜果蔬菜种类应有尽有；饭后想散步，家门口就有社区公园；小孩上学，到幼儿园只需几分钟……步行15分钟，就能满足衣食住行、看病养老、阅读健身种种需求。在长沙，这些正变为现实。

“幸福城市不是一朝一夕造就的，它的软硬实力，就是决定幸福城市的‘底色’和‘成色’。”长沙市委党校马列教研部主任、教授张凯兰在接受媒体采访时就“解读”过长沙的“幸福密码”。

其中，良好的公共服务被认为是长沙“幸福之城”的奠基石，包括学有优教、病有良医、老有颐养、住有宜居、劳有所得、幼有所育、弱有所扶。

落实这些“小事”已经不易，长沙还要将这些资源都送到市民家门口。正因此，有了438个“15分钟生活圈”的出现。建立幼儿园、养老院，开放运动场所，升级农贸市场，“15分钟生活圈”的方方面面都是为了解决市民生活需求。

但要把资源送到家门口，对于土地资源紧张的老城区并不容易。为此，长沙重点做好资源共享工作，如天心区共协商辖区企事业单位开放了130项设施，包括游泳馆、篮球馆、图书馆、博物馆、养老所等，完善提升了“15分钟生活圈”的设施。同时，长沙对位于居民区的项目进行精准改造。雨花区红花坡文体品质生活园项目就是一个代表。

与长沙相似，佛山同样存在老城区土地资源紧张的情况，是否也可借鉴长沙做法，协商企事业单位在周末及非上班时段开放便民设施，为居民新增娱乐休闲空间？把幸福送到家门口，在三旧改造过程中大胆解放思想，围绕生活主题打造品质园，实现社会效益和经济效益的高度融合，或许就是“幸福生意经”的秘诀。

长沙行记2

长沙老旧街区成网红新地标

“灿娭毑（“娭毑”在长沙话中指“奶奶”），今天生意怎么样啊？”“挺好的呢！”63岁的灿娭毑坐在自家的棋牌室前，和路过的熟人打着招呼。在太平街下河街片区生活了50余年，灿娭毑深刻感受到这两年来该片区的飞速改变：“路修好了，房屋也新刷过一次，环境好了，人气也旺了。”

灿娭毑所在的太平街下河街片区，位于长沙市中心地段。长沙著名的旅游景点——太平街就在这个片区。早几年，这一周边片区却因基础设施差、道路不畅，与人头攒动的太平街格格不入。

2018年随着长沙老城区有机更新项目的实施，太平街下河街片区颜值被“刷新”，“蜘蛛网”下地，下水管网扩容换新，引入新业态，老街坊圆了安居梦，这里成为追寻老长沙记忆的网红地标。

“让老城区更有长沙味、让老百姓更具幸福感”，像太平街下河街片区这样的有机更新项目正在长沙快速推进，越来越多的网红地标正在这座城市涌现。

蹚出街区改造新路子　旧址上动“外科手术”

回看现在的青麻石地、灰瓦红墙，很难想象，太平街下河街片区几年前还是一片破败不堪的情景：道路狭窄坑洼，电线缠绕得如同蜘蛛网，基础设施落后，房屋破败不堪，安全隐患随处可见……

彼时，改造下河街的呼声越来越高，但怎么改却让人头疼。经梳理，改造共涉及约220栋建筑，涉及居民2000多户。按老办法拆建，成本高，拆迁工程量

像长沙太平街下河街片区这样的有机更新项目正在长沙快速推进，越来越多的网红地标正在这座城市冒出（汤晓微摄）

大，历史记忆也将不再。

位于长沙历史文化名城核心区内，太平街下河街片区的历史文脉、生活故事、街巷格局有着独特的老长沙气韵。

近年来，长沙提出要在全市大力推行老城区有机更新，重点突出传承历史文化，强化宜居功能，彰显城市活力。

因此，在太平街下河街片区的有机更新中，天心区委、区政府充分挖掘历史文化沉淀，按照“安全、适用、舒适、经济”原则和“四增两减”思路，对范围内设施进行提质改造和功能完善，切实提升片区的宜居度和居民的幸福感。

为此，太平街下河街片区在保持住房产权不变的基础上，结合原有的历史风貌，选择在旧址上动起“外科手术”，以实现“修旧如旧”的效果。为了与周遭环境融为一体，施工方还特意从北方购买砖红色陶管包裹在水管外围，以配合红色砖墙的年代感。

除去“面子”改造外，还针对居民生活痛点，进行“里子”提质。建设屋顶防水和保温层等，通过拆除杂屋、围墙，墙上开门和建过街楼等方式，打通断头路；完善街区基础设施，包括消防、路灯、垃圾桶、公网、管线下地等，更换住户室内厨房抽油烟机，降低油烟污染，提升公共厕所环境，共计改造厕所70间。

当然，这一有机更新的过程并非一帆风顺。太平街下河街片区主要为住宅区，修缮旧房屋就意味着部分居民要暂时搬离，而无须搬离的住户也不免受施工噪音影响。

对此，下河街社区通过楼栋长广泛搜集群众意见，并根据居民反映情况及时调整。“有市民要求安装防护窗，有的市民住宅本身是历史建筑，想尽可能保存原貌，我们都会尽量满足。”太平街下河街片区有机更新项目执行人吴坚说。

老街区“活”过来　新业态入驻，年轻人“归巢”

如果走到人声鼎沸的太平街街尾，再拐过一个路口，便可看到一处风格别致的建筑，门口“烟斗客”三个字引人瞩目。这是一家湘菜馆，从房屋的红瓦红墙就能看出浓浓的民国时期建筑风格。

早几年前，因周围街巷基础设施差、道路不畅，烟斗客的生意并不好。“但是在两个多月前完成老街区改造后，客流量已经翻倍了。”太平街下河街片区有机更新项目执行负责人谢智平介绍。

留住历史文脉，让老街区更有韵味从而吸引人流，吸引更多商业载体的入驻，通过历史文化与现代文明的交织，有机更新让老街区“活”过来了。

如今，改造后的太平街下河街片区保留了街区的每一棵大树以及传统街巷格局，在每一栋修复过的公馆、旧址、民居前，都有标牌导视系统来进行展示、解读。行走在此，仿佛穿越了一条贯通千年的时空隧道。

随着老街改造，老字号小吃、公馆、客栈、中医也相继介入老街的业态中。一些店铺成为“网红店”，不到饭点，就已门庭若市。“要通过街巷提质，促进业态自我筛选与升级，保证商业品质，促进商业发展。”谢智平说。

对于居民而言，除了环境的改善，带给他们的还有改造后丰厚的“红利”。改造前的住宅租金不过400元一个月，尚且无人问津；改造后4000多元一个月还有很多人抢着要。与此同时，原本因为小区脏乱差而离开的一批年轻人也开始“归巢”。

现在的太平街下河街片区已焕然一新，老街坊们还是相互熟络，除了房屋表面的翻修，好像一切还停留在过往的记忆中。灿娭毑笑道：“我们街坊邻居认识几十年了，吃饭的时候会相互串门，从这一家走到那一家，非常方便。如果是让我迁去新房子，反倒不自在。”

手记：“网红景点就是我家”，佛山可以向长沙学什么？

打开抖音，“网红长沙”强势霸屏。岳麓书院、橘子洲头、杜甫江阁，作为全国首批历史文化名城，长沙的历史底蕴足够吸引人。但说到长沙，人们更为津津乐道的，还是集吃喝玩乐于一体的太平街、坡子街、都正街，而这些，都是长沙在保留老城区记忆基础上，“翻新”的网红新地标。

除了上述的太平街，位于长沙市芙蓉区的白果园片区同样具有代表性。这里也是长沙著名的历史古街巷、民国时期长沙的富人区，丰泉古井、公沟遗迹、湘江评论印刷处旧址等10余处不可移动文物聚集于此。

但未修缮前的白果园片区房屋老旧、违建遍地、环境杂乱，住房密集拥挤，危房多，要“翻新”是不是只能拆？长沙交出了另一个答卷，以“延续城市文脉，回归城市本源”为宗旨进行有机更新改造。

在不大拆大建、不破坏街巷体系、不破坏社区生态、不破坏建筑风貌的基础上，长沙以危房改造、立面改造、功能改造为主，把白果园、化龙池片区的深厚历史底蕴、丰厚文保资源都保存了下来，同时让片区内2000户居民真正感受到改造的实惠。

一位住在白果园30多年的老居民说，住了几十年的老房子翻新了，好多人来这里拍照逛街，“夸我们这里改造得好”。

一方面，“翻新”过后历史古街巷有了韵味；另一方面，居民带来的烟火味和生活气息，让古街巷也活过来。当一个个旧街巷都改成一个个网红点，一个网红城市自然快速崛起。

同样作为历史文化名城，佛山拥有如此丰富的历史资源，是否也可以在改造方面进行借鉴，打造特色的网红佛山？

深度解读

幸福城市：如何集中力量办“小事”

作为新晋的网红城市，长沙已经连续12年被评为“中国最具幸福感城市”。

穿梭在长沙的背街小巷，不时会看到这样一张地图：上面密密麻麻地标注了各种符号，幼儿园、运动场、菜市场、公园、卫生医疗机构、公共厕所等清晰可见。每一张地图，浓缩的都是长沙其中一个“15分钟生活圈”。2019年底，438个这样的“15分钟生活圈”已在长沙成形。

所谓“15分钟生活圈”即在步行15分钟可达范围内，实现“幼有所育、学有所教、病有所医、老有所养、弱有所扶”。

集中力量办“小事”，长沙连续12年入选“中国最具幸福感城市”（长沙市委宣传部供图）

这看起来像是“小事”，长沙却集中了全市力量进行建设。包括“15分钟生活圈”在内的“一圈两场三道”行动计划，被列为长沙“市长一号工程”，由长沙新成立的城市人居环境局进行项目牵头统筹，调动基层力量参与共建共治。

用一件件“小事”，“圈”出人民的幸福感。与长沙的思路相似，传统工业大市佛山早已开启“要做产业先做城市”的思维之变。

在佛山，随着444个升级项目、2475亿元的投入，“城市升级三年行动计划”为城市注入了腾飞的动力；而后，从“城市升级”走向“城市治理”，佛山对城市形态的提升渗入到“毛细血管”当中，把人的城市化、现代化放到更突出的位置。集中力量办“小事”，持续抚平城市“肌理”，佛山正用“一张图”打造一座幸福城。

一张地图　15分钟“圈”出居民幸福生活

佛山市南海区内，桂城映月湖小桥碧波，微风轻抚；淙淙流水间，岸边粉黛乱子草随风摇曳，处处让人怡然舒畅。2019年底，南海再度入选“2019中国最具幸福感城市（县级）”。

在这里，“小城成本，大城资源”的配备足以提升居民的幸福感：每10个人就对应1个市场主体，历史高考上线率达到广州、上海等一线城市水平，高效的政务服务水平让群众办事全程无须跑腿，宜居的生态环境更给市民带来直接的幸福感。

古希腊哲学家亚里士多德曾说过：“人们为了生活而来到城市，为了生活得更好而留在城市。”从这个角度看，城市的建设水平无疑是重要的幸福密码。同样入选“2019中国最具幸福感城市”的长沙，也在致力打造最宜居的城市形态，选择用“一张地图”提升市民的幸福感。

早上7时30分，家住长沙市天心区金盆岭街道黄土岭社区的廖阿姨走出家门，步行不到5分钟把孙女送到幼儿园，再拐个弯到生活超市，这里环境干净，蔬果新鲜；吃过晚饭，廖阿姨经常会选择和好友一起到家门口的健身广场跳舞；平日想去运动或看书，查看天心区“15分钟生活圈”地图就可以查找周边公共服务设施；想停车，点击共享停车公众号，就能了解附近共享停车场和剩余车位数。

这正是长沙“15分钟生活圈”的一个缩影。所谓“15分钟生活圈”，即在步行15分钟可达范围内，配备生活所需的基本服务功能与公共活动空间。

短时间内要配齐这些基本服务，光靠政府并不现实，如何去盘活社会资源？

雨花区的红花坡社区内，有一个由老旧厂房改造而来的文体品质园。园区内，酒店、饭店、游泳馆、健身房、羽毛球馆、蹦床公园等设施一个接一个，还配有幼儿园和车辆检测所等，满足了居民的教育、运动、休闲等各类生活需求。

旧厂房改造为何不走“文艺范”而走“生活范”？红花坡社区党委书记曾铁钢有自己的思考：“厂房改造过程中需要引入社会资金，那么如何留住社会资金？就让老百姓成为他们的客源。”

“让老百姓成为客源”，这就让“15分钟生活圈”的项目建设不至于太“市场”，也不至于太“公益”。在芙蓉区的德政园社区内就设有一个公益项目孵化中心，负责人夏豪介绍，从这里孵化的公益项目与居民的需求紧密结合：来自生物机电专业的学生团队平日会上门为社区居民进行垃圾分类等环保宣传；针对居民需求的心理咨询团队、早教团队等也会在此开展活动。

社会资源的融入加速了“圈子”的打造。如今，在长沙，改造后的农贸市场干净卫生，新建的立体停车场“向上向下要空间”，自行车道在绿树中不断延伸，市民回家的“最后一公里”更通畅而有韵味。

一项创举　全国首创人居环境局，牵头上万个项目

一个“15分钟生活圈”建设不难，但这背后涉及的是整个人居环境提升，光统筹工作就是一盘大棋。

按照计划，两年内长沙将建设400个“15分钟生活圈”，同时还牵涉到停车位、农贸市场、人行道、自行车道、历史文化步道的新增、建设及改造……算下来涉及上万个项目，牵扯到规划局、商务局、停车办等10多个相关部门，谁才能主导好这盘棋？

2019年2月，长沙把这个重任交给了一个刚“诞生”一个多月的机构——长

沙市城市人居环境局，这也是机构改革后长沙在全国首创的职能局，其前身正是长沙市住房保障局。

从成立起，长沙市城市人居环境局就接过了与此相关的一切工作：老城区有机更新、历史文化名城保护和近现代建筑保护、棚户区改造等。其中，“一圈两场三道”建设正是该局的重点工作。

“为什么要有专门的职能局来统筹？很多项目在推进过程中都存在职能边界不清晰、职能交叉等问题，由专门的部门统筹，再交由行业主管部门落实，更专业的工作外包给第三方机构，是长沙摸索出来的做法。”长沙市城市人居环境局项目管理处副处长宋德志介绍，位于芙蓉区的白果园化龙池，正是通过这一做法，在短短两年内从一个房屋老旧、违建遍地的老城区摇身一变长沙的“网红打卡点”。

为了加强统筹调度，工作开展上实行联席会议制度。由常务副市长、分管副市长担任联席会议召集人、副召集人；联席会议办公室设于人居环境局，负责政策制定、工作统筹、业务指导、督查考核；发改局、财政局等相关部门作为成员单位，各司其职。

项目实施上更是从“细”入手，首先是标准上的细化。

光围绕“一圈两场三道”建设，人居环境局就出台了《15分钟生活圈规划导则》《长沙市便民生鲜农产品市场建设导则》等指引；并通过市直主要部门强化日常调度，各区（县、市）层层压实责任，加强项目现场监管。

监管方面，“一月一督查、一月一通报、一月一督办”与“重点督查、现场督查、明察暗访、随机抽查”相结合。“几乎每个区每个月都会被市领导带队巡查一次。”宋德志说。

数据显示，两年来，在长沙建成438个“15分钟生活圈”，截至2019年11月底，长沙“一圈两场三道”各项工作综合完成进度均超过96%。

设立专门统筹部门实行联席会议制度，这一做法在佛山早有实践。2012年佛山全面启动实施“城市升级三年行动计划”，就已专门成立城市升级办，通过联席会议制度的设立，“由上而下”推动城市环境的提升。

一场蝶变　八年行动构筑“理想城”

如今俯瞰佛山整座城市，一幅工业文明与岭南山水相融合的图景跃然眼前。顺德北滘库卡智能制造科技园里厂房林立，一批批机器人将从这里运出；禅城祖庙和岭南新天地游人如织，岭南文化与现代文明融入城市肌理中……

而这正得益于佛山从2012年开始的一场“城市变革”。

彼时，为改变“城不城，村不村”的局面，佛山全面启动实施“城市升级三年行动计划”，决定投入超千亿元资金，推动逾百项重点项目建设。

在实施“城市升级三年行动计划”基础上，佛山继续通过深化“两年延伸行动计划”，使444个升级项目先后上马，总投资额达2475亿元。

这轮城市升级计划开启了佛山从过去的“专注做产业”，到“先做产业再做城市”，再到“要做产业先做城市”的思维之变，也吹响了佛山集中力量提升城市形态的号角。

伴随交通路网、高楼大厦、绿化美化等物理打造，佛山人抚平了城市的肌理。但城市价值的重塑与守望，从来就不是面子的美化。

在传承城市升级、城市升值成果基础上，佛山再提出外延更广阔、内涵更丰富的城市治理，“更加注重人的发展，更加注重制度创新，更加注重多元共建共治共享，更加注重开放融合发展。”佛山市委书记鲁毅说。

这也意味着，通过城市功能提质升级，佛山进一步提高城市综合承载能力，集聚高端产业。

同时，在城市与产业之间，佛山率先敏锐捕捉到“人”的关键因素，把人的城市化、现代化放到更重要的地位，从“产城人”融合向“城产人”融合转变，照顾到人的全面需求。

佛山创新社会治理，推动大数据、云计算、区块链等信息技术与“放管服”、社会综合治理、公共服务等深度融合，统筹多方力量打造“共享社区”。

在禅城区祖庙街道，一个微服务中心线上信息平台接入全街道59个村（居），连接平安通、长者饭堂等200多家资源，通过数据共享平台及分析系统，实现服务的精准对碰和资源共享。

以长者饭堂为例，它采用了政府补贴一点、企业让利一点、社会资助一点、居民自费一点的多方共享参与形式，每天为超过850人提供现场用餐。

随着“共享社区”的全面铺开，佛山各社区的基层党员、小区业主、社区居委会、物业公司之间形成良性互动，显著提高居民协商效率。“共享社区，让邻里‘最熟悉的陌生人’捅破了那层‘窗户纸’。”祖庙街道塔坡社区73岁老党员李可琛说。

2019年佛山又提出要把高质量发展的根本要求贯穿始终，进一步增强责任感，以坐不住、等不起、慢不得的紧迫感，抓住政策窗口期，进一步提升城市形态、加快村级工业园整治等，不断增强人民群众的获得感和幸福感。

规划引领、统筹布局，用“一张图”打造一座城，佛山集中力量办好一件件“小事”，从城市升级到城市升值，再到城市治理，能看到的或许只是家门口公园多了、绿植密了、楼下设施全了、配套好了，但这背后的生态宜居、“城产人”融合，也正圈住了市民的幸福感。

样本聚焦

发挥“银发力量”让社区更有温度

每天吃过早饭，72 岁的池凤英娭毑就从家里出发，戴上红袖章，来到长沙市芙蓉区荷花园街道德政园社区开始一天的志愿工作。

这样的一个举动，池凤英坚持了15年，以她为领头人的“慈娭毑乘务岗”志愿服务队，聚集了这个社区最热心的一批“爹爹娭毑”（在长沙话中指“爷爷奶奶”），他们穿梭在社区的大街小巷，履行着劝导店外经营、维护小区环境卫生、为居民排忧解难的职责。

另一边，在佛山市南海区桂雅社区，党龄 48 年的老党员李灼全牵头建立起自治小组。这支以退休老人为核心力量的自治团队，自发筹建门禁智能锁，重新划分车位并实行分级收费，安装监控加强治安管理小区环境，清理消防通道并画消防通道标识，让小区居民的安全感和幸福感得到大大提升。

在长沙和佛山这两座城市，“银发

长沙发挥“银发力量”，让社区更有温度（长沙市委宣传部供图）

力量”在社区治理中起着重要的作用。一方面，社区养老体系以及社区服务的完善让退休老人们老有所依;另一方面，老人们通过自发建立自治团队以及志愿组织反哺社会,帮助其他居民融入社区,让社区变得更有温度。

激发社区治理主人翁意识 “爹爹娭毑”成中坚力量

在长沙打造“15分钟生活圈”乃至整个城市人居环境提升中，“自下而上”的各种社会力量起着关键的作用。要建立沟通、监督、互动等有效机制，联系群众，“爹爹娭毑”们功不可没。

长沙市芙蓉区的朝阳街道，改造前曾是流动摊贩乱摆乱放、交通堵塞、地面脏乱的“朝阳沟”。流动摊贩严重影响了小区面貌，但单靠有限的城管队员难以全天候驻守管理。为此，居民们自发成立了志愿队,主要由中老年人构成,在参与劝导后，成效良好。“‘爹爹娭毑’们既给人亲近感，又能起到很好的效果。并且他们也在参与社区治理中实现了自我价值。”朝阳街道朝阳社区党委书记涂丹说。

除此之外，这100多人的志愿者服务队也会为社区治理贡献出一份力量，“志愿者们经常会拿着喇叭进行义务巡查。在巡查过程中，如果发现安全隐患，他们就会向社区汇报，并进行整改。”涂丹介绍，在“一圈两场三道”行动计划实施过程中需要去沟通协调的工作，“爹爹娭毑”不仅支持配合，更会全力推进。

同样，在佛山市南海区桂城街道，由退休老人组建的自治团队也成为社区治理的中坚力量。

位于桂城街道的雅社区石油公司宿舍小区，自2001年竣工以来一直没有物业管理。“以前小区就像是‘无掩鸡笼’，外人自出自入，甚至有发生过开着小汽车来偷摩托车的事情。”居民陈雪芳说。为此，党龄48年的老党员李灼全牵头建立起自治小组。

这支以退休老人为核心力量的自治团队，自发筹建门禁智能锁，重新划分车位并实行分级收费，安装监控加强治安管理小区环境，清理消防通道并画消防通道标识，让小区居民的安全感和幸福感得到大大提升。

社区把工作“做到前头” 打造特色活动拉近距离

能争取到“爹爹娭毑”们的支持，切实发挥居民群众的主体作用，其实并非易事。无论在长沙还是佛山，其中一个重要“法宝”，就是社区把工作“做到前头”。

如在长沙市芙蓉区德政园社区内，就以“关爱老年人，扶持中年人，助长青少年”为宗旨搭建各类平台，对志愿服务队的活动进行引导和实施，根据社区内容打造“一岗一责”，提升和加强居民自治意识。

朝阳社区则是顶住巨大压力创新成立了一个养老“日托所”，为老年人提供书法、手工、舞蹈等多样化的兴趣选择，并引入医养机构，使老人足不出街就可获享中西医诊疗、上门康复等系列医养服务，也由此在这一中心诞生了上百人的“爹爹娭毑”志愿服务团队。

佛山也敏锐地抓住了这一点。桂城街道灯湖社区的滨江一号小区，共有23栋楼宇2687户。作为大型的新式物业服务住宅小区，其中来自五湖四海的居民对小区归属感和认同感薄弱，对小区综合治理服务有着多样性的要求，针对物业服务的矛盾日益增多。

对此，灯湖社区通过“灯湖故事妈妈”、灯湖好声音、篮球赛等社区活动，调动小区居民的积极性，让他们在互动中建立感情，激发主人翁精神，并发动热心居民参与小区治理。

另一边，南海区狮山镇联星社区幸福院的工作人员充当骑手，每日按时从长者食堂出发，为100多名长者送去当天的午餐。长者们每人一餐只须支付5元，就可以享受到健康可口的营养餐。

从提升社区服务，再到以“银发力量”为核心的自治团队，背后体现的是“以人为本”的良性循环：只有社区规划和管理有了“人情味”，居民自身有了获得感、幸福感，才更愿意发挥自我主动性，参与到社区治理中。

佛山实践

共享理念打造“熟人社区”

在佛山市禅城区，居民只要注册登录“共享社区”APP，就可以与社区邻里共享技能和物品。“共享+”小屋的搭建让居民可以相互共享闲置物品，与邻里分享技能，甚至共享彼此空余时间；“积分银行”通过科技认证，实现“服务得积分、积分享爱心”的良性循环……

社区是社会治理的最小单元，社区治理与基层群众的关系密切相关。近年来，禅城区借助区块链等信息技术手段，搭建起“一屋一网”的社区共享互助平台，让社区资源得到充分利用，架起了邻里之间联络沟通的桥梁。

打造共享社区，关键在于让群众真正成为社区治理的主角。为此，禅城还以社区党组织为龙头，充分发挥小区在职党员、离退休老党员、流动党员、“三官一师”等群体的领头雁作用，先亮身份和技能，率先提供服务，带动身边居民参与。

每年都有大量外来人口涌向珠江三角洲，来到佛山工作。“共享社区”的打造，让社区变得更有温度，也让外来人口有了归属感和参与感。“通过帮助社区居委会组织活动，积极带头参与共享，我们的生活越来越丰富。”禅城区北江社区外来务工市民朱茂辉表示，“共享社区”让他重新感受到熟悉的邻里乡亲间的关系。

佛山对标

两个“一号工程”背后的幸福密码

2019年底，“2019中国最具幸福感城市”调查推选结果发布，佛山市南海区再次脱颖而出，成为10个当选的县级城市（区）之一。

而同时榜上有名的，还有距离佛山约700公里的湖南长沙，这也是长沙连续第12年入选“中国最具幸福感城市”。

要解读这里的幸福密码并不容易，有人说是橘子洲头的焰火，有人说是网红美食店的小龙虾，但如果问到当地人，“住得舒心”绝对是一个高频词。

以前破旧的危房被粉刷一新，狭窄的小巷铺上青石砖，曾经到处乱窜的电线被规整埋在地下，从家门口出发15分钟可以送孩子上学，到菜市场买菜，到社区公园散步，这些点点滴滴的方便构成了当地人的“小幸福”。这背后，是长沙以“市委书记一号工程”和“市长一号工程”两大工程作为支撑的。

2018年前后，长沙先后推出了两大行动，一个是老城区有机更新，“让老城区更有长沙味，让老百姓更具幸福感”，乃“市委书记一号工程”；另一个则是“一圈两场三道”两年行动计划，在全市打造400个“15分钟生活圈”，建设停车场、农贸市场、人行道、自行车道、历史文化步道，实现“幼有所育、学有所教、病有所医、老有所养、弱有所扶”，被称为“市长一号工程”。

为何两个“一号工程”都围绕着城市人居环境而展开？长沙给出的答案很简单：现阶段城市建设管理领域正面临着从以“大拆大建”为主的外延式扩张转向以“精明增长”为主的内涵式增长深刻的变革时代。

但更深的潜台词其实是，城市幸福感提升了，人才就来了；人才来了，项目和企业自然也就来了。

从某种程度上来说，佛山与长沙是两个相似的城市。接近的地区生产总值，同样是中国历史文化名城，产业主攻方向也很一致，佛山要打造面向全球的国家制造业创新中心，长沙则正全力打造国家智能制造中心。相似的基础，也使佛山的追赶并不困难。

其实早在2012年，佛山就已推出“城市升级三年行动计划”，随后又继续进行“城市升级两年延伸行动计划”，2017年更以3000亿元的投入全面打响“城市治理三年行动计划”。如今在佛山这座以工业闻名的城市，已经可以随处感受到宜人气息。

如何进一步提升城市幸福感?

在长沙两个“一号工程”的实施背后，有两个秘诀，一个是“自下而上”，把群众工作贯穿到城市人居环境优化的各方面和全过程，把群众发动起来，把各种社会力量组织起来，凝聚各方智慧力量；另一个是“自上而下”，在全国首创城市人居环境局，建立全市优化城市人居环境工作联席会议制度。

一套“组合拳”的打出，让长沙更便捷、更宜居、更有温度。而在佛山，“自上而下”的联席会议制度并不算新鲜，那么下一步，把城市治理浸濡到城市的每一条“脉络”、每一根“毛细血管”，形成“人民城市人民建，人民城市人民管”的新格局，或许正是持续打通幸福城市的密码。

「中篇」

十论佛山

新加坡国立大学东亚研究所教授郑永年：

深化营商环境改革须刀刃向内自我革命

郑永年，新加坡国立大学东亚研究所教授、华南理工大学公共政策研究院教授、华南理工大学公共政策研究院学术委员会委员，主要研究民族主义与国际关系、东亚国际与区域安全、中国外交政策、国家转型和社会正义等方向。

“我们要举全市之力打好优化营商环境这场攻坚战。”近日，佛山召开全市优化营商环境大会，总结上一阶段营商环境建设成效，并对下一阶段深化营商环境综合改革作出部署。大会提出，佛山要对标国际国内最优最好，以服务企业为核心，加快建设服务效率最高、管理最规范、综合成本最低的营商环境高地。

当前，城市之间的竞争已经从争取政策洼地的竞争转为打造营商高地的竞争。作为民营经济大市，佛山应如何进一步深化改革，打造法治化、国际化、便利化营商环境，在激烈的城市竞争中突围？对此，新加坡国立大学东亚研究所教授郑永年表示，深化营商环境综合改革，关键在于政府体制机制改革，“这是政府一场刀刃向内的自我革命，也是改革的痛点、难点所在。”他认为，一方面佛山应着力明确政府行政权责“负面清单”；另一方面要建设“强政府”即服务型政府，找准突破口推动体制机制改革，提升营商环境建设的制度化水平，从根本上解决企业经营发展所面临的问题。

从找项目到造环境 新加坡相关经验值得借鉴

南方日报：你说过，优化营商环境其实就是处理好政府与市场、政府与企业之间的关系。在此过程中，政府应该如何找准边界，明确自身定位？

郑永年：优化营商环境，很大程度上是用制度保障资本、人才等创新资源的流动。从当今中国的经济体量来看，单纯“找项目”对经济发展的牵引力不够用了，需要依靠各级政府提升“造环境”的能力。

过去40多年，以佛山为代表的城市不断探索改革，大多是围绕政府、市场与社会三者之间的关系展开，突出表现在以提高政府效率为目标的行政体制改革、放权给市场的经济改革和赋权社会的社会改革。当然，无论是体制改革还是经济改革，归根结底还是落在社会上。

在我看来，政府架构设置、行政审批流程应尽量精简。在新加坡，企业注册流程非常简单。申请人只需要在网上提交相应的资料，很快就能完成申请，非常便利。更进一步来看，无论是减少行政人员冗余，还是简化行政审批流程，都需要一套完善的制度体系进行约束。这一点上，新加坡的经验值得佛山借鉴学习。与此同时，佛山应着力打造“强政府”。所谓“强政府”指的是政府要提供优质的政务服务，要从过去生产者的角色变成为企业生产经营活动提供服务的角色。

南方日报：如何区别“强政府”与“大政府”？两者的边界在哪里？

郑永年：以企业为例，大家都说企业要做大做强。这里的“大”指的不是企业规模大，而是产品附加值大。在日本、德国等国家，许多企业长时间专注于某一细分领域，做好做精一件产品，最终做出品牌，做成“百年老店”。有些企业会选择以原有产品成果为基础，不断向外扩张、做大规模，并称之为多元化经营。我认为，这其实是机会主义的另一面。所以，所谓做大做强，强调的不是企业规模，而是产品附加值。

同理，如果政府什么都插手、什么都要管，这种“大”是错误的。一旦政府管理效果不佳，就成了真正的“弱政府”。所以政府应该列出“负面清单”，划定权力边界，明确什么该管、什么不该管，聚焦政府职能提升服务能力，才能成为“强政府”，才能赢得群众与企业的信任。这也是我经常提到的，地方城市要发展，只谈经济、产业是不够的，社会管理、法律制度、行政体制改革都要跟上。

从提供要素变为创新机制　政府应先明确结构性规则

南方日报：*在打造服务型政府的过程中，佛山面临的痛点和难点是什么？应该如何解决？*

郑永年：处于不同发展阶段，政府的服务功能会有差异。过去，政府会为企业生产运营提供土地、扶持补贴等生产要素。如今，资本已趋于饱和，政府的服务功能更多应体现在体制构建、创新方面。比如，加大对企业产权的保护，加大对专利技术的保护等；再比如，加大行政审批的规范化、智能化建设，使审批过程更公开、更透明、更便捷，营造公平法治的制度环境，以此提振、坚定民营企业家的发展信心，这一点非常重要，也是当务之急。

在我看来，例如出租车、供水供电等公共服务，不能完全交给市场，国有企业应充分发挥作用。在融资方面，围绕中小型企业发展，政府应该给予更有效、更有针对性的帮扶。这个非常重要。如果中小企业发展得不好，民营经济发展就将面临挑战。以全球金融危机为例，一些国家走出危机并非依靠金融机构，而是依靠实体经济、依靠大量中小型企业。事实上，实体经济发展需要建立大批金融机构支撑，尤其是为中小型企业服务的金融机构。这就是一个结构性的改革。

南方日报：*推动政务服务智能化是打造服务型政府的重要一环。在此方面，政府如何有效推进？*

郑永年：这个问题的本质在于地方政府内部“自我变革”需要找准突破口。推行政务服务智能化，关键在于部门间的数据流通、共享，更深一层就是如何打破部门间行政壁垒，倒逼审批流程再造。

实际操作中，由于许多部门属于垂直管理，使得地方政府围绕优化营商环境开展的改革创新难以推进。这些问题是可以解决的，关键在于中央与地方如何

“分工”。我认为有几个方面非常重要，作为垂直管理的部门，上一级部门可以选择性下放部分权力。这是制度改革的重要突破口，我们应该去探索与思考。

大湾区发展须构建协调机制　企业登记制度改革是突破口

南方日报：你曾说过，粤港澳大湾区是改革开放的4.0版本。在此背景下，佛山乃至整个大湾区应该如何打造与之匹配的营商环境？

郑永年：我认为，如果说20世纪80年代是改革开放的1.0版本，核心是“引进来”，那么20世纪90年代就是改革开放2.0版本，核心是“接轨”。21世纪初的3.0版本，核心是“走出去”。而粤港澳大湾区就是改革开放的4.0版本，是走出去与引进来并重。

近年来，大家讨论粤港澳大湾区，都会拿东京湾区、旧金山湾区等来对比。但是我认为，大家更应该关注欧盟。虽然粤港澳大湾区处于同一个国家，但城市之间仍存在差异，包括一系列的行政分割。因此，粤港澳大湾区的发展需要构建一个协调机制。这个机制包括大湾区内各个城市之间的利益表达与利益妥协机制。因此，我们可以借鉴欧盟的部分经验，借鉴它们如何通过体制机制推进各个市场融合发展。

我认为，粤港澳大湾区11个城市的政府都要推动“自我变革”。我们经常说，要充分发挥市场在资源配置中的决定性作用，要更好发挥政府作用，激发各类市场主体活力。目前，我们离这一目标仍有较大距离。

以企业登记为例，如果在大湾区内部能够做到企业任意在湾区某一城市登记，都可享受大湾区其他城市的税收等相关优惠政策，这将大大降低企业运营成本。因为企业是资源配置的主体，它清楚地知道应该把技术研发、产品生产等不同资源布局在哪个城市，以更低的成本获取更大的市场效益。因此，要营造与大湾区发展相匹配的营商环境，企业登记制度改革是政府“自我变革”的一大突破口。

神舟飞船首任总设计师、工程院院士戚发轫：

佛山须找准高技术转化的“小切口”

戚发轫，空间技术专家，现任中国空间技术研究院技术顾问，北京航空航天大学宇航学院名誉院长、博士生导师，国际宇航科学院院士。曾任中国空间技术研究院副院长、院长。2001年当选为中国工程院院士。

“科研院所与地方政府需要找到对双方有利的合作点，将科研院所的研究优势与地方产业发展需求结合起来。”中国神舟飞船首任总设计师、中国航天科技集团科技委顾问、中国空间技术研究院技术顾问、中国工程院院士戚发轫接受专访时说。

他表示，当前国家正大力提倡航天技术应用参与地方经济建设，这需要更多民营企业参与其中。佛山民营经济发达，有着广阔的发展空间。

2017年，戚发轫所在的中国空间技术研究院与佛山市政府签署战略合作框架协议，成立佛山中国空间技术研究院创新中心（简称“佛山创新中心”），该中心正式落户佛山高新区。这让航天技术在佛山开展成果转化应用有了立足点。

戚发轫表示，作为佛山重大创新平台，佛山高新区应梳理自身发展需求，并通过科研院所找到高端技术在地方转化应用的切入点，创造出更多科技成果。“这一过程需要政府、科研机构、企业三方共同发力。”

让科研院所特长在地区发展中施展

南方日报：你曾指出，航天是当今世界最具挑战性和广泛带动性的高技术领域之一。在你看来，目前航天技术哪些方面可以实现成果转化，如何服务实体经济发展？

戚发轫：如今中国的航天事业发展比较快。作为一个老航天人，如何把60年来中国航天事业的成果应用到地方经济发展上，是我关注的事情。

当前，中国的卫星数量排在世界第二，卫星技术应用却与我们的资源能力不匹配。因此，卫星技术的应用发展还有很大空间。

北斗卫星导航系统就是一例。目前，已有项目将这一技术应用在公共治安管理上，通过在电动车上安装北斗技术定位产品，实现了电动车防丢失。北斗技术还能应用在旅游定位、危险化学品运输车的定位方面。

实际上，北斗技术的应用远不止这些，至少在几十个行业领域都有巨大的潜在应用价值。因此，高端技术的民用场景需要被更多地发掘出来，实现产业化发展。

要做好技术产业化，要靠市场进行落地。卫星技术应用要形成产业，这一过程需要更多民营企业参与其中，逐步构建卫星应用的创新生态和产业链，而民营经济与制造业发达的佛山，有着巨大的发展空间。

南方日报：你曾提出，创新研发机构发展面临的困难不容小觑。在你看来，掌握高端技术的新型研发机构要真正发挥作用，关键在于什么？

戚发轫：需要找到项目。科研院所与地方政府需要找到对双方有利的合作点，将院所特长与地方发展需求结合起来，让科研院所的特长真正实现民用，参与地方经济发展。高端技术领域的成果落地转化，可以引领产业发展的方向。

因此，地方与科研院所规划项目需要有高层次的定位，让所开展的项目既符合国家长远发展需求，也满足市场的需要。

据我了解，佛山创新中心正在与佛山市建立这种合作关系，其中的一大板块就是卫星技术的推广应用。这是该中心的特长和优势。

该中心的调研指出，以卫星遥感、卫星导航、卫星通信为核心的高新技术产业，已成为行业、区域发展和国家信息化建设的重要基础。目前，中国的卫星应用及其产业正处于成长期，中国卫星应用业务和卫星制造业务的比值只有3：1左右，与美国等发达国家差距是巨大的，具有较大的发展空间。

粤港澳大湾区是全国通信与电子信息应用的重要地区。未来以卫星通信、卫星导航和卫星遥感为核心的空间信息综合应用必将成为本地区抢占战略制高点、构建经济新支点、服务行业全新管理的重要抓手。

佛山可以借助与中心的合作，密切跟踪和参与国家重大航天专项任务，提前谋划，系统布局，抓住这一产业发展机遇。

引导企研合作攻克技术“痛点”

南方日报：*在你看来，佛山高新区应该建立怎样的机制进一步引领全市创新发展？*

戚发轫：佛山的制造业很发达。不过制造业上规模不是难事，但如何做精制造业，实现“智造”则是许多地区普遍面临的挑战。佛山高新区的发展要凸显自身的地区特色，让本地制造业在质量、技术方面进一步提升。

航天事业里有一句话，“有所为，有所不为”，意思是要有针对性地去攻克技术短板，通过了解这个短板怎样影响效率和质量，找准解决难题的切入点。同理而言，佛山需要找到制造业中的短板和弱点并攻克之。

佛山要继续深入推进产学研结合，把研究单位的成果拿到企业发展，补企业创新的不足。

在美国，NASA（美国国家航空航天局）就在开放国家的科研成果支持企业发展，让企业产生效益助力国家发展。我们需要形成这样的良性循环机制。

佛山高新区引进大院大所后，要让这些机构发挥所长，引导企、研双方找到切入点，让科研院所协助企业找到技术“痛点”并逐个攻克，共同设计、推动产业项目落地，并在此基础上进一步推动整个制造业产业链水平的提升。

例如，佛山创新中心其中一个主要任务就是开展智能装备研发，帮助企业攻克技术“痛点”。目前，该中心正在通过借助空间站的机械臂技术帮助佛山制造业实现机器换人。

另一个例子是，该中心通过引进航天精密检测技术，帮助制造业企业进行高精度的产品检测，以促进产品质量提升。我认为，佛山应该通过产品质量检测这个抓手加强“佛山制造”品质的保障。

南方日报：*在企业与科研院所的合作过程中，政府应该怎样加强两者的信息交流？*

戚发轫：要实现更多类似的高端技术产业对接，需要政府、科研机构平台、企业三方建立起一个沟通机制，实现信息互通。

为此，佛山高新区需要整理列出企业发展和地区制造业发展的问题清单，引导科研院所开展调研，了解企业需求，从而让科研院所、高新区、企业实现畅通的信息交流，共同寻求产业提升的路径。

此外，政府还要做好服务，创造好的营商环境，要像“母亲”一样爱护企业，像“保姆”一样周到，像“店小二”一样快速高效。同时，政府要解决好产学研合作过程中的利益分配机制，让科研机构有动力，让企业有效益，形成良性循环。

营造宽容失败的创新环境

南方日报：*当前，佛山高新区正在大力吸引创新型人才到来。对此，你认为政府可以有怎样的作为？*

戚发轫：我们航天人经常说“只能成功，不能失败”，因为航天作为一项工程是不能失败的。但创新创业不同，不可能一蹴而就。

对于努力冒险的人来说，失败了也是勇士，而且创新过程中的失败能得到很多珍贵的经验教训。

所以，佛山高新区除了要创造好的营商环境，还要营造一个宽容失败的创新创业环境，激发人才的积极性。

当年航天人在艰苦条件下实现自主创新，就是因为航天是一项伟大的事业，让人才能从中实现梦想。如今，中国的发展比当年更好了，能够给予人才更好的条件，但仍不能丢弃干事创业的理想与激情。

我认为，政府需要营造出这样一种氛围，就是要让人才在创新的过程中感到被关怀，被尊重，让他们感到自己的创新事业是被国家和社会需要的，让创新成为一项关乎地区发展的伟大事业，用事业留住人。

此外，佛山高新区的发展还要解决创新型人才的培养问题。这次我到佛山高新区考察，发现这里集聚了更多的院校、科研单位和人才，说明佛山高新区的产学研结合已经引起了政府的高度重视，这是一个很好的势头。

未来，建议佛山高新区要进一步提高对海内外高端人才的开放程度，吸引更多人才到来，同时将教育这项基础性工程做好，让本地有更多创新型人才涌现。

中国工程院院士卢秉恒：

佛山制造要抢占个性化、定制化需求高地

卢秉恒，中国工程院院士，中国机械制造与自动化领域著名科学家。在国内倡导开拓了增材制造、微纳制造、生物制造、高速切削机床等先进制造技术的研究。曾获国家科技进步二等奖、国家技术发明二等奖等奖项。

“发展机器人产业并不意味着佛山所有企业都追求通过采用机器人减少人工。企业的自动化、数字化、智能化到什么程度，完全取决于企业的经济核算，有效益才是硬道理。”中国工程院院士卢秉恒接受南方日报专访，建言佛山智能制造。

当前，全球制造业正加快迈向数字化、智能化时代，智能制造对制造业竞争力的影响越来越大。面对新趋势，佛山如何赋予制造业新的生命力，为中国制造的创新发展探索新路径？

卢秉恒认为，佛山制造迈向价值链高端要以智能制造为方向，推动制造工艺、方式、装备的智能化投入，瞄准市场个性化需求，从规模化生产走向个性化、定制化的柔性生产，增加制造环节附加值。

以柔性化生产为新方向

南方日报：在智能制造时代，传统产业应该如何提升自身竞争力？

卢秉恒：佛山传统产业要想在智能制造时代提升自身竞争力，首先要发挥各层次人才的创新。

小的方面，也就是产品方面，比如智能家居，我们可以加上自动感温功能，让产品学会“思考”。

大的方面，也就是企业方面，一个企业的生产线实现智能化以后，产品质量的一致性上可以得到很好的保证。依靠智能生产线，企业可以预测设备可能会出现什么故障，提前进行维修，保证生产效率更高。这就从以前的规模化生产发展到现在的个性化、定制化的柔性生产了。

南方日报：**除了提升原有产业，佛山也在积极培育新兴产业。围绕机器人产业，佛山给予市场巨大的想象空间，你如何评价佛山这一产业？**

卢秉恒：目前，劳动力成本正快速上升，佛山发展机器人产业大有可为，市场也非常大。但需要注意的是，不能一哄而上，制造千篇一律的机器人。机器人有很多类型，不同企业对其大小、轻重等都有不同需求，需要我们在研发设计方面做大量工作。

此外，佛山作为制造业大市，对智能化改造有巨大需求。不过，企业的自动化、数字化、智能化要达到什么程度，取决于企业的经济核算，有效益才是硬道理。智能改造要以效益作为考量，而不是盲目进行。

南方日报：**近年来，佛山在推动制造业转型升级的过程中，提出要积极培育先进产业集群，你有什么建议？**

卢秉恒：企业之间是互相会影响的，某个企业做得好，其他企业就会去调查研究它怎么做的。如果发现有智能元素，也会跟着做一遍，这就是先进产业集群的雏形。

培育先进产业集群，首要是企业之间实现资源互换、资源分享、资源集聚。每一个企业都需要智能化改造，各企业都有自身优势，这些优势如果能实现分享，就可以加快推进先进产业的集群发展。

同时，培育先进产业集群，借力外脑也是重点。如在设计方面，生产线怎样规划、设计，都需要一批小型科技公司提供服务。通过借力外脑，想做什么事都会变得非常容易。

自动化和数字化只是智能化基础

南方日报：你曾经提到过数字化、自动化其实并不代表智能化，这应该如何理解？

卢秉恒：比如，用数控机床生产就是数字化、自动化。但是机器加工得好还是不好，加工的状态是否发生变化，我们并不能及时知道。

智能化就不是这样。在智能化生产下，生产过程中这些变化将得到监控，某个生产设备的零部件磨损了，可以提前调整、维修，这就是智能化和自动化、数字化的不同。数字化和智能化是两个阶段，数字化、自动化是智能化的基础。

佛山大部分企业实际上在不同的智能化水平下共存。有的还在自动化阶段；有的已经实现自动化，正在实现智能化；有的虽有智能化，但仍在某些环节保留工人负责的工序。

南方日报：对于佛山而言，普通企业从数字化、自动化向智能化转型，难点在哪里？

卢秉恒：最大难点在于将传感器、软件、大数据进行集成，实现人工智能。现在很多企业的机器加工过程，是工人在旁边监控，有问题就进行人工调整。如果企业实现智能化转型，就不需要这样，可以依靠自动传感器不断地进行测量，测量后将数据、程序与数控机床连接，再通过电脑下达命令，指挥数控机床修改程序，这就是智能化。

通过机器人减少人力只是实现自动化的一个方向，并不代表智能化。这只是减轻了工人的体力劳动，智能化则是减少人的脑力劳动。

采用机器人减少的是普通人力，智能化替代的则可能是工程师。一些企业原来需要很多工程师负责生产过程中的程序把控，在智能化时代，电脑完全可以代替，对工程师的需求也会减少。从体力劳动的替换到脑力劳动的替换，这才是从自动化到智能化的进程。

南方日报：智能化的转型升级，将使企业实现大规模定制化生产来满足个性化需求。但个性化生产的另一面是生产成本提高，而佛山制造业企业多以规模化生产为主，要如何适应这一转变？

卢秉恒：我举一个例子，企业做一个大众化的碟子，上面没什么花纹，普通流水线就可以做，价钱可能是5角钱。

如果将碟子做得很有个性，人们就愿意多掏钱。尽管成本提升了，但售价也会提升，数量并不会减少。

所以，佛山企业要瞄准市场的个性化需求，虽然成本提高，但利润率更高。可能企业成本只提升不到20%，但满足了市场个性化需求，利润可能一下子提升80%。

3D 打印开启智造新跑道

南方日报：你认为中小企业如何依靠智能制造转型升级，提升自身产业的附加值？

卢秉恒：中小企业是中国经济持续稳定发展的基础，也是制造业转型升级的重要基础，提升竞争力最为关键。

提升竞争力首先它要有好产品。现在产品更新换代非常快，要不断开发新产品。哪个企业能够用较快时间和较低成本开发出新产品，在竞争中就能够取胜。

3D打印技术可以帮助人们进行产品开发，不需要做模具就可以把产品样本做出来。3D打印技术能在完成企业小批量生产后，更进一步为企业做定制化的个性化产品，满足客户不同需求，让市场更加细分。

3D打印是一种智能制造技术，可以把对产品的制造控制到每一个点上，是充分数字化的技术，能够帮助佛山企业进行转型升级，提升制造业竞争力和产品附加值。

商务部研究院国际市场研究所副所长白明：

打好“湾区牌”，提升对外合作话语权

白明，商务部研究院国际市场研究所副所长。从事国际市场与中国对外贸易研究，承担过许多国家级和省部级重点课题研究，在国家级核心期刊上多次发表论文。近年来，多次在中国商务学术成果奖评比中获奖。

“粤港澳大湾区的建设为佛山制造提供了广阔发展空间，佛山要积极融入大湾区，提升对外开放合作的话语权。”商务部研究院国际市场研究所副所长白明接受专访，建言佛山对外开放合作。

随着新技术的涌现，全球产业正面临新一轮变革，以制造业立市的佛山提出建设成为面向全球的国家制造业创新中心，“开放”成为佛山实现目标的关键词。面对国际产业分工重新洗牌，佛山如何找到自身定位精准发力，实现在产业链中的跃升？

白明表示，佛山要立足粤港澳大湾区的平台。大湾区通过推动要素和资源更紧密地流通，实现城市间相互配套、相互作用，抱团对外将形成强大竞争力，能够有效提升对外产业合作空间。

白明建议，佛山要立足自身原有产业基础，发挥企业的主体作用，把全面对外合作与自身产业转型升级结合起来，寻求掌握优势产业核心技术。在这个过程中，政府需要做好公共配套服务，为企业对外合作提供必要保障。

借力大湾区谋求平等对外合作空间

南方日报：**面对全球产业变革，佛山正致力建设成为面向全球的国家制造业创新中心，您对于佛山加强对外开放合作有何建议?**

白明：佛山加强对外开放合作，需要立足粤港澳大湾区这个大平台，提升对外开放的影响力和话语权。

大湾区是港澳携手内地9个城市更紧密合作的平台。其中，珠江三角洲地区是全球最大的制造业基地之一，香港、澳门拥有高素质人才和国际化视野。通过城市组合，能够形成资源优化配置的城市群和城市网络，城市间相互配套、相互作用，抱团对外将形成强大的竞争力，城市间的要素和资源流通也将更加紧密。

借助大湾区这个平台，包括佛山在内的制造业城市才能谋求更加平等的对外合作机会。中国制造以往处于全球产业链中低端，与发达国家先进产业对接的机会少，缺乏平等合作基础。大湾区为制造业发展提供了更大空间。通过大湾区形成合力，打造高端产业集群，可以有效拓宽对外产业合作空间，形成携手合作关系，不让人牵着鼻子走。

南方日报：**粤港澳大湾区对外合作的优势体现在哪里?**

白明：大湾区的优势可以用三个“最”来形容：人口集聚最多、创新能力最强、综合实力最强。

作为国家级的发展战略，粤港澳大湾区从地理上看就具有集聚性和开放性两个特点，跨越了不同经济体，跟特别关税区结合，具备独特的开放性；交通十分便利，拥有香港这样的航运中心和吞吐量位居世界前列的广州、深圳等港口，是具备国际影响力的航空枢纽。

粤港澳大湾区的建设是进一步深化改革、扩大开放的重要举措。从拓展外部空间的角度来看，大湾区的建立就是要与国际接轨，形成一个开放型经济的新体制，建设高水平国际经济合作平台。从激发内生动力的角度来看，有利于贯彻落实新的发展理念，推进供给侧结构性改革，加快培育发展的新动能，实现创新驱动发展，为中国经济发展创造新的动力和竞争力不断提供支撑。

南方日报：**如何才能在大湾区城市之间形成更大合力？具体到佛山，如何借助大湾区加强对外开放合作？**

白明：未来，粤港澳三地要在大湾区平台上进一步提升资源优化配置效率，就需要相互借力，错位发展。在推进粤港澳大湾区建设中，应该让科技、金融等高端要素在湾区城市间自由流动，特别是科技。

未来包括佛山、东莞在内的制造业大市要挺起大湾区的制造脊梁，主动加强与广州、深圳、香港等城市的联动，寻求范围更广、层次更高的生产要素融合，在已有的产业基础上充分享受广州、深圳和香港的科技资源，实现出口产品高端化。

提升自我，实现开放合作“门当户对”

南方日报：**目前佛山制造体量大但附加值不高，如何在开放合作中提升自身的产业竞争力？**

白明：佛山要保持产业竞争力，需要加强对外开放合作，向全球产业分工的高端环节延伸，这要求佛山把开放合作与自身制造业转型升级结合，不断开拓新的合作机会。

佛山要立足自身原有的产业优势，在做大的同时还要做强，关键是要掌握优势产业核心技术，尽可能地实现精细化发展，提高产业的技术含量和价值再生的能力。

国际产业合作也讲究“门当户对”，只有你自身产业强大到一定程度，别人才会正视你。发展对外经贸合作关系，要先建立起自己的产业发展优势，对方和你合作才能看到未来发展空间，大家互利共赢，否则两手空空很难实现平等合作。

南方日报：**佛山制造要如何实现在全球产业链条中的跃升？**

白明：佛山要正视与发达工业国家在生产技术上的差距，分清楚哪些差距是当下急需弥补的，哪些差距是不能急于求成的。对内要提高产业技术含量和研发水平，做好高端制造业的原创研发，特别要加大引才力度，实现精准引才。

在制造环节，产品设计者要把设计理念和对产品尽善尽美的追求融入真实的产品，从源头对产品的质量进行把关，追求制造的精益求精。鼓励企业积极融入新一轮以自动化、人工智能为核心的创新驱动浪潮。

政府要为企业提供必要保障

南方日报：具体到企业，近年来，包括美的等一批佛山企业主动走出去寻找更广泛的合作空间，这种合作背后反映了哪些新趋势？

白明：随着国内企业的发展壮大，越来越多企业主动走出去，通过投资、并购、招才引智等方式切入产业链高端环节，比如美的并购德国机器人企业库卡；也有一些是主动引进来。无论是走出去还是引进来，都是企业通过国际化战略实现资源的全球化配置。

从动机来看，企业海外合作可分为市场驱动型和要素驱动型两大类，过去企业对外合作主要以拓展市场为主，未来逐步转向要素驱动型，包括技术、人才、资源等，从浅层合作迈向深层次合作。

企业在进行对外开放合作时，需要找到资源和价值实现互补的契合点，要通过合作实现资源的优化配置，不必盲目追求高大上的东西，适合自己的才是最好的。

南方日报：在对外开放合作过程中，政府和企业分别扮演了什么角色？

白明：需要明确的是，企业才是对外开放合作的主体，政府无法替代企业，但政府应该为企业"出海"提供必要保障。

在对外合作过程中，企业会面临一系列风险。首先有可能水土不服，由于企业文化和管理理念的差异，国内企业对外合作需要克服重重障碍；其次是对当地法律法规了解不够，出现法律风险不知如何维护自身权益；还有就是对海外经营环境是否有足够清晰的了解，企业是否有足够的管理经验和能力保障自身国际化战略；最后还包括汇率波动、政治局势变化、社会环境治理等风险。

面对这些潜在风险，有些是需要企业自身去克服的，比如国际化管理能力的提升；有些是需要政府的帮助，比如要解决公共配套服务的不足等。

南方日报：具体来说，政府应该发挥哪些功能？

白明：一方面政府需要搭建公共平台，让企业去自主创新；另一方面，政府要加强与海外政府在营商环境等方面的相互对接，互相给予便利，为企业出海创造更加有利的环境。

具体来说，政府对外需要强化产业对接，积极打造具有含金量的洲际产业链，结合制造业发展夯实对外合作产业基础；强化研发合作，在新技术革命层面加快合作，重点解决产业转型升级的共性问题；强化人才培养，不断为产业发展输送优质人才；强化项目融资，努力为海外经贸合作输血造血，建立政府基金，为对外合作奠定前期发展基础。

最后，在“一带一路”贸易畅通方面，政府需要增加一些自选动作，用好中欧班列，形成“一带一路”对接点与叠加点；借鉴自贸片区发展经验，不断优化营商环境。

如是金融研究院院长管清友：
佛山民企重在“升级”而非“转型”

管清友，经济学家，如是金融研究院院长，毕业于中国社会科学院研究生院，获经济学博士学位。管清友长期从事经济与金融理论、宏观经济与政策研究；担任经济观察报、民生财富、新浪智库等多家重要机构的首席经济学家，多个地方政府金融顾问，美的集团、南华期货等企业独立董事。

“佛山民营企业非常稳健，抗风险能力强，且实干精神突出，但是在转型升级过程中还需要更大的突破。”如是金融研究院院长管清友接受南方日报专访，建言佛山民企转型升级。

民营经济是中国社会主义市场经济必不可少的组成部分。在草根精神突出的佛山，民营企业更是贡献了大部分经济总量、税收和就业岗位。迈向高质量发展，佛山民企如何做出更优探索？

管清友表示，对于佛山的民营制造业企业来说，更重要的是升级，而不是转型。佛山民企要注重通过生产流程改造、管理升级和引进外部资源，提升企业效率。民企老板也要注重自身的升级，提升管理意识和水平。

此外，管清友还认为，当前民企最缺的不是资金，而是真正有前景、有管理能力又能匹配的项目。“所以政府要搭建好的平台帮助企业对接资源，通过平台让外部机构也能对话佛山企业界，加强合作。”

政府扶持民企宜粗不宜细

南方日报：**近年来，民营企业的发展是备受各界关注的热门话题。在你看来，佛山乃至中国的民营企业当下面临哪些新的形势和挑战？**

管清友：从外部环境来讲，当下逆全球化和贸易保护主义抬头，外向型经济受到冲击，这是中国民企正面临的国际新形势。同时，东南亚等新兴市场地区也发展起来了，国内民企迎来更加激烈的竞争。

从内部环境来讲，国内人口结构的调整导致劳动力成本上升，不少民营企业的升级步伐没有跟上形势的改变。

这些内外部因素，在主观上影响了民企对国内国际经济发展环境的预期。此外，一些地方政府的政策缺乏事先沟通，还有一些政策存在“一刀切”的做法，也让民企措手不及。

南方日报：**民营经济是中国社会主义市场经济必不可少的组成部分。2018年底，国家曾密集出台政策扶持民营企业。您认为民企最需要什么？什么样的民企值得支持？**

管清友：民企最需要的还是公平的竞争机制。很多人抱怨中小企业融资难、融资贵，其实这是个世界性难题。就国内来说，民企抗风险能力弱，直接融资难。这个问题并非一两天就能解决，而是需要慢慢改善。

另外，一味放贷也只是短期止渴。除了贷款，我们还要综合发力，比如推进国企改革。民企自己也要明白，市场环境不是一蹴而就的，要更有意识增强自身竞争力。

当然，也不是所有民企都值得被扶持。在推进供给侧结构性改革方面跟不上需求、乱投资、无序扩张、老板认知水平不高、决策失误、护城河不够的企业，会被市场自然淘汰，从而保持市场经济的新陈代谢。

而在扶持民企方面，政府对产业的管理宜粗不宜细，更需要注重引导而非指导。最重要的是打造透明的营商环境，提升政府效率。政府更多功夫要下在民企之外，并尊重市场规律，推动公平竞争环境和机制的形成。

南方日报：包括佛山在内，不少地方政府出台相应扶持民企的举措。如何才能更精准扶持民营经济，尤其是如何能将行政手段和市场作用相结合？

管清友：行政手段与市场作用的结合，需要考虑两个方面。首先是进一步优化法治环境，保持政策的连贯性，而不是今天一个样，明天另一个样。同时，政策扶持要建立追责的机制。

另外，要打通企业与政府的沟通渠道，推动政府更好地服务企业。

以资本撬动方式强化技术投资

南方日报：佛山是民营经济大市，民营企业对整个经济的贡献很大。你认为佛山民营企业有何特色？这些特色如何影响了其转型升级？

管清友：佛山民营企业非常稳健，实干精神突出，且抗风险能力强，但是在转型升级过程中还需要更大的突破。

对于佛山的民营制造业企业来说，更重要的是升级，而不是转型。随着劳动力成本越来越高，研发技术投入、产品生产流程的改造成为佛山企业必修课，否则企业很容易被赶超和打败。所以佛山民企要注重通过生产流程改造、管理升级和引进外部资源，提升企业效率。与此同时，佛山的民企老板也要注重自身的升级，提升管理意识和水平非常重要。

在提升本土民营企业的认知水平方面，政府也可以多做引导。比如，为佛山本地企业搭建更多学习平台，引入更多资源、技术等。

南方日报：你认为佛山民营经济发展具体要突破什么？佛山扶持民营经济的关键是什么？

管清友：佛山制造业的基础雄厚，企业的步子都迈得比较扎实。当下，我认为佛山需要突破的有几点。首先是大学，佛山需要加快打造一流大学的步伐，毕竟优质的院校带来的技术外溢、品牌效应能对民营经济的高质量发展发挥长期的作用。

除了建造自己的大学，与外部高校合作建立研究院等科研机构也不失为一条好策略。政府要在这块舍得投入，因为这关系到佛山的长远发展。在合作办学这方面，佛山可以学习深圳的做法，重点是要把合作“做实”，让合作真正落地。

第二个突破点是推动技术研发和创新活跃度的升级。很多制造业企业往往对研发投入不够，这与其产业文化特色氛围有关。佛山在改革开放后，一直走在创新前列。但新经济下，佛山的创新势头还要进一步保持。创新发达的地区往往直接融资也比较发达，且能吸引更多科研院所。这对民企来说是很大利好。

佛山的优势是民间资本多，企业积累了不少财富。因此，佛山应该以资本撬动技术的方式，来强化技术投资。佛山可以做“金主”，用资本投资外部专业机构，再由这些机构去进行创投行为。佛山政府也可主导建立一些像深创投那样的机构，盯准新技术，帮佛山引入好项目。

此外，佛山本土直接融资机构也是一大突破点。不少佛山企业仍以制造业思维在做投资，追求保底。政府须引导企业做真正的创投，允许企业试错，培养其敢于承担风险的精神。政府的“手”还要加强，切实把市场和政府“两只手”发挥好。当然，这强调的是政府的引导与服务，它不能对市场产生挤出效应。

提升佛山本土金融机构的活跃性

南方日报：此前有专家和调研报告指出，佛山存在金融抑制情况。对此你如何看？对于破解企业融资难问题，你对佛山有何建议？

管清友：我认为佛山还谈不上金融抑制，只是非银行的金融机构还不够活跃，创投的活跃度也有待加强，其经济地位和金融地位不匹配，资本意识可能还不像杭州等城市那样强。因此佛山的定位应该是集聚本土机构，并且提升活跃度。

当然，制造业城市普遍需要进一步提升金融水平。但这是个长期议题，和大学、风投产业与创新氛围等都有关，还是要从长计议。

在优化民企融资方面，佛山要多渠道帮助企业拓展直接融资，包括推动企业进入股票市场、利用资本市场融资倒逼企业升级。

还有一点值得注意，当前民企最缺的不是资金，而是利润，缺真正有前景、有管理能力又能匹配的项目。所以政府要搭建好的平台帮助企业对接资源，通过平台让外部机构也能对话佛山企业界，加强合作。这方面，佛山可注重发挥工商联、商协会等部门和组织的作用。

南方日报：**总体来说，你如何评价佛山民营经济的发展水平和前景？有没有其他外部经验值得佛山借鉴？**

管清友：总体来说，佛山民营企业发展态势良好。依托其发达的制造业和丰富的制造业项目，其本土企业发展与投资前景很可观。

接下来，佛山主要是在政府服务的专业化、精细化上要继续挖掘。另外，佛山也要更新意识，不能甘于只做制造业基地，还是要在创新科研尤其是技术转化上发力。这可以通过引入大学与科研院所、引导企业提升技术附加值和利用资本市场的能力等来实现。

外部经验方面，江苏的探索可以借鉴。江苏将政府与民间资本相结合，催生了毅达资本这样的创投机构。目前毅达资本在资产管理规模、投资专业化程度等方面居行业前列，拉动地方经济发展。这说明，政府与市场力量要结合，须整合资源并以专业化力量推动民营经济发展。

浙江大学区域与城市发展研究中心执行主任陈建军：

佛山可依托城市群打造超级产业集群

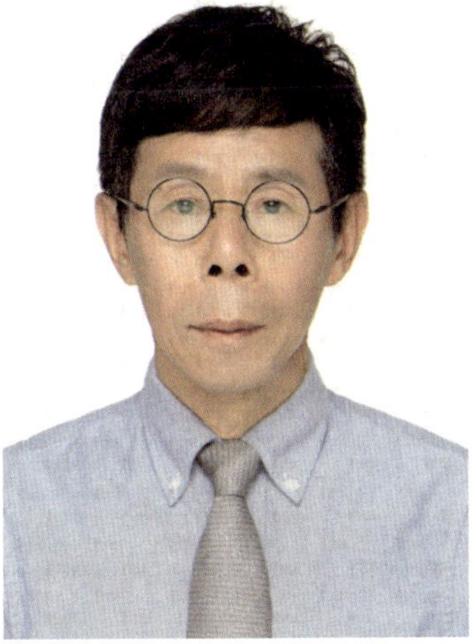

陈建军，现任浙江大学区域与城市发展研究中心执行主任，兼任国家发改委长三角区域规划综合组成员、长江三角洲地区城市经济协调会专家委员会委员、杭州市政府决策咨询委员会委员。作为浙江大学产业经济学和区域与城市经济学科方面的学术带头人之一，主要研究方向为产业经济学和区域与城市经济学，在长三角区域经济一体化研究和产业区域转移的研究方面处于国内领先地位。

“产业链的站位决定了城市的发展高度。佛山提出打造装备制造和泛家居两个万亿级产业集群，体现了佛山对产业集群的产业链布局有准确的定位。”国家发改委长三角区域规划综合组成员、浙江大学区域与城市发展研究中心执行主任陈建军接受南方日报专访，建言佛山先进制造业集群发展。

当前，佛山正在以智能制造为主攻方向，带头打造珠西先进装备制造产业带，着力打造“2+2+4”梯次发展的先进制造业集群，包括做大做优装备制造和泛家居2个超万亿的产业集群，做强做精汽车及新能源、军民融合及电子信息2个冲5000亿的产业集群，加快培育智能制造装备及机器人、新材料、食品饮料、生物医药及大健康4个冲3000亿的产业集群。

陈建军认为，城市群是承载超级产业集群的空间平台。佛山应立足传统产业优势，打造多元化的产业集群。必须重视需求和市场，提高生产密度，引导中小企业向隐形冠军集群升级，依托粤港澳大湾区，与湾区其他城市形成空间的互相开放，利用内外部的资源促进本区域的产业转型升级，着力打好产业基础高级化、产业链现代化的攻坚战，推动城市高质量发展。

产业链站位决定城市发展高度

南方日报：当前，国内很多城市纷纷升级原有的千亿产业集群规划，佛山也提出着力打造“2+2+4”梯次发展的先进制造业集群。您如何看待这样的趋势？

陈建军：产业集群不是靠政府规划出来的，也不是凭空想象出来的，它的本质是生产要素以市场需求为导向的空间聚集。要打造制造业集群，重点在于产业转型升级和打造高品质产业集聚空间，加快多产业协同集聚步伐。

产业集群的升级，产业形态不重要，产业链的站位很重要。产业链站位的高低决定一个城市的高度、城市发展的质量。我认为佛山当前打造“2+2+4”梯次发展的先进制造业集群是比较好的。因为它不是另起炉灶去追求高大上的新兴产业规划，而是立足原有的产业基础，对传统优势产业链进行拉长和延伸。这也说明政府实事求是的作风，以及对整个产业集群的产业链布局有着到位的思考和措施。

南方日报：与之前的专业镇经济、块状经济相比，这种超级产业集群需要具备哪些特质？

陈建军：首先要具备做精做尖的产业基础。不管是大企业还是中小企业，在超级产业集群中，都要秉承着做精做尖做强的理念，即便是一颗螺丝钉，也务必是区域最好的行业水准。

其次，产业要实现集聚扩散，融合互动。企业与企业之间、产业与产业之间联系更加密切，产业链环链相扣，纵横缠绕。如浙江的数字经济和传统制造业，看似两条不同的产业链，实则发达的信息服务业，是在传统产业的市场需求上应运而生的。

南方日报：佛山的产业集群主要是由中小企业在市场力量驱动下的过程中自发集聚形成的，这对佛山打造现代产业集群有哪些影响？

陈建军：佛山提出着力打造“2+2+4”梯次发展的先进制造业集群，是从单一的产业聚集转化为多元化的产业集群。

佛山立足原有的家电、家具等产业基础，打造泛家居产业集群。这说明产业转型升级的路径不是基于政府的想象，而是在市场主导下形成趋势后，政府再给予引导和支持。

佛山的产业集群是由中小企业在市场力量驱动下形成的，我个人对此非常看好。因为它不仅仅有产品、资金、供应链，还有信息流、社会关系网、良好的政商关系，这样的产业集群有着强烈的市场属性，也有着很强的韧性，因此向更高阶段跃迁也具备了良好的基础。

佛山要打造中小企业隐形冠军集群

南方日报：佛山要推动传统产业迈向万亿产业集群，需要从哪些方面发力？

陈建军：民营经济是佛山经济的中流砥柱。佛山民营企业根植性、稳定性较强，有力支撑了佛山经济持续健康发展。因此，佛山培育产业集群最重要的是重视需求和市场，提高生产密度，政府再配以产业转型升级的政策及措施，推进传统制造业向产业链中高端升级，并通过开放经济的产业链关联，形成良好的互动状态。

佛山也有着庞大的中小企业群体。产业转型升级，抓大是培育产业集群，抓小就是打造隐形冠军，必须两条腿走路。佛山今后要引导中小企业向着引领技术前沿、在细分市场“专精特新”的隐形冠军升级，树立起传统制造业转型升级的标杆。

南方日报：佛山应该如何支持中小企业成为“单打冠军”？

陈建军：佛山有些大企业已经走向全球配置资源，比如美的收购德国库卡，这是非常了不起的。但对于并不具备这种资金实力的中小企业来说，它们必须另辟蹊径。

在这方面，浙江企业家就提供了一个启示。他们专门去日本和拥有顶尖技艺的退休工匠寻求合作。因为现在日本很多隐形冠军后继无人，工匠的下一代不愿意继承这项技艺。

但在这个过程中，关键信息沟通不够是最大的问题。中小企业没办法掌握全球的产业信息。相反，国外对这个产业哪个环节在中国达到怎么样的水平有着详细的研究，比如日本的大企业都有综合研究所，专门负责调研收集详尽的市场信息。

因此，我觉得佛山应该重视对产业信息网络的搭建，重视产业链中生产性服务业的发展，这其实也是制造业配套中非常重要的环节。

超级产业集群需要城市群的空间互相开放

南方日报：《粤港澳大湾区发展规划纲要》提出，构建具有国际竞争力的现代产业体系，培育若干世界级产业集群。粤港澳大湾区的建设对佛山培育万亿产业集群有哪些积极影响？

陈建军：城市群的突出功能在于以多样化城市空间和绵密的综合交通网络为支撑，承载超级产业集聚群落，形成了“产业—城市”的体系化产业空间竞争力。

经济发展是动态平衡，以创新起源地为产业的高点，形成产业链的集聚，不规定绝对中心，形成发展的一种均衡状态，同时又形成各大城市群之间互相合作、互相竞争的局面。

在粤港澳大湾区加快建设的背景下，从城市化走向城市网络化，佛山产业升级拥有得天独厚的区位、人才、资金等多重优势。

南方日报：大湾区各城市该如何更好地发挥产业优势、更好实现抱团发展和合作共赢？

陈建军：产业体系完备、产业链纵横交织、产业专业化分工细密，是大都市群得以成为推动经济高质量发展主要平台的关键因素。

城市群要通过空间互相嵌入、空间互相开放，打造更加公平的竞争环境。粤港澳大湾区的城市要彼此利用空间优势，将区域优势发挥出来，才能带动整个区域发展。空间互相嵌入为城市的产业集群提供了更多的可能性，在流动的边缘上形成空间的互相开放，可以同时利用内外部的资源来促进本区域的产业转型升级。

对佛山来说，政府要在公共服务方面发挥更大作用，通过配套高质量政策体系支撑企业优化完善产业链空间布局。尤其是针对推动人才资源实现低成本流动，佛山必须打破各种制度壁垒。

南方日报：**广州和佛山将合作共建先进装备产业、汽车产业、新一代信息技术产业、生物医药与健康产业，加快4个万亿级产业集群建设步伐。这种城市间的“协同作战”该如何发力？**

陈建军：各城市在打造超级产业集群时，都必须完善集群区域协同的制度和机制。广佛合作共建万亿级产业集群是一个很好的规划，能更好地发挥产业优势，也凸显了双方发展理念的更新。

首先要建立和完善政府引导与市场主导并重的推进机制和实施路径，以创新链、产业链、价值链重构来优化空间布局，以政府和市场的双轮驱动来推动要素资源配置的高效化、公共服务的均等化和区域治理的同城化。

其次是打破都市圈内生产要素流动的壁垒，加强社会的分工与合作，完善人才柔性流动制度，加快科技成果转化，打通都市圈内高校、研究机构以及企业等不同组织。

中共中央党校社会和生态文明教研部教授张孝德：

以生态文明为导航标推动佛山产业转型

张孝德，中共中央党校（国家行政学院）社会和生态文明教研部教授、博士生导师。国家行政学院经济学部原副主任。张孝德教授是国内最早研究生态文明和乡村文明的学者之一，跟踪研究生态文明与生态经济20多年。出版专著5部，发表文章200多篇。主持完成中央部委和地方政府委托的课题30多项。

“佛山要以生态文明建设作为发展的导航标，准确把握生态文明背景下的产业特点和形态，进而推动产业转型。”中共中央党校社会和生态文明教研部教授、博士生导师张孝德近日接受南方日报专访，详谈工业大市的生态发展经。

张孝德认为，生态文明是工业文明发展到一定阶段的产物，是实现人与自然和谐发展的新要求。生态文明建设不是对工业文明成果的否定，而是在生态文明思想指导下对传统产业系统改造和提升。而生态文明时代的到来，也是新经济时代的到来，佛山在产业转型过程中，要更注重包括光伏发电、氢能等可再生能源在内的新能源的应用与推广。

生态文明建设不等同于环境保护

南方日报：我们该如何正确认识生态文明？

张孝德：目前，我们对生态文明建设有一定程度的误解，就是把生态文明建设简单地等同于环境保护。事实上，生态文明建设源于环境保护，但是生态文明建设不等于环境保护。

首先，生态文明建设是为了解决环境问题而提出来的，但不能把生态文明建设等同于环境保护。

生态文明是一条全面的涉及政治、经济、文化和社会变革的新文明之路。要解决中国目前遇到的资源约束趋紧、环境污染严重、生态系统退化等严峻问题，不能以“头痛治头，脚痛治脚”的思维来解决，而是要通过生态经济发展、绿色消费、生态文化等系统方法来解决。

理念是行动的先导。一系列环境污染问题的背后，其实是我们对人与自然的关系的认知出现了偏差。

人因自然而生，人与自然是一种共生关系，对自然的伤害最终会伤及人类自身。解决环境问题，其实就是在偿还我们因不尊重自然规律而欠下的“发展债”，并在此过程中重新重视和调整我们对自然规律的认识，进而树立尊重自然、顺应自然、保护自然的生态文明理念。

由此可见，环境保护其实是生态文明建设的目标之一，不是全部。明确这一个关系的重要之处还在于，中国的生态文明建设之路，不是简单地复制西方国家环境保护的经验，而是一个基于中国智慧的中国方案。

目前，国家已经把生态文明建设与经济建设、政治建设、文化建设、社会建设一道列入“五位一体”总体布局，把生态文明建设融入经济、政治、文化、社会建设的各方面和全过程。这一模式，是属于内生、系统、综合治理的治理模式，具有四个特点。

首先，是按照道法自然、顺应自然的思维，对山水林田湖草进行全方位、全覆盖的全面治理。其次，是从改变消费理念、倡导绿色生活方式入手，从根源上进行治理。再次，是破解保护与发展对立的难题，通过发展绿色经济，探索内生绿色发展之路。最后，就是大力推动内生机制和制度创新，建立可持续的生态文明建设的制度体系。

南方日报：**生态文明跟工业文明之间的关系是什么？**

张孝德：生态文明是人类社会进步的重大成果。从古至今，人类经历了原始文明、农业文明、工业文明，而生态文明是工业文明发展到一定阶段的产物，是实现人与自然和谐发展的新要求。

工业文明为人类社会创造了巨大的物质财富，这是生态文明的发展基础，生态文明建设不是对工业文明成果的否定，而是对工业文明的系统改造和提升。

南方日报：**作为一座工业大市，佛山该如何进行生态文明建设？**

张孝德：佛山是改革开放的前沿阵地，工业发达，工业文明也发达。佛山的这个特质可以从两方面来看：一方面，它为佛山的生态文明建设提供了经济基础；另一方面，它也容易让人产生惯性思维，让人不敢去打破现有的工业发展路径。

与国内众多工业大市一样，转型升级是佛山目前也是未来很长一段时间的城市发展课题。我认为，佛山的转型目标不是要简单地维持或者提升现有产业的竞争力，而是要以生态文明建设作为发展的导航标，准确把握生态文明背景下的产业特点和形态，进而推动产业转型。

生态文明时代，也是新经济时代，这个时代有几个鲜明的特点。

首先，新经济时代是新能源时代。人类文明每进入一个新的时代，总是以一些特定能源的广泛使用为标志的。比如刀耕火种的原始文明时代，充分利用畜力、风力和水力的农业文明时代，再到瓦特发明蒸汽机，电力、石油、煤炭得以被广泛利用的工业文明时代。而在生态文明时代，将以包括光伏发电、氢能等可再生能源在内的新能源的广泛应用为标志。值得一提的是，这些新能源不再是一些单一独立的产业，而是一个新的生活和生产标准。比如，大量的工业厂房能否使用光伏发电，大量的公交出行需求能否被氢能所满足，大量的学校是不是也用上了可再生能源等。新能源只有进入到日常生活应用的方方面面，才能创造出更多绿色需求。

其次，新经济时代是一个有温度的时代。标准线、流水线上所生产的工业品，是冷冰冰的，没有温度的，它是为了满足人们的某一项特定物质需求而存在的，在现有的技术条件下用最低的能耗生产出最多的产品就是它的追求。而新经济时代，是一个回归生命、以文化为新要素的生活方式带动生产方式变革的时代。在互联网技术背景下的新经济时代所生产出来的产品将是更加满足个性、多元化需要的“小而美、小而优、小而精”的产品。

从这个意义上讲，新经济时代是一个“文化+技术”的时代。文化是生态文明时代继太阳能之后的“第二个太阳”。文化像太阳一样是生态经济需要的可再生没有污染的新资源。有了文化因子的产业将更有生命的温度，它要满足的是人们物质和精神的双重需求。

新经济时代也是一个有生命的时代。现有的工业体系是纵向存在的，而互联网的出现给现有的工业化体系置入一个神经系统，赋予了工业体系横向打通的无限可能。

互联网将会使未来科研、消费、社会发展等领域进行跨学科、跨空间的协调整合，进行深度链接。

而人工智能等技术的运用，也将把原有的工业机器变成了有“生命态”的机器，随着经济系统的智能化，未来经济是人脑与电脑结合的“智慧经济”，它也将随之出现，未来的企业也将有可能从专业化走向社会化，跟周边社会产生更深的联系。

乡村是生态文明建设的起点和突破点

南方日报：从佛山等珠江三角洲城市来看，乡村振兴与生态文明建设之间有什么关系？

张孝德：这些年来，我在乡村做了很多有关生态文明建设的课题和实验。我的实践经验表明，生态文明建设的突破口不在城市而在乡村，在乡村做生态文明建设，成本低、容易推、效果好。可以说，乡村是生态文明建设的起点和突破点。

工业文明时代的乡村与生态文明时代的乡村，其发展走向是不一样的。在工业文明时代，由于乡村不能承载高效率的制造业，乡村无可避免地会逐步走向凋零；但是，乡村拥有独特自然资本与五千年文明传统，具有满足生态文明时代绿色经济的发展条件，生态文明建设将成为乡村发展的新契机。

以往，我们总是以工业化的思维来看乡村发展，以发展城市经济的方式来发展乡村产业。在国家“乡村振兴”战略提出之后，出现了一股“资本下乡”的势头，围绕乡村产业发展，一批大体量的投资项目纷纷出现，比如耗费巨资的田园综合体、农业绿谷、农业公园、农业开发区等，乡村似乎成为解决城市投资过剩的沃土。这个方向是有问题的。

我们所在的城市，是一个进行高效率生产的地方，具有浓厚的工业文明色彩，但乡村是一个生产和生活相融合的地方。可以说，城市具有高效率创造财富的优势，但乡村具有低成本快乐生活的优势。以地区生产总值思维推动乡村振兴的做法，必然会使乡村特有的财富价值不能被认识。

在我看来，乡村最具有竞争力和价值的产业，不是大规模大手笔的“再造项目”，而是乡村生活本身。乡村生活是历史留给乡村特有的财富，具有城市不具备的乡土文化、可再生资源、自然资本、社会资本等四大禀赋资源，这是乡村生活方式的独特价值所在。这种生活不需要通过大规模投资来创造，它本身就存在，最需要的是用慧眼来发现它的价值。

城市是树冠，乡村是树根。工业文明满足了我们的物质需求，但我们依然要在乡村才能找到真正滋养我们的“乡愁”。这份“乡愁”，其实更多的就是指乡土文化。我们从农耕文明时代流传至今的乡土文化，构筑了乡村生活最为独特的吸引力。我认为，乡土文化是乡村生活魅力的第一要素。可惜的是，时至今日，许多人依然把乡村看成是一个缺乏文化的地方。其实，乡村不缺文化，缺的是对乡土文化价值的觉知和自信。在以文化振兴推动乡村振兴的过程中，我们要做的不是给乡村简单地补一个“现代化的后腿”，而是要修复正在濒临凋零的乡村文明，要像爱护我们的母亲一样爱护我们的乡村文明，让乡村文明活起来。

中共中央党校科社部社会制度比较教研室副主任向春玲：

以“渐进式共享”打造幸福佛山

向春玲，湖南湘西人。现任中共中央党校（国家行政学院）科学社会主义教研部社会制度比较教研室副主任、教授、博士生导师。长期从事城市化、社会建设与社会管理等研究和教学工作。

“城市是由不同的人组成的生活共同体，城市治理要以人民为中心。”中共中央党校科社部社会制度比较教研室副主任、教授、博士生导师向春玲在接受南方日报专访时表示。

谈及城市治理，向春玲认为最终目标是要适应城市经济发展的需求，顺应人民群众对美好生活的向往，关键做到“民有所呼，我有所应”。

“城市治理是一个系统工程，人有多种需求层次，人的发展是全面的发展。”对比长沙和佛山，向春玲认为，佛山在提升社会基层治理水平方面已做出不少有益尝试，在下一步城市治理过程中可充分发挥好基层党组织的战斗堡垒作用，发挥好政府、社会、市民等各方力量，顺应城市居民对美好生活的新期待，让城市治理成果不光要全民共享还要全面共享。

“同时这种共享是渐进式的，面对大量民生问题和城市老百姓的多元化需求，政府要本着尽力而为、量力而行的原则，民生事情一件接着一件办，一年接着一年干，一任接着一任干，逐渐增加老百姓获得感和幸福感。”向春玲说。

从宏观走向微观：做到“民有所呼，我有所应”

南方日报：“2019中国最具幸福感城市”评选结果发布，我们注意到连续多年上榜的长沙、成都在诠释幸福感时，都提出一点——将城市治理的宏观战略落实到微观单元，佛山也通过社区网格化管理、创建熟人社区等方式将城市治理下沉至社区。你认为城市治理逐步走向微观是否是中国目前社会发展的一个趋势？

向春玲：改革开放40余年，中国大规模的城市建设时代已经过去，中国的很多城市已经进入“三分建七分管”的时期。

首先，随着中国城镇化的快速发展，当前中国城镇化率接近60%，一个以城市市民为主体的现代社会已经到来，加强和改善城市治理的需求日益迫切，城市社会治理的地位和作用日益突出。

第二，中国改革开放，随着计划经济体制向市场经济体制转型加快，“单位人”变成“社会人”“社区人”，所以，城市治理的人力物力财力要向基层社区倾斜，实现服务群众在基层，矛盾化解在基层，源头治理在基层。

第三，随着中国从温饱型社会向发展型社会转变，人民群众对美好生活的愿望多种多样。所以，城市服务和治理的内容也要及时进行转变。城市治理也要由原来的宏观治理走向微观层面治理，服务于城市居民多元化多层次的需求，实现人的全面发展。

南方日报：在城市治理从宏观走向微观过程，政府应如何提升人民的幸福感？

向春玲：党委和政府要坚持人民主体论。城市发展要为了人民，城市治理要以人民为中心。政府在提供公共服务基础上应满足不同居民不同需求，多谋民生之利，多解民生之忧，顺应人民群众对美好生活的向往，做到“民有所呼，我有所应”，才能让人民从城市的发展中有更多获得感。

在城市治理过程中，政府要做好服务型政府、有限型政府、法治型政府的建设。应该由政府承担的基本公共服务不能缺位、错位，为城市居民提供高效、优质、贴心的服务，同时，政府要改变以往唱独角戏、大包大揽的思路和工作方式，要由“管理”向“治理”转变。

从管理向治理转变：发挥各方作用打造社会治理共同体

南方日报：*政府的思路和工作方式要从管理向治理转变，其中关键是什么？*

向春玲：“管理”和“治理”是不同的概念。传统的管理主体比较单一，主要是国家和政府实行的单一管理；治理则强调的是多元主体参与，强调政府与社会的双向互动。从方式上来看，管理强调的是行政性管理方式，而治理除了行政，还强调法治、思想道德建设、居民公约等多种治理方式。

党的十八届三中全会到十九届四中全会都强调治理体系的现代化，就是要坚持系统治理，即加强党委领导，发挥政府主导作用，鼓励和支持社会各方面参与，实现政府治理和社会自我调节、居民自治良性互动。所以，在这个过程中，党委、政府要坚持人民的城市人民建，充分发动城市各种主体和人民群众广泛参与城市各种事务的治理，增强人民群众在城市治理中的成就感。

南方日报：*在社会治理这一命题上，国内城市尤其一二线城市面临的普遍问题是什么？有什么好的经验可以借鉴？*

向春玲：当前，中央对城市治理提出了更高的要求。这需要充分发挥党的领导、政府主导、社会协同和公众参与的作用，打造城市社会治理共同体。

基层党组织要成为人民的主心骨，带领基层的群团组织、社会组织共同做好城市治理。

现在面临的问题是，有一些基层党组织存在虚化弱化现象，有的有组织没活动，没做实在的事情，这样基层党组织就难以得到老百姓的认可。因此，城市基层党建要加强对社会治理的引导作用，整合社会资源，推动社会参与，构建党组织引领下的群众自治和党群共治的组织体系。

政府在基层治理上发挥着重要主导作用。但在城市基层治理中，我们看到一些政府存在缺位、越位、错位的现象。因此，除了行政管理，政府还应有效运用法治、德治和自治相结合的治理方式，提高城市治理水平。

在社会治理中还有一个重要的主体是社会组织。社会组织具有服务基层群众、规范社会成员、理性表达诉求等作用。

改革开放以后，国内的社会组织迎来很大的发展机遇，广州、佛山一带的社会组织发展尤其活跃。但我们也不能忽视，社会组织还存在发展相对缓慢、难以满足群众多元化多层次需求等问题，社会组织要提高服务社会的能力。另外，部分城市在社区治理中缺乏居民参与，社区治理缺乏活力。

调动群众参与积极性：将外来人口当作城市治理的主体

南方日报：**作为国内制造业大市，佛山外来人口多，城市呈现组团式发展趋势，对于这样的城市你认为提升社会基层治理水平的关键是什么？**

向春玲：营造共建共治共享的社会管理格局必须发挥外来人口的积极性。像佛山这样的东部发达城市是外来人口集聚地。

外来人口为城市发展作出了巨大的贡献，目前国内的法律政策、户籍制度等方面都在逐步完善保障外来人口的权利，但要真正推动外来人口融入城市参与到城市治理中，政府应该把外来人口视同城市居民来对待，不仅把外来人口当作服务和管理的对象，还要把外来人口当作城市治理的主体。

在这方面，佛山乃至广东已经做出很好的尝试，近年来当地不少农民工被选举为人大代表。

社会公平是社会治理的价值取向，城市治理要实现城市发展成果人民共享。把外来人口视同城市人口居民，正是全民共享的一方面，即无论是本地人口还是外来人口，只要在城市工作、居住和学习，都应该共享城市发展的成果。

当然，共享不光是全民共享，还要全面共享；不只是共享物质生活，还要共享包括民主权利、文化社会和精神层面的城市建设成果。

共享还应是渐进式共享，人民群众需求层次多，在这个过程中，面对大量民生问题和城市老百姓的多元化需求，政府要本着尽力而为、量力而行的原则，群众的民生工作要抓实在、抓长久，不喊空口号，不搞形式主义，不做表面文章。

民生事情一件接着一件办，一年接着一年干，一任接着一任干，逐渐增加老百姓获得感和幸福感。

南方日报：**推动基层社会治理，佛山一直在强调发展基层群众力量，你认为要如何才能更好调动基层群众参与社会治理的积极性？**

向春玲：党的十九届四中全会提出，加强和创新社会治理，完善党委领导、政府负责、民主协商、社会协同、公众参与、法治保障、科技支撑的社会治理体系。因此，城市治理要充分发挥城市居民的参与作用，依法保障他们的四项权利——知情权、参与权、决策权以及监督权。

为此，需要及时公开与居民密切相关的决策、政策和措施，完善公众参与治理的制度化渠道，完善居民民主协商制度，加大城市居民、社会组织以及大众媒体等的社会监督力度。

随着信息化、互联网技术的普及和新一轮科技革命的到来，城市社会治理也要充分运用互联网、大数据、云计算甚至人工智能等技术手段，加强智慧城市和智慧社区建设，提高城市科学化、精细化、智能化管理水平。

中国人民大学文化创意产业研究所所长金元浦：
在新一轮发展中打响城市文化品牌

金元浦，现任中国人民大学教授、博导，中国人民大学文化创意产业研究所所长，中国文化创意研究会会长。20世纪80年代以来，在《中国社会科学》《求是》等国内外报刊发表论文300余篇，被北京市政府、云南省政府、深圳市政府等10多省、市政府聘为文化创意产业发展顾问。

“文化是决定城市未来发展状况的重要因素。”中国人民大学教授、博导，中国人民大学文化创意产业研究所所长金元浦接受南方日报专访时表示，佛山在文化产业发展上具有自身的独特优势，城市内部也有文化发展上的需求。

他认为，当前，佛山正在抢抓粤港澳大湾区发展机遇，佛山应该与深圳、广州错位发展，充分发挥自身优势，在新一轮文化竞争中打响自身的城市品牌。

制造业高质量发展需要创意支撑

南方日报：佛山是一座制造业大市，正在着力推进制造业高质量发展。对于佛山来说，重视文化产业发展、推进文化导向型城市建设的意义是什么？

金元浦：佛山是国内实力较强的制造业城市，尤其是在传统制造业方面。但是，在新形势下制造业面临着越来越激烈的国内外竞争，需要通过升级换代实现高质量发展，从设计和研发层面来说，这就离不开创意，甚至可以说创意处于一个最核心的位置，这是实施制造业供给侧结构性改革的一个内在需求。

从城市发展层面来说，文化是决定城市未来发展状况最重要的因素之一，佛山不能永远是过去的样子，未来的佛山应该是更有文化韵味的佛山。

同时，人民群众现在追求美好生活的意愿越来越强烈，要满足人民群众对美好生活的追求，需要进一步提供更多样化的文化消费产品，未来佛山人文化消费的需求会越来越大。

南方日报：**你如何看待近年来佛山公共文化建设方面的变化？**

金元浦：我来过佛山很多次，可以深刻地感受到佛山人对文化需求的逐渐变化。在过去，很多佛山人的兴趣首先是美食，他们在餐饮方面有着许多讲究，已经形成一种美食文化。

随着社会经济的发展和受教育程度的普遍提高，现在的佛山年轻人对文化消费的需求正在不断增长，相比起他们的父辈，呈现出一个崭新的面貌。

城市建设方面，佛山在文化公共基础设施上不断加大投入，并有较为明显的成效，图书馆越来越多也越来越好了，新建成的大剧院也承接了许多高端艺术演出，为市民们提供了更多样化和高层次的演出活动。

综合来看，佛山推进文化导向型城市建设有自身的内在需求，制造业需要依靠创意经济实现高质量发展；广大人民群众对文化消费的需求越来越高；市民随着个人修养的提升，有了更为多样的文化追求。

我们应该看到，佛山文化产业的发展依然有着很大提升空间，已经有许多征兆显示佛山文化产业正在蓄势待发，其中一个很好的例子，就是佛山大剧院的演出受到越来越多市民欢迎。

制造业为文化产业发展带来需求

南方日报：**佛山发展文化产业有哪些内在优势？如何用好这些优势？**

金元浦：值得注意的一点是，最近这十几年，很多大企业落户佛山，南海大学城也聚集了许多高校，无论是大企业还是高校，都会为文化产业的发展注入动力。而随着佛山积极融入粤港澳大湾区建设，文化产业相关资源也会流入佛山，让这个动力更为强劲。

为何说高校和大企业会为佛山的文化产业带来强劲动力呢？高校是文化引领的一个象征，高校既可以在城市文化方面起到引领作用，也可以推动佛山城市形象的改变。有了众多高校在城市里集聚，城市会显得更有文化内涵。

大企业的存在则可以推动创意经济的发展，大企业一般在设计和创新方面有着巨大的需求，同时也有足够的资金支持，在与传统产业实现资源整合后，将会带动佛山制造业在创新上的整体进步，也会吸引一批创意型高科技企业进驻佛山，带动整个产业链的发展。

南方日报：**很多城市发展文化产业都与地方特色深入结合。佛山有哪些能为文化产业作出支撑的传统文化？**

金元浦：佛山拥有非常深厚的传统文化底蕴，其中有许多值得挖掘的"金矿"。

例如美食文化，顺德被联合国教科文组织授予世界"美食之都"称号，近年来，在佛山市大力宣传下，顺德美食的名声越来越大，也吸引了更多人去关注广东粤菜文化。

在我看来，"美食之都"是一个很有价值的称号，民以食为天，打响这个文化品牌，可以为佛山带来大量的旅游人群，佛山可以把文化内涵添加到美食上面去，借助顺德美食的影响力，把其他方面的文化创意也发展起来。

当更为多样的文化供给与大量的旅游人群发生化学反应，一座城市逐渐就会获得文化美誉度和文化影响力，对外也就产生了向心力和吸引力。

南方日报：**佛山还有一个重要的传统文化标签——功夫。佛山发展文化产业，应该如何做强、用好功夫文化？**

金元浦：佛山功夫的确值得关注。无论功夫还是舞狮，都已经成为中国文化的一个象征，而佛山又是这两种运动的发源地。未来，这两种传统运动如何焕发新的活力？

我们不能够仅仅是满足于日常表演，还应该为之注入更多的文化内涵，并在保持原有强身健体功能的基础上，创新表现形式。

我们要注意到，佛山功夫文化之所以能有今天的影响力，离不开当年一系列影视作品的传播。功夫的核心精神不是征服而是止戈，这是功夫文化所具有的一个内涵。所以，功夫未来不仅仅是一项体育项目，还可以是文化艺术影视的一个重要创作主题，以其为载体发展出更多文化作品来。现在，佛山在功夫电影方面的努力是正确的方向。

佛山的武术家们也要拿出更大的责任担当，拿出真功夫来，传播给更多的人。只有依靠真功夫，佛山功夫才能成为更有影响力的文化IP。

佛山应重视数字文创产业

南方日报：**对于国内的二线城市来说，相比空间和资金，缺乏人才成为文化产业发展的瓶颈，人才都集中在一线城市，佛山应该如何去破题？**

金元浦：其实不仅仅是文化产业，未来的城市竞争中，随着各大城市老龄化程度越来越严重，谁能够赢得青年，谁就能赢得未来发展机遇，城市就会变得更加有创造性和青春活力，发展后劲也更充足。

佛山邻近广深，深圳有着大量科技型人才，而广州作为广府文化根据地，聚集了许多本土文化人才，这两座城市的人才，转移到佛山发展并非不可能，佛山应做好准备承接这些溢出的人才。

南方日报：**发展文化产业、建设文化导向型城市，佛山接下来最迫切的任务是什么？有哪些机遇可以抢抓？**

金元浦：对于佛山来说，树立一个特色鲜明的城市品牌是一个迫在眉睫的任务。

过去，城市发展首先需要通过推动基本建设和城市规划提高城市承载力，这应用的是木桶理论，要补短板。但是到了现在，城市发展要做的是“造方塔”，方塔的最上方就是灯塔，城市品牌应该像灯塔一样照耀四方。

城市发展还要“造水塔”。一座高楼大厦，最高的地方就是水塔，水塔建好了，水就能流到整栋大厦需要用水的地方。这个“水塔”就是顶层设计和规划，佛山要提升城市品牌形象，需要做好顶层设计和规划。

顺德美食固然很有代表性，在全国也很有辨识度，某种程度上甚至比佛山制造业还出名，但这是不够的，还需要文化层面有更高层次的内容去代表佛山，这是佛山最重要的内在的魂，这个“魂”需要更加清晰、更加鲜明。

另一方面，未来将人工智能、大数据、云计算等高科技和文化高度结合的产业将会迅猛发展。例如，游戏和电竞已成为广受社会关注的朝阳产业，这类新兴数字文创产业值得佛山去关注。

美国机械工程师学会会士鲍益新：
佛山制造要拒绝“差不多先生”

鲍益新，美国俄亥俄州立大学机械工程学博士、密歇根州立大学EMBA（高级管理人员工商管理硕士）、美国机械工程师学会会士，重庆大学客座教授；在品质管控领域拥有超过20年经验，曾先后担任美国福特汽车公司质量总监、副厂长和资深科学家，北美丰田汽车公司质量总经理，富士康集团首席质量官及副总裁等职务。现任深圳市优必选科技股份有限公司首席质量官、高级副总裁兼CEO特别顾问。

“做不好品质根源在于意识问题。而意识问题在于一个地方的整体文化、整体教育是否提供了‘品质’的养分。”日前，深圳市优必选科技股份有限公司首席质量官（CQO），高级副总裁兼首席执行官（CEO）特别顾问鲍益新接受南方日报采访，建言佛山企业家从观念和企业文化入手，培养品质意识。

作为全国唯一一个制造业转型升级综合改革试点的城市，当前，佛山正全力推动制造业品质革命，以佛山质量铸造佛山制造新优势。对于企业应该如何理解品质，如何建立正确的品质观念、管理好品质，鲍益新给出了具体建议。他认为，佛山制造要做好品质，需要建立生产的“标准化”，实现品质的上游管控，要拒绝“差不多先生”。

“做不好品质根源在于意识问题”

南方日报：有人提出，佛山制造乃至整个中国制造品质提升的难关在于基础能力方面的不足。包括政府层面的产业基础能力，以及企业层面的技术创新能力和管理创新能力等，您怎么看这一看法？

鲍益新：国内有些企业缺乏宏观思维，只重视短期的眼前成果，无法坚持持续改进，做事马马虎虎，差不多就可以，遇见问题只思考快速搞定，不探求真因。这些都是企业发展的绊脚石，也是品质做不好的最大原因。总而言之，做不好质量根源在于意识问题，当你没有享受过什么叫客户满意，面对不满意选择了忍受，久而久之会形成一种文化，也会造就一类人，叫“差不多先生”。

南方日报：当下，在全球化市场竞争越来越激烈的背景下，品质的理念受到了前所未有的重视，您认为品质对企业而言意味着什么？企业应该如何正确看待品质？

鲍益新：什么是品质？富士康用两句话解释品质，第一句话是对外的，第二句话是对内的。第一句话“品质就是客户愿意用高于市场的价格来跟你买（无论是产品还是服务），而且还很满意”。客户不是傻瓜，为什么愿意以高于市场的价格跟你买？就是因为品质好，品质好让人用得放心和舒服。所以高品质是可以提高销售的，不是增加成本。

富士康第二句话：“品质是我们价值与尊严的起点，是我们赖以生存的命脉。”举个例子，日本丰田的品质今天很牛，但它早期不是这样的。20世纪50年代日本丰田开发了第一款轿车皇冠，量产时因为不懂品质管控，品质做得一塌糊涂，后来公司差一点因此而倒闭。所以品质做不好，并不仅是丢脸和道歉，还可能让企业因此“丧命”。经历过这次差一点万劫不复的品质危机，后面的60多年丰田没有一天放松过，永远在持续改进，很多品质的理念和方法都是丰田发明的。

品质和客户满意是企业成功的关键。客户满意是由实际值除以期望值而得到的。实际获得的如果远超当初的期望，当然满意度就越大。可惜客户的期望值会随着时间、环境、人、科技、市场的不一样而改变，因此就算实际值不变，满意度依然可能不同。品质狭义来讲是先把主要功能、外观做到设计要求，然后慢慢将客户的需求融入产品体验里，因此它必定是客户满意的一部分，但并非全部。

追求客户满意是一个漫长的过程，我个人认为客户满意可以理解为广义的品质，它包含在品质里面。

南方日报：*有些企业表达过这样的困惑，在遇到市场竞争压力非常大的时候，如果不供应产品，对手就要占领市场，这时候要如何平衡竞争与品质的关系？*

鲍益新：产品品质做不好就不应该上市，那是欺骗行为。所谓为了生存、资金压力大、环境恶劣等等，都是偷懒的借口。

品质还是管理意识的问题，做便宜和做贵的品质意识应该是一样的。有人说便宜没有好货，成本低怎么做出高品质的产品？这是个错误的观念，看看优衣库是怎么做到又便宜品质又好的。成本的管控、售价、市场、客户是你自己决定的，所以用要生存这样的说法来牺牲品质都是借口，这个借口是有传染性的。

"品质永远是上游管控"

南方日报：*佛山部分中小企业具有较强的"草根性"，不注重完善和规范生产流程，缺乏标准化，对产品品质会造成什么影响？要规范化生产，最大的难关在哪里？如何克服？*

鲍益新：不建立"标准化"的企业是不可能做好品质的。如何改变？从观念意识着手，建立诚信、务实、实事求是的价值观和企业文化。由公司一把手亲自领军，否则一定失败。请再多顾问也没用。

企业家需要牢记两句话：品质是上游管控，"检"是不得已而为。品质是否可以靠检测？可以的，但是"检"不是一个长久之计。"检"的确是一个立竿见影的方法，比如你有20%的产品不良率，我安排200个人马上去检测，可能将百分之十几的不良品拦下来了，不良率最终达到几个百分点，这方法是有效的，但是你付出了惨痛的成本代价，而且这种做法稳定性差，一不小心不良产品又会流出去。所以"检"固然可以暂时起作用，但就像割破皮后你贴一个创可贴一样，是一个暂时的做法。品质永远是上游管控。其次是6个字——"早发现、早解决"，这个观念极其重要。

南方日报：国内企业也一直在积极学习、引进国外的一些管理体系，比如日本的全员品质管理，但在具体实施层面上，因企业而异，您认为在品质管理体系的导入上主要存在哪些问题？

鲍益新：有些理论教你该做些什么，可是无法告诉你怎么做，在什么条件、情况之下如何做，做的先后顺序是什么。有时候一知半解反而误事。很多品质做不好的公司也都能通过这些质量认证就是这个原因。我个人觉得品质的观念、理念很简单，所有天下复杂的事情能够把它梳理出来，其实都很简单，不过简单不代表容易。全员品质管理当然好，假如你的企业产品老是被抱怨，退货率很高，人员流失很快，资金有问题，这个时候推动全员品质管理，我觉得是自己搬砖头砸脚，你绝对推动不下去。因为在不同的状况下该做什么是不一样的。优必选科技成立8年，它的体量跟我以前工作的富士康的体量不一样。你得了解自己处在什么状况之下，然后抓大放小，选择最有效的、最重要的先做。

品质管控三个要素，包括信息、组织、流程。信息很重要，信息的展现更重要。你得先让你的质量总监把信息用图表展现出来，我们的客户反映些什么问题、供应商来料情况如何、制程不良如何分布，这些得通通画出详细的图表来，画不出来就无法展现问题在哪里，有再好的组织和流程都没用。除了这三个要素，品质管理最重要的还是观念，这就跟教育孩子一样，上策给观念，中策给方法，下策给钱，可惜现实中很多父母和老板都走下策。

“品质官的经验是无价的”

南方日报：有部分企业家认为，只要下决心用机器替代人就可以提升产品品质，您怎么看这种观点？

鲍益新：“只要用机器替代人就可以提升产品品质”是错误的观念。使用得不正确，机器危害更大。品质的管控和理念与用不用机器无关，只是方法的差异而已。使用机器多的时候，重心要放在如何避免机器出错，加强侦错，以及持续改进机器和人工的互动、协调上面。

自动化对品质管理的影响是，减少了变异的程度。变异是最可怕的东西。人、机、料、法、环五个因素都可以造成变异，而且每天都在变，身为管理者，身为企业家，最重要的是控制它的变化。正确地使用机器的确可以降低变异，提升品质。

品质管理还有一个魔鬼，就是变更管理，任何产品从开发到量产都离不开变异和变更这两个魔鬼，因为在不同的阶段一定有些设计或制程是需要优化、变更的，所以这个你是避免不了的。重点是能不能把这些变更管理做好。品质做得好的企业尽量在开发前期引入变更，后期量产时不会允许太多变更，这就是减少变更带来的管理风险。大量使用机器时，一样避不开变更管理，风险是一样的。

南方日报：**目前企业还有一个趋势就是招揽或者培养专业的品质管理人员，您认为优秀的品质管理人员需要具备什么素质，以及如何培养优秀的品质管理人员？**

鲍益新：我的经验告诉自己，不是每个人都适合做品质管理，并不是说我现在成立了一个品质部门，经理或者总监出缺，你觉得谁不错就让他做。品质管理人是有特质要求的，所以你要挑对人，经验的积累非常重要。为什么？因为对品质管理而言，经验是无价的。

要管理好一个流程，这里面的十八般武艺你不见得样样精通，也不需要精通，但是你得会问正确的问题。能问出正确的问题，你就能判断风险在哪里，就能让研发、制造、供应商把事情做对、做好。这是基本的品质管控。当然品质管理做到极致就是去掉这些品质工程师，也就是人人具备了工匠精神，自己能把自己的事情做好，真正做到“不良不流入，不良不制造，不良不流出”，也就是自我内建品质的精神。

「下篇」

十城报告

找寻万亿时代的佛山高质量发展之道

2019年，中国内地有17座城市地区生产总值超1万亿元。同时，全国还涌现了西安、福州、泉州等7座“准万亿级”城市。放眼全国，区域竞争已进入城市与城市群的竞争时代。实现经济乃至城市全面的高质量发展，已成为全国标杆城市的共同追求。在此背景下，佛山必须尽快找到万亿时代的高质量发展之道。

全国竞合：高质量发展是标杆城市的共同追求

放眼全国，区域竞争已进入城市与城市群的竞争时代。实现经济乃至城市全面的高质量发展，已成为全国标杆城市的共同追求。

2018年以来，各大城市纷纷围绕经济高质量发展为全局化政策布局。2018年，成都市出台《中共成都市委关于全面贯彻新发展理念加快推动高质量发展的决定》，2019年初，成都市政府工作报告提出，成都将大力推动高质量发展，持续增进民生福祉，加快建设全面体现新发展理念的国家中心城市。2018年2月以来，宁波市开展“六争攻坚、三年攀高”行动，并将之作为引领全市经济社会高质量发展的总载体和主抓手，同时争创国家制造业高质量发展示范区。

制造业培育也成为这些城市推动经济高质量发展的核心动力。2020年伊始，长沙市就在政府工作报告提出，将“全力推动制造业高质量发展”放在各项工作重点的首位。2019年11月，武汉市人民政府出台了《关于推进重点产业高质量发展的意见》，聚焦万亿产业集群、千亿支柱产业、百亿重点企业“万千百”工程。同样是2019年，作为数字经济的集大成者，杭州重磅发布“新制造业计划”，计划到2025年，全市工业总产值达到25000亿元，规上工业增加值达到

6800亿元，以破除制造业动力不足的问题。

湾区机遇：争当地级市高质量发展的领头羊

建设粤港澳大湾区，是佛山实现高质量发展的历史性机遇。

2019年2月，《粤港澳大湾区发展规划纲要》正式发布，明确提出打造粤港澳大湾区、建设世界级城市群的战略要求。到2022年，要基本形成发展活力充沛、创新能力突出、产业结构优化、要素流动顺畅、生态环境优美的国际湾区框架。简单来说，就是大湾区内，各城市分工合理、功能互补、错位发展的格局要基本确立。

纲要的一大重点在于构建与完善城市群的发展体系，明确各大核心城市以及重要节点城市的定位与方向：

香港、澳门、广州、深圳定位为粤港澳大湾区的四大核心城市，继续发挥比较优势做优做强，增强对周边区域发展的辐射带动作用。而珠江三角洲九市中的另外七市——珠海、佛山、惠州、东莞、中山、江门、肇庆则被纲要定位为重要节点城市，要充分发挥自身优势，深化改革创新，增强城市综合实力，形成特色鲜明、功能互补、具有竞争力的重要节点城市，加快优化其制造业布局。

其中，纲要提出建设以珠海、佛山为龙头的珠江西岸领先装备制造产业带；明确支持佛山深入开展制造业转型升级综合改革试点。

此外，在2019年5月13日召开的广佛同城化党政联席会议上，两市政府签署了《共建广佛高质量发展融合试验区备忘录》，明确了将围绕197公里边界线，共建广佛高质量融合发展试验区，构建“1+4”融合发展格局。随着纲要进一步赋予了广佛两市强强联合、极点带动的全新战略使命，佛山迎来了借助广佛深度同城化实现高质量发展的重大机遇。

佛山行动：对标一流寻找万亿时代的发展路径

2019年，佛山地区生产总值突破万亿元大关。佛山大踏步挤进万亿俱乐部，这也是广东第三个地区生产总值超万亿元的城市。根据2019年数据，中国国内生产总值预计将接近100万亿元人民币。佛山跻身万亿俱乐部，意味着佛山仅用全国万分之四的土地，创造了近1%的生产总值，成为广东经济高质量发展的代表。

但在实现经济高质量发展过程中，佛山也面临着一系列挑战。一方面是佛山制造业大而不强，传统产业比重偏高，先进制造业、高技术制造业增加值分别仅占规上工业增加值的46.6%、8.1%，人工智能、电子信息、航空航天、生物医药、新材料、新能源等战略性新兴产业支撑不足。在全球“三明治”竞争的新格局、新趋势下，佛山面临的国内外“双重挤压”问题更为凸显。另一方面，城市建设水平长期滞后于工业化水平，影响高端要素资源吸引集聚和优化配置，成为掣肘佛山高质量发展的突出问题。

针对这些问题，近年来，佛山市坚定不移地推进供给侧结构性改革，大力实施以质取胜、技术标准、品牌带动三大战略，不断提升制造业供给体系的质量和效益。2019年前三季度，佛山规模以上工业增加值同比增长7.3%，比全省4.3%的水平高出3个百分点，其中先进制造业增加值增长8.9%。2019年，佛山市提出抓住粤港澳大湾区建设重大历史机遇，对标国际国内最高最好最优，抓好各项工作的落实，提出做强做大以制造业为根基的实体经济、放心放手放胆支持民营经济发展、坚持在发展中保障和改善民生等多项举措，推动各项工作再上新台阶。

2020年1月9日，佛山市委第十二届九次全会强调，佛山取得的成绩令人自豪，但不能自满，存在的差距令人警醒、催人奋起直追。要始终胸怀“两个大局”，把握新形势新任务新要求，保持战略定力、清醒头脑，时刻把使命放在心上，把责任扛在肩上，担当作为，感恩奋进，着力破解发展难题，持续厚植发展优势，推动经济社会高质量发展，谱写出更加辉煌灿烂的新篇章。

对标发现：先进城市高质量发展的十大启示

调研组在上海、苏州、杭州、合肥、武汉、泉州、南通、无锡、成都、长沙走访发现，从建设一流营商环境到培育新经济动能，从构建共建共治共享社会治理新格局到推进生态文明建设，全国各大城市正把新发展理念落到实处，着眼于解决经济社会发展中的深层次问题，推动质量变革、效率变革、动力变革，在高质量发展上迈出了坚实步伐。

上海启示：建设一流营商环境如何统筹推进？

上海市是评价中国营商环境情况的“窗口”和“样板”城市之一。近年来，上海市营商环境建设已取得显著成效，在强化统筹、破除壁垒和改进服务等三方面形成了可供研究借鉴的先进经验。

一是强化市级统筹形成有效联动。上海市推进营商环境建设采取“自上而下”的模式，在优化顶层设计的基础上，全市各级各部门紧跟市委、市政府安排部署推动工作落实，最大限度集中全市行政资源确保营商环境建设实效。如上海市于2018年成立市大数据中心，统一组织和负责公共数据归集、整合、共享、开放和应用管理。同年上海市发布《上海市公共数据和一网通办管理办法》，明确公共管理和服务机构在履职过程中获取的公共数据，由市大数据中心集中统一管理；除国家另有规定外，行政机关不得新建业务专网，已经建成的原则上应当分类并入市电子政务网络。目前，上海市已建成市级数据共享交换平台，政务数据按需实现100%共享。

二是运用信息技术化解壁垒瓶颈。自2018年上海启动“一网通办”政务服务改革以来，全市上下围绕“让数据多跑路，让群众少跑腿”这一目标着力打通部门和层级壁垒，将分散在各级各部门的系统整合入“一网通办”总门户，接入覆盖全市的90.8%的行政审批事项，极大提升了行政审批效率，真正实现“并联审批”。在国务院建设长江三角洲地区政务服务“一网通办”的要求下，上海通过沪、苏、浙、皖四省市合力协作，面向长江三角洲地区推广“一网通办”政务服务改革，在长江三角洲地区18个城市设立160多个线下专窗，51个事项实现跨省办理，有力推动区域一体化发展。

三是落实群众路线优化行政服务。上海在优化营商环境过程中高度重视提升市民和企业获得感，通过重构优化办事流程，提升行政服务效能，打造全覆盖、标准化、线上线下融合的服务体系。如上海市嘉定区行政服务中心结合企业反映的难点与痛点，推出产业项目代办服务，从项目准入到竣工验收的所有已入网事项均可由政府代办员无偿代办，同时协调区有关部门梳理化解审批环节中的上百个细节问题，将重点产业项目审批时间节点精确至小时。此前，上汽大众新能源汽车工厂项目在嘉定区仅用48小时便完成从拿地到施工的全部审批流程。

苏州启示：对欧对德合作如何成集聚出效益?

自1993年第一家德企落户至2019年，短短26年间，苏州太仓市对德合作从经济层面延伸到城市交往、文化交流、创新创业等方面，营造良好的营商生态，擦亮了“德企之乡”的名片。

一是“双元制”本土化，打造高质量人才库。人才是德企落户需要解决的头号难题。从1997年首家落户的德企克恩-里伯斯提出要建立“双元制”培训中心以来，太仓把“双元制”教育与对德合作紧密融合，政府高度重视校企互惠互助机制的建立，在“双元制”本土化人才培养中建立了“一董三委”管理架构，董事会下设培训委员会、教学委员会、考试委员会，致力实现教育与就业的相互衔接与“零过渡”。多年来，太仓相继建立中德培训中心等十大“双元制”教育培训基地，累计培养了1万多名高级管理人才和专业技术人才，为德企的发展壮大提供了重要支撑。

二政府服务高效化，服务企业“无事不扰，有求必应”。太仓之所以成为中德企业合作发展最佳的地区之一，在于通过高效的部门协作提供良好的政务服务环境，为德企发展提供了重要保障。此外，招商工作会联动市场监管、税务、海关等多个职能部门共同沟通协作解决。对于已落户的德企，太仓提出“无事不扰，有求必应”的服务理念，在德企之间形成了良好口碑，如今落户的德企仍以每年二三十家的速度增长。

三是人文交流常态化，增强德企归属感。太仓的对德合作经过了漫长积累，“太仓日”“啤酒节”等品牌交流活动连续举办了10多年，在德国企业间形成良好口碑。此外，太仓还每年举行中德足球赛、中德乒乓球友谊赛、国际马拉松比赛，举办或承办大型中德交流会等，让太仓“德企之乡”的形象深入人心。自2008年以来，太仓还连续10多年到德国斯图加特、慕尼黑、柏林等地举办“太仓日”活动，面向当地企业推介太仓营商环境。如今，连续14年举办的啤酒节每年吸引成千上万中外嘉宾汇聚太仓，不仅成为加强对德交流的重要平台，也成为太仓重要的城市名片。

杭州启示：国家高新区如何建设一流创新体系？

杭州高新区（滨江）自启建以来，实现高科技成果产业化从无到有、从小到大、从弱到强的跨越发展，涌现出阿里巴巴、海康威视、大华股份等一批数字经济龙头企业。多年来，该区稳居全国高新区第一方阵，近两年更跻身前三。该区在优化体制机制、完善创新链条等方面的经验做法值得参考。

一是以扁平化体制凝聚工作合力。为简化管理层级，凝聚工作合力，2002年以来，杭州高新区（滨江）开展“两块牌子，一套班子”管理体制机制调整，实现高新技术产业开发区与滨江区行政架构合二为一，高新区党工委书记兼任杭州市滨江区委书记。这一措施的实施，确保了杭州高新区（滨江）既按开发区模式推动产业发展和项目建设，又行使地方党委、政府职能，同时进一步便利了杭州高新区（滨江）统筹规划用地和城市建设用地等工作，实现园区与所在城区“一盘棋”布局。

二是以龙头引领汇聚全产业链条。20世纪90年代，浙江大学部分教授为实现高校科研成果转化，在杭州市文三路创立了数家创新企业。2002年后，杭州高新区（滨江）引导文三路高新技术企业搬迁至园区内，并有意识地在生产性资源要素配置上向有发展潜力的创新型企业倾斜，逐步培育其做大做强。目前，海康威视、聚光科技等数十家龙头企业的研发部门已在杭州高新区（滨江）物联网街形成集聚效应，并依托龙头企业带动产业链上下游加速集聚。部分龙头企业通过在总部大楼为初创企业、孵化项目腾挪空间，在一座楼宇内部形成创新创业环境。

三是以市场化力量优化创新环境。杭州高新区（滨江）先后培育出浙江省1/6的高新技术企业和上市公司，这得益于其完整的创新创业孵化链条。市场化是培育这一创新链条的关键一招。目前杭州高新区（滨江）83%的孵化器、100%的众创空间由市场化主体主导建设。以杨林控股—杭州天和高科技产业园为例，该园区专门成立企业发展部等为企业提供个性化服务，成功打造出这一集孵化器、加速器、产业化于一体的民营孵化器，聚集200余家生物医药企业，孵化高新技术企业80余家。

合肥启示：智能制造如何从试点走向生态圈?

作为国家重要的现代制造业基地，近年来合肥把智能制造作为加快供给侧结构性改革、带动制造业转型升级的新引擎，注重做好顶层设计、拓展应用方式、发挥示范作用、完善服务体系等，强化智能制造对整个制造业高质量发展的引领作用，一批智能制造新模式、新业态、新产品不断涌现。

一是以产业和专项实施为落点，加速推广应用。合肥智能制造工作从单个企业的项目实施提升到针对行业和产业链领域，通过骨干企业和重点专项智能制造工程的实施，加快产业链上下游及配套行业形成智能制造需求，形成“以点带链、以链带面”的推广态势，加快智能制造生态体系的培育与完善。

二是以载体和项目建设为引领，发挥示范作用。在发挥企业示范作用方面，对于已认定的“智能工厂”企业，特别是总部在肥企业，合肥每年遴选3至5家，进行整厂认定与立标建设支持，对企业建设投入给予不低于20%的资金补贴，同时为每家企业配置“1+3”（1家咨询机构和3位行业专家）建设咨询团队。合肥希望在2年内建成10家国际知名、国内领先的标杆企业，从而形成对标推广的辐射带动效应，引领全市制造业企业开展智能制造改进。

三是以本地和云端协同为目标，完善服务体系。合肥正在积极推进《合肥市关于推进工业互联网创新发展实施方案（2018—2020年）》，推动在肥高校、科研机构与行业领军企业联合成立工业互联网研究院，支持工业、软件、信息化综合服务企业组建工业互联网创新中心，开展智能制造和工业互联网关键技术攻关，培育一批行业智能制造系统解决方案，形成工业互联网区域协同发展体系。

四是以形成更高层次升级为要求，制定专项政策。目前，合肥经信委正在酝酿出台传统产业智能化改造专项政策，并在《合肥市智能工厂和数字化车间认定管理办法（修订）》的基础上，将智能工厂、数字车间的认定评估和服务机构管理规范进行标准化，并逐步向更高层次的标准升级，进而形成可复制、可推广的“合肥经验”。

武汉启示：万亿级城市如何打造万亿级产业?

2001年武汉东湖高新区被批准为国家光电子产业基地（即“中国光谷”），成为武汉从无到有发展光电子信息产业的主战场。近20年来，光谷形成了以光纤通信为主体，激光、光电显示、消费电子、集成电路等领域竞相发展的“芯屏端网”产业集群，聚集了长江存储、武汉新芯、华星光电、天马微电子等大型企业。当前武汉光电子信息产业规模接近6000亿元，有望成为武汉首个万亿级产业集群，其典型做法包括：

一是政策聚焦，重视集群计划的延续性与演变性。武汉通过不断完善集群政策和机制，持续推动企业集群式增长。2011年，武汉确定实施“工业倍增计划”。次年武汉接连出台了《促进东湖国家自主创新示范区科技成果转化体制机制创新的若干意见》《武汉东湖新技术开发区加快发展光电子信息产业实施方案》等文件，对未来10年的科技创新、产业布局、科技成果转化、人才引进等进行了顶层设计，构筑起产业政策体系的“四梁八柱”。

2015年，在光电子信息产业集群初具规模之时，武汉的政策配套主要针对创新和人才，包括创设全国首个创新驱动发展委员会，率先成立招才局、科技成果转化局；在政策法规方面，武汉先后出台近20部法规规章，形成了比较完善的科技创新法律法规保障体系。

2018年，在超前部署突破“缺芯少屏”的瓶颈后，从光纤通信领域发家的武汉，将光电子信息产业拓展为“芯片—新型显示屏—智能终端—互联网”的集群格局，相继引进了富士康、中芯国际、长江存储等一批带动性强的重大项目，延伸了产业链条，形成产业集群的“抱团”优势，带来了新产品联合研发、技术创新等企业间的深度合作。

二是平台支撑，构建大中小企业协同创新生态。近10年来，武汉先后出台推进科技成果“三权”改革的“黄金十条”，包括促进大学生创新创业的青桐计划，促进高科技、高成长性企业发展的瞪羚计划，促进高科技人才到光谷创业的3551人才计划，等等，针对创新创业、新经济发展，大胆解除体制机制束缚。

为了激发投资主体对光电子信息的热情，武汉不断扩大市级战略性新兴产业引导基金规模，吸引带动万亿社会投资。目前在光电子信息领域已组建总规模500亿元的产业基金，即将形成1000亿元以上的产业基金群。

在区域创新体系打造方面，武汉相继成功创建国家信息光电子创新中心、国家数字化设计与制造创新中心，成为仅次于北京、与上海比肩的拥有“双中心”的城市。

国家信息光电子创新中心采用“公司+联盟”模式运营，其核心股东均是细分领域在国内排名前三的企业，覆盖了行业内60%以上的创新主体。同时发起光电子发展联盟，汇聚了包括华为技术、清华大学在内的25家成员单位，突破了行业内各创新主体在地域、组织、技术上的界限，打通共性技术研究成果转化的

“快车道”。

此外，光谷每年举办双创活动2000余场，日均达6场，拥有“光谷·青桐汇”“东湖创客汇”“楚才回家”等双创品牌活动，有力保证了集群内初创企业能够迈出从技术开发到市场推广的关键性一步，推动中小企业集群式崛起。

泉州启示：传统产业大市如何发展新兴产业?

泉州是福建第一工业大市，传统产业板块的企业占民营企业比重超60%。近两年，泉州站上了高新技术产业的风口，尤其是芯片等高端半导体产业发展突出，正形成涵盖芯片和集成电路上下游产业链的产业集群。这得益于泉州一直以来在处理好传统产业与高新技术产业关系、调存量引增量上的积极探索。

一是完善顶层设计，推动就地转型升级。近年来泉州代拟或制定出台了《泉州市重点发展产业指导目录（2018年本）》等文件，并从2016年以来，先后出台了纺织鞋服、石油化工、机械装备等18个重点产业转型升级路线图。这些路线图始终把纺织鞋服、建材家居等传统制造业当作“传家宝”，不搞另起炉灶、产业代替，而是立足本地优势，选择符合自身条件的最佳方式，在现有产业基础上转型升级。以光电产业转型升级路线图为例，该路线图有意识地指导光电这一泉州优势产业向半导体产业转型，为泉州未来发展集成电路等高新技术产业奠定基础。

同时，企业自身也凭借敏锐市场意识，切入关联性的新兴产业，打造新的发展动能。泉州坐拥一批全国知名鞋服企业，这些企业在近两年利用积累的鞋服生产实力和跨界创新能力，开拓智能穿戴、智能鞋服机械等新产业，实现蝶变。

二是在配套政策和载体规划上下细功夫，谋空间和政策红利。早在2016年，《晋江市集成电路产业发展规划纲要（2016—2025）》《福建（泉州）半导体产业发展规划（2016—2025）》等规划相继发布。晋江编制了全国首份《集成电路产业优秀人才认定标准（试行）》，人才通过打分、评比，将获得不同程度的政策、资金支持。2018年，泉州发布关于加快数字经济发展七条措施。这些政策注重落地和细节。比如，针对集成电路设计企业购买集成电路布图设计专有权开展高端芯片研发，给予集成电路布图设计专有权购买直接费用50%的补助。

载体规划方面，2017年底福建省政府正式批复，同意在泉州市设立省级半导体高新技术产业园区。该园整合了晋江集成电路产业园区、南安高新技术产业园区、安溪湖头光电产业园区等三个园区，为内部整合与外部引入的资源腾出发展空间。这三大园区各有分工错位，分别聚焦集成电路、化合物半导体和LED高科技产业，形成涵盖半导体制造、设计、封装测试、制造设备开发、关键原材料等上下游产业链的产业集群。高端半导体产业这样大手笔、高规格的载体布局，在一个地级市比较少见。

南通启示：中小企业群体如何推行品质革命?

南通市是全国轻纺工业的发源地之一。近年来，南通在中小微企业里掀起“品质革命”，实现从“数量经济”到“品质经济”的升级跨越。南通的主要做法包括四个方面：

一是重视顶层设计，设立“市长质量奖”培育“品质革命”新动能。2009年，南通市设立“市长质量奖”，表彰在质量管理和经营绩效上取得突出成绩的企业，激励了一批南通企业创新先进质量管理方法，赢得一批技术标准的话语权，抢占科技进步的制高点。南通市“市长质量奖”迄今评出31家市长质量奖企业，其中部分获奖企业已成为江苏全省乃至全国质量管理的标杆。截至目前，已有中国质量奖提名奖2家，已获江苏省质量奖6个，南通江苏省质量奖获奖企业数位居全省第一，南通企业质量管理成功经验已走出南通，示范全国。

二是开展体系革命，人人都是首席质量官。2009年，南通在全国首创首席质量官制度。目前，南通首席质量官人数已朝着6000稳步推进。在政府的首席质量官制度之外，南通企业自发探索更适宜企业需求的首席质量官制度。通过体系革命使得企业人人都是首席质量官。

三是首创质量合作社，解决中小企业品质难题。针对中小企业质量提升意识薄弱、方向模糊、水平低下等弊端，南通在全国首创质量合作社。质量合作社吸引企业以自愿申请的方式加入，推行“六统一”管理，集统一产品检验检测、统一产品标准和标识、统一建立首席质量官、统一品牌发展建设、统一建立质量信用、统一执法监督于一体，为企业提供免费检测基金、建立对产品品质的团体标准或联盟标准、提供免费质量知识技能培训等服务。质量合作社服务个体工商户、小微企业，帮助其提升质量。政府、高校、企业、协会联合主导家纺质量合作社，为个体工商户、小微企业发展提供了良好市场环境，目前已吸纳300多家小微企业、个体工商户，推动个转企235家，新增产值12.5亿元，增加就业4200多人。

四是选择优质客户，积极打入世界级企业供应链。南通积极推动市内企业成为世界级企业的供应商，利用外部力量倒逼企业提升品质。在政府的支持下，企业也积极向世界级企业靠拢。如，新江海动力、丽智电子不仅对供应商挑剔，对客户也很挑剔。它们不以价格战挑选劣质客户，而是寻找优质客户，以优质客户的高标准鞭策自己，与客户一起成长。这两家企业从一开始的定位，就是给全世界前十的企业做配套，坚持服务于全球最好的企业。

无锡启示：生态文明如何与工业文明相得益彰？

无锡是全国河长制的发源地。至2019年，无锡共有河长3163名，分管全市5635条河，其中市级河长20名，市（县）、区级河长159名，镇（街道）级河长994名，村（社区）级河长1990名，他们都是全市河湖治理的第一责任人，是该担肩胛、该起作用、该有作为的“关键少数”。通过河长制推动“关键少数”转变发展观念，切实在行动中贯彻“绿水青山就是金山银山”的理念，无锡以治水为切口夯实高质量发展的基础。

一是推动河长制从“见河长”到“见行动”。2007年5月，无锡遭遇太湖“水危机”，大面积湖泛对全市饮用水安全造成了直接威胁。无锡市党政主要负责人临危受命，分别担任了64条河流的河长，河长上任月余，太湖79个监测断面中达标断面数即上升至42个，达标率为53.2%。目前，太湖水质已经稳定在Ⅳ类水，并连续12年实现平安度夏。无锡多年来推行河长制的实践经验表明，党政领导就是河道整治的第一责任人，是推动治水的“关键少数”。

二是通过考核传导生态建设责任。无锡把将河长制工作纳入高质量发展考核体系，对各地、各部门、各级河长进行严格督查。在考核方面，无锡主要从组织体系、河长履职、重点任务、水质达标等4个方面来进行，4个方面总分为100分，其中“重点任务”的占比最高，达到40分，主要是考核年度任务、重点工程以及专项整治的完成情况。4个方面的具体指标，并不是一成不变的，无锡市河长办会根据每年的工作任务，结合实际情况进行调整。除此之外，每个月，无锡市河长办均会组织相关人员，对全市河长制工作进行明察暗访。这些明察暗访的结果，除了成为打分依据外，还将在由市政府分管副市长组织召开的每月工作例会上进行通报，推动落实解决。此外，无锡市每半年开展一次督导检查，实地了解河长制落实情况并进行打分。最终，总体分数按百分比折算后，纳入全市高质量考核结果。

三是生态治理要为产业发展服务。无锡的上述经验均表明，河长制是推动生态文明建设的有效举措，但是生态文明建设并不等同于河长制。在太湖“水危机”之后的几年内，无锡迁移了大批传统企业，以期尽快扭转水污染局面。但大批产业的散落，带来的是城市发展的失落。2015年，痛定思痛的无锡，提出“重振产业雄风”，以生态文明建设作为发展的导航标，推动产业转型。凭借新的产业势能，无锡在2017年就跻身地区生产总值万亿俱乐部。

成都启示：文化产业如何增强城市能见度？

2018年，围绕建设世界文化名城的目标，成都提出建设“三城三都”——世界文创名城、旅游名城、赛事名城和国际美食之都、音乐之都、会展之都。此后，成都坚持以世界眼光、战略思维大力推动“三城三都”建设，从顶层设计、项目建设、品牌引领、融合发展等方面重点着力，取得一系列显著成效。

一是持续完善政策，以精细化政策打造文化名城。两年来，成都强化政策引领，先后起草《成都市文化创意IP孵化专项行动计划》《成都市支持影视产业发展的若干意见》《成都市动漫游戏产业发展扶持资金管理办法》《成都市文化创意产业示范园区认定及规范管理办法》《成都市优秀版权作品评选办法》等配套细则。同时，开展全市文化、文创产业统计单位全面清理核定认定工作，建立产业统计单位库，夯实成都文化、文创产业统计基础，梳理形成传媒影视业、创意设计业等重点产业及文化创意相关产业共12项分类目录，形成年度统计分析报告，全面掌握行业总体情况。

二是"有形之手"带动，推进产业集群发展。成都坚持以构建文创新产业链为核心，不断优化营商环境，推动成都文化产业高质量发展。当地立足区域资源禀赋，注重产业细分领域和产业人群生活需求，继续完善文创产业功能区建设的运营管理体系，加快推进重大招商引资项目落地建设，形成天府文创城、成都影视城、成都东郊记忆艺术区等产业功能区。至2019年底，成都共有文化产业示范园区（基地）国家级10家、省级23家，新认定市级文创园区31家。至2019第三季度末，成都全市文创产业增加值1049.2亿元，预计超额完成全年1350亿元目标，同比增长20%以上，占地区生产总值比重超过9%。

三是"文化+"跨界融合赋能，促进产业新技术、新业态、新模式发展。成都坚持以智能化、智慧化为主攻方向，借力"互联网+"新动能，拓展"文创+"新思维，推动文创产业内涵深化整合、外延融合带动，当地以文化赋能经济和社会生活，深度推进文商旅体融合发展，推出夜游锦江、5G智慧公园城市等一批融合发展项目，着力打造10个夜间文鉴艺廊、10个夜间视听剧苑、10个夜间旅游景区等夜间精品项目，大力培育具有全国和国际影响力的文化生活消费场景，加快形成以特色区域为载体的文商旅体融合发展产业生态圈，助力成都打造国际消费中心城市。2019年，成都被评为"中国十大夜经济影响力城市""夜间经济十强城市"，宽窄巷子获"夜间游客喜爱的十大历史文化、商业街区及网红步行街"等荣誉。

四是持续扩大城市文化空间。成都持续坚持破立结合，创新发展，推动创意单元挣脱传统模式桎梏，打造自身独有魅力和空间吸引力，辐射带动区域发展，以文创产业激发城市发展新动能。目前已形成少城视井文创产业园、草堂文博创意产业园、峨影·1958国际影视创意孵化园、明堂创意工作区、1906军民融合文化创意工厂、梵木创艺区等一批老旧建筑利用改造好、附加值高、融合型强的文创产业园区。截至2019年底，全市新增文创园区面积245.57万平方米，新增文创街区88条，新增文创镇（村）17个，新增661个文创空间，新开工文创项目87个，培育品牌文创企业60家，现有规上文创企业近2100家。

长沙启示：城市治理如何贯彻共治共享?

长沙市连续12年被评为“中国最具幸福感的城市”。通过实施“一圈两场三道”三年行动计划、开展老城区有机更新等惠民工程，长沙不断改善城市人居环境，落实“人民城市为人民”的理念，激发群众主人翁意识。同时，通过网格化管理、楼栋长制度、志愿组织等建立城市治理共同体，形成市民参与城市治理的良性循环。

一是将民生列为“头号工程”，首设城市人居环境局解决“城市病”。构建共治共享的城市治理体系，推动城市治理的现代化，首先要转变观念，从管理向治理转变，推动政府从管理型政府向服务型政府转变，在顶层设计上打通治理脉络。长沙市近年实施的“一圈两场三道”三年行动计划和“城市有机更新”等民生工程均被列为长沙市委、市政府的“一号工程”。此外，为更好落实两项“一号工程”，长沙在全国首创城市人居环境局，统筹与人居环境相关的各大重要项目，集中力量办“小事”，有效地解决各类“城市病”。通过相关部门的上下级联动，让资源下沉至社区，切实解决百姓的痛点、难点。

二是满足市民多元化需求，打造有温度的社区。随着现代社会的发展，人们的需求呈现多样化趋势。要发挥人民群众参与积极性，还需要在满足市民多元化需求的基础上，让市民有归属感。近年来，长沙着力打造有温度的社区，帮助群众融入当地社会。例如，长沙丰泉古井社区联合东茅街学校等发起“小候鸟城市社区融入计划”项目，帮助外来务工子女融入当地社会；朝阳街道成立了睦邻养老中心，供老年人进行书法、手工、舞蹈等多样化的兴趣活动选择，并引入医养机构，实现老有所依、老有所乐。

三是建立社会治理共同体，激发群众参与治理积极性。在长沙的城市治理中，“银发力量”在沟通、监督、互动等工作中发挥着重要作用。以长沙市朝阳街道朝阳社区为例，该社区的中老年人自发地建立了志愿队，参与到社区治理中，为社区面貌改善贡献力量；长沙天心区白沙古井社区通过发挥老党员的力量，有效推动了老城区有机更新工作。长沙还通过实施网格化管理，让城市管理全范围、全方位、全覆盖地服务辖区居民，并发动更多社会力量进驻网格，实现网格共建、共治、共享的目标。

经验总结：处理好高质量发展的四对关系

上海、杭州、成都、泉州等城市经验显示，把握好以下四组关系，是各城市在推进高质量发展、展开政策布局和资源调动、不断打开发展新局面的重要保障。

把握好精准施政与经济发展的关系

从众多万亿级城市、准万亿级城市的发展趋势来看，各地普遍尊重市场经济一般规律，充分发挥市场在资源配置中的决定性作用，同时也在更好地发挥政府作用，有效弥补市场失灵。如何更好发挥政府作用？总结各地做法，主要表现为通过创新制度供给，不断增强经济创新力和竞争力，适应和引发有效需求。在这一过程中，政府必须越来越注重精准发力。在实践中表现为，政府的管理和服务要更加贴近城市发展、市场运转和产业培育的需求，出台灵活度更高、匹配度更高的产业政策和区域政策体系，乃至成立各种具有更强针对性、创新性的部门，进一步激发全社会创造力和市场活力。通过类似举措，不少城市已经在特定的产业领域获得了成功。这些经验启示佛山，在进阶万亿俱乐部之后，佛山各级政府必须实施更加精准、科学、高效的统筹、管理和服务，在推动高质量发展方面发挥更大作用。为此，政府部门要放眼国内外产业竞争发展的实际情况和紧迫需求，进一步健全支持民营经济、外商投资企业发展的市场、政策、法治和社会环境，特别是围绕制造业高质量发展、重大平台建设等高质量发展的核心议题，加快推进行政体制机制创新，增强地方发展优势。同时，增强自身队伍能力建设，强化专业服务水平，为专业、精准的政府服务提供保障。

把握好做优存量与培育增量的关系

当前，新兴产业的发展状态已成为判断一个平台、一个区域、一座城市发展前景的标准。国内地区生产总值排名前20位的城市已经普遍把培育增量的目标锁定在新兴产业。但从科技发展和市场经济的客观规律来看，一座城市新兴产业的发展壮大需要一定时间才能显现出规模效应，并且需要长期不懈地孵化和投入，这意味着较高的发展成本。因此，国内将新兴产业培育为支柱产业的城市至今屈指可数。另一方面，在国内大部分万亿级城市、准万亿级城市中，传统制造业仍处于主导地位。传统制造业能否平稳增长对于大多数城市的经济发展至关重要。从现实来看，没有传统制造业的红利作为基底，一座城市也就没有经济实力发展新兴产业。因此，在推动制造业高质量发展的进程中，佛山必须坚持一手做优存量，稳固传统产业方面的优势，保障传统产业不翻盘，并且不断为城市发展、新兴产业发展输送支撑；一手培育增量，锲而不舍发展新兴产业，尽快通过新兴产业的人才集聚、技术集聚效应，为传统产业的发展带来正面反馈。注重通过挖掘和利用传统产业的升级需求来发展新兴产业，努力发展与优势传统产业有产业链关联度的新兴产业，推动传统产业与新兴产业之间的相互刺激、共同成长。

把握好实体经济和文化发展的关系

实体经济是城市经济发展的基础和立身之本。文化是城市的根与魂，在城市发展中发挥着强信心、聚民心、暖人心、筑同心的关键作用。一座城市经济总量不断上升，产业迈向更高层次，必将对文化发展提出更高要求，进入向文化要软实力的新阶段。调研发现，包括成都、杭州、苏州等“新一线城市”在内，它们在实现跨越式发展，真正打造全国乃至世界一流城市品牌时，都以文化的繁荣和引领为条件。同时，文化产业在第三产业发展中的引领意义也越发重要。作为改革开放以来形成的制造业大市，佛山始终擅于“务实”，对“务虚”重视不足。政策上有着深厚的实体经济传统，但对文化事业、文化产业领域的重视不足，导致文化影响力远远不能媲美实体经济，这正成为限制实体经济发展的瓶颈。接下来，佛山需要把握好实体经济和文化发展的关系，给予文化发展更大重视，充分发挥佛山文化的社会价值、经济价值，以文化增强城市软动力，从而推动实体经济发展。

把握好城市治理与人口集聚的关系

人口是区域发展的主要动力。党的十八大以来，党中央提出了京津冀协同发展、长江经济带发展、共建“一带一路”、粤港澳大湾区建设、长江三角洲一体化发展等新的区域发展策略。在此背景下，国内区域经济发展动力极化现象日益突出，经济和人口向大城市及城市群集聚的趋势比较明显。杭州、南京、郑州、成都、西安等大城市发展势头较好，既是推动高质量发展的区域增长极，也是吸引更多人口集聚的极点。因此，吸引外来人口、强化人口红利和人才红利，也将是佛山高质量发展的必然选择。与此同时，人口的增长、经济的发展也对佛山的现代化治理提出更高要求。佛山既要把握国内区域发展的大趋势，把握人口向粤港澳大湾区集聚的机遇，坚持吸引外来人口，也要以空前重视的态度，加大基础设施建设力度，完善公共服务机制，提升现代治理能力，补足城市建设与管理的各项短板，在保障人民群众生命财产安全、提升群众生活幸福感方面不断增强能力。

行动建议：推动高质量发展的七大举措

从十城归来回看佛山，各地推动高质量发展有众多共通的启示和路径。

坚持制造本色，厚植实体经济推动经济发展

推动经济高质量发展，要把重点放在推动产业结构转型升级上，把实体经济做实做强做优。处理好传统产业与高新技术产业关系，这不仅是泉州民营经济转型升级的一条主线，也应成为佛山在支持实体经济发展中需要正确处理的一对关系。一是坚定产业自信，支持佛山传统产业提质升级。依托产业集群、特色产业基地等良好基础，实施优势产业品质提升工程，做强以技术、技能、知识等为要素的质量竞争型产业，推动机械装备、家用电器、陶瓷建材、金属材料加工及制品等佛山优势产业转型升级，实现集群化升级。二是制定超前的顶层设计，率先抢占发展制高点。借鉴泉州经验，立足传统产业，培育新兴产业，让新兴产业成为传统产业的技术推动力，同时，制定新兴产业全链条政策体系，对新兴产业发展提供全面且精准的扶持。三是加强学习，提升政府培育新产业的战略眼光。技术和产业的变革迭代，需要政府对新业态、新技术培育拥有前瞻性思维。借鉴合肥市经验，提升佛山市各级领导干部对发展规律的深刻认识、对产业规律的准确把握，布局未来，引领和推动创新发展。

坚持科技引领，让创新领航产业迭代升级

科技创新是根本性创新，实现新技术的产业化应用是推动产业迭代升级的重要手段。面对层出不穷的新技术，佛山需要不断优化配置科技创新资源，进一步完善创新链条，降低创新成本，提高创新效率。一是做好政府引导与市场主导相结合，推动集群加快技术攻关和创新突破。借鉴武汉成立的科技成果转化局，实现由专门机构、专业人员承担科技成果转化的统筹协调、服务对接和督促落实工作，全面激活高校院所、企业、金融机构、科技服务机构之间的合作，实现多方共赢。借鉴合肥经验，推动佛山高校、科研机构与行业领军企业联合成立研究院，开展智能制造和工业互联网等关键技术攻关，形成创新的区域协同发展体系。二是加强招商条款设计，吸引创新要素“扎根”型集聚。借鉴武汉打造互联网“第二总部”经验，极力避免“游牧型”企业或项目集聚，以独立法人、承担总部职能等作为落地前置条件，以保障各类创新主体和创新要素在整个区域内有效集聚并“扎根”发展。

坚持连接资源，对标最优持续推进品质革命

品质反映发展水平、经济实力、开放程度、创新能力和综合实力。积极连接全国全球优秀资源，推动佛山企业对标国际同行业最先进水平和最高标准，形成佛山产业的独到优势。一是坚持面向全球，为佛山发展连接世界优质资源。借鉴太仓依托上海吸引德国企业落户集聚的经验，打好区位“先手牌”“湾区牌”，借助大湾区这一世界级平台强化对外交流合作，把佛山的对外开放合作与大湾区的对外开放合作捆绑在一起。二是坚持品质革命，成立面对中小企业的质量合作联盟。借鉴南通经验，打造在南通市质监局指导下由当地管委会、市场监督管理部门、高等院校、检验检测机构、协会组织、品牌企业发起的质量合作社，通过制定团体标准、提供免费检测基金、提供免费质量知识技能培训等，规范中小企业生产经营行为，推动产业整体实现质量提升。三是打造以提升品质为目标的公

共平台，支持企业品质提升。抓住企业品质提升的共性痛点，建立关键性原材料公共平台，为企业原材料的可控提供坚强后盾，建立品质检测公共平台，为产业质量提升提供技术支撑。

坚持制度接轨，市级统筹推进营商环境改革

营商环境是建设现代化经济体系、促进高质量发展的重要基础，是一个地区市场环境、政务环境、法治环境、社会环境等方面的综合体现。一是建立强有力的统筹机制。建议佛山借鉴上海经验，进一步强化对优化营商环境的协调统筹力度，健全完善市级顶层设计，统一规范各项工作的具体流程、实施标准、牵头单位和责任主体，形成全市通用的政策体系，并推动现有各项改革措施对标融入。通过科学规划和协调统筹确保政令畅通，凝聚合力将佛山打造成为粤港澳大湾区一流营商环境高地。二是精准寻找流程痛点，切实服务企业。借鉴泉州经验，细化审批服务自由裁量权标准，将投资项目中的方案设计、要素补件、中介服务、现场勘探等环节纳入监管，同时将自由裁量空间规范化、标准化，实现服务全流程透明公开。三是加快实现全市一盘棋，对接大湾区。借鉴上海经验，将打破佛山市与区之间、部门间的数据壁垒作为优化营商环境和建设数字政府的突破口，探索建立以市级主管部门为中枢，市、区垂直管理的政务数据管理体系，全面释放数据价值。同时，把握粤港澳大湾区建设机遇，以建设领跑粤港澳大湾区的无障碍政务数据整合应用平台为先导，争取中央和省支持佛山领衔打造粤港澳大湾区政务服务云平台，推动粤港澳大湾区一体化发展。

坚持文化赋能，厚培文化氛围重塑城市品牌

经济与文化本质上是一种共生互动的关系。佛山要继续在经济领域勇立时代潮头，需要文化和精神支撑。一是以文化产业大集聚强化经济发展新动力。借鉴成都打造文化产业功能区经验，让城市空间载体实现生产、生活、生态三大功能

复合一体，让城市文化赋予城市生活新内涵，实现高质量的“人城产”融合发展。二是推进已有空间优化提升。加快推进高耗能、低产出的村级工业园向高品质和高附加值的现代产业园区转变，推进产业园区向功能多样的城市社区转变，推进城市社区向广佛都市圈中心城区转变。三是加强开放合作，彰显城市形象。学习成都坚持以世界眼光、天府特色推动开展文化交流互鉴和文创产业合作。推进重大文创品牌活动开展，塑造佛山文化在国内、国际的品牌形象，进一步提升国际国内影响力。四是注重创新创业文化的培育。近年来，武汉大力实施“百万大学生留汉创业就业工程”“百万校友资智回汉工程”等资智聚汉工程，激发出人才创新创业潜能，打造出了“引进一个人才、带领一支团队、推动一项产业”的生态圈“磁场”。借鉴武汉经验，将政策体系作为抓手，以构建工业城市“理想生活方式”为核心，重现“孔雀东南飞”的盛况。

坚持绿色发展，探索工业与生态融合发展之路

生态文明是经济社会发展的自然基础和约束条件。要进一步强化生态文明体制改革与经济社会其他领域基础性改革深度融合，提高全市绿色创新、绿色发展能力。一是以河长治水为突破口，全面推进生态治理。要充分认识到水问题治理的系统性和整体性，正确认识治理过程的长期性和阶段性。借鉴无锡经验，坚持科学治水理念，坚持应急治理和长效治理相结合，统筹水域与陆域、城镇与乡村，深化河长制信息化平台建设，提高科学治水水平。二是以严格考核为切入点，推动“关键少数”群体投入生态治理。借鉴无锡将市（县）、区一级的河长作为“关键少数”进行有效管理的经验，出台河道环境综合整治职责考核办法，将考核结果作为干部年度综合考核及任用考察的重要依据。以考核倒逼市（县）、区级河长积极性，推动其积极实施跨地区、跨部门的协调沟通，解决好项目立项、征地拆迁、资金保障、协调配合等重点问题，推动方案、项目、资金、责任的落实，确保治水工作顺利推进。